浙江省社科规划课题成果（19NDQN317YB）
"甬江社会科学青年人才"资助成果

交游与论学
王阳明弟子研究

邓凯 著

上海交通大学出版社

内容简介

王阳明良知学思想,在他众多弟子中得到传承和发展。阳明后学文献数量非常多、学术价值高,是一片有待深入开拓的领域。本书在搜集文献、点校整理的基础上,以王阳明令名不彰弟子孙蒙泉为中心视角,论及浙江王门、湖北王门、江西王门、粤闽王门等地域中值得关注的王阳明弟子、后学,从他们之间的生平交游关系、学术思想比较、学派地位作用等多方面展开讨论,拓展对阳明心学思想多面向发展的认知,并由此新角度探究阳明学派的兴衰历史。本书的特点在于以第一手文献的整理为基础,进行相关阳明弟子、后学的交游关系梳理,深度论及其良知学思想的比较,主要创见是从"社交关系网络"角度,对阳明学派进行了新的划分。本书得到"宁波工程学院学术专著出版基金资助出版"。读者对象为社会各界对阳明心学感兴趣的人群。

图书在版编目(CIP)数据

交游与论学:王阳明弟子研究/ 邓凯著. —上海:
上海交通大学出版社,2023.6
ISBN 978-7-313-28834-9

Ⅰ.①交… Ⅱ.①邓… Ⅲ.①王守仁(1472-1528)
—哲学思想—研究 Ⅳ.①B248.25

中国国家版本馆 CIP 数据核字(2023)第 094973 号

交游与论学:王阳明弟子研究
JIAOYOU YU LUNXUE: WANGYANGMING DIZI YANJIU

著　　者:	邓　凯		
出版发行:	上海交通大学出版社	地　　址:	上海市番禺路 951 号
邮政编码:	200030	电　　话:	021-64071208
印　　制:	上海万卷印刷股份有限公司	经　　销:	全国新华书店
开　　本:	710 mm×1000 mm　1/16	印　　张:	13.75
字　　数:	204 千字		
版　　次:	2023 年 6 月第 1 版	印　　次:	2023 年 6 月第 1 次印刷
书　　号:	ISBN 978-7-313-28834-9		
定　　价:	68.00 元		

版权所有　侵权必究
告读者:如发现本书有印装质量问题请与印刷厂质量科联系
联系电话: 021-56928178

目录 CONTENTS

绪论 ··· 1
  一、选取孙蒙泉为中心来考察王阳明弟子的原因 ············· 3
  二、孙蒙泉交游所及王阳明弟子的分析比较 ···················· 4
  三、与孙蒙泉论学往来王阳明弟子的思想倾向 ················ 6
  四、小结：王阳明弟子研究的新视角 ······························· 7

第一章　孙蒙泉：不应被遗忘的"王学中坚" ······················ 9
  第一节　自修与亲炙于心学大师 ·· 11
    一、自修常读《白沙集》 ·· 11
    二、受命拜师阳明获亲传 ·· 14
  第二节　论证师说"致知焉尽矣" ·· 17
    一、良知本体是至善灵觉 ·· 18
    二、阐释致良知中"致"字 ··· 18
    三、致知通贯诚意、格物与正心 ···································· 19
    四、正心焉尽矣，提醒良知见在 ···································· 21
    五、修齐治平等皆为致良知之事 ···································· 23
  第三节　遍交各地王门弟子、后学 ···································· 24
    一、同乡挚友钱德洪、管州等 ·· 25

二、江浙同门杨珂、蔡汝楠等 …………………………… 32
　　三、与北方王门、广东王门弟子、后学等交游 ………… 35
　第四节　新论良知"几"学思想 ………………………………… 38
　　一、从孔子赞《易》说起 ………………………………… 39
　　二、孙蒙泉的"真几"本体论 …………………………… 41
　　三、孙蒙泉的"知几"功夫论 …………………………… 44
　　四、良知与几的历史定位 ………………………………… 46
　第五节　诗文创作中的交游与讲学 …………………………… 49
　　一、次韵等应酬交游之作 ………………………………… 49
　　二、领悟良知与几的哲理 ………………………………… 50

第二章　薛中离：粤闽王门的传学领军 ……………………… 55
　第一节　粤闽地区与薛中离
　　　　　交游论学者考述 ……………………………………… 58
　第二节　江浙地区与薛中离
　　　　　交游论学者考述 ……………………………………… 62
　第三节　江西及其他地区与薛中
　　　　　离交游论学者考述 …………………………………… 67
　第四节　以研几为良知学思想之归宿 ………………………… 71

第三章　欧阳南野：政学合一的江右大儒 …………………… 75
　第一节　欧阳德交游之社交圈层 ……………………………… 79
　　一、最核心圈层六人交游考述 …………………………… 80
　　二、次核心圈层十人交游考述 …………………………… 85
　　三、中心圈层及外围等交游考 …………………………… 89
　第二节　循良知动静的论学主旨 ……………………………… 93
　　一、良知与知觉、知识的区分 …………………………… 94
　　二、赤子初心与良知常寂常感 …………………………… 96

三、循其良知与动、静之关系 …………………………………… 99
　第三节　附论：刘晴川求其本心之学 ………………………………… 103

第四章　王龙溪：论学高明的思想大师 …………………………………… 109
　第一节　良知为心性之大本 …………………………………………… 112
　第二节　良知学体用一源论 …………………………………………… 117
　第三节　自任高明者多有失 …………………………………………… 120
　第四节　意则寂感所乘之机 …………………………………………… 123

第五章　湖北王门：从颜冲宇到贺阳亨 …………………………………… 129
　第一节　颜冲宇交游与论学述略 ……………………………………… 131
　第二节　王学殿军贺阳亨概述 ………………………………………… 135
　第三节　贺阳亨的良知学述要 ………………………………………… 138
　　一、体贴亲切之心学格言 ……………………………………… 138
　　二、颇具特色的精实之学 ……………………………………… 141
　　三、说文解字式义理发挥 ……………………………………… 145
　第四节　小结：学脉延续的机缘 ……………………………………… 147

第六章　北方王门：阳明心学代代相传 …………………………………… 149
　第一节　张弘山：天然本良说 ………………………………………… 151
　　一、家世以及学脉承续 ………………………………………… 152
　　二、同乡亲传两大弟子 ………………………………………… 153
　　三、着力发挥良字义理 ………………………………………… 156
　第二节　尤西川：止于良知说 ………………………………………… 159
　第三节　张抱初：敬爱主理说 ………………………………………… 161

第七章　社交网络构建与王门分派新探 …………………………………… 165
　第一节　王门社交网络的量化分析 …………………………………… 168
　第二节　浙籍王门弟子的社群发现 …………………………………… 173

第三节　赣籍王门弟子的社群发现 …………………………………… 176
　　第四节　其他王门弟子的社群发现 …………………………………… 178

第八章　王阳明弟子良知学论点比较 ……………………………………… 183
　　第一节　从"依良知"到"循良知" …………………………………… 185
　　第二节　阐发"格致"的不同倾向 …………………………………… 188
　　第三节　良知本体功夫及其关系论 …………………………………… 190
　　第四节　良知学视野中的"悟" ……………………………………… 193
　　　一、阳明弟子之"悟"与直觉 ……………………………………… 194
　　　二、悟入本体：良知与真几 ……………………………………… 195
　　　三、悟分顿渐：功夫的分野 ……………………………………… 196

附录　王阳明弟子受学时间述略 ………………………………………… 199

参考文献 ……………………………………………………………………… 210

索引 …………………………………………………………………………… 212

绪 论

王阳明是我国明代著名的哲学家、思想家,还是一位著名的教育家,因此他的门人弟子、后学仰慕者众多。对王阳明的研究持续时间长,积累了海量的文献资料。但对王阳明弟子、后学的研究,还是一座有待开发的"富矿"。目前学界对于王阳明及其知名弟子的文集编校、生平思想研究,已经取得大量成果,但对于那些相对来说不够知名,特别是令名不彰弟子的文献整理与研究,还有很大的发掘空间。孙蒙泉就是一位颇具代表性的王阳明亲传弟子。本书就以他为中心视角,从交游和论学两大方面,将相关重要的王阳明弟子囊括进来,按照及门受学时间顺序逐个论述,构成一个独具特色的阳明学派图景。

一、选取孙蒙泉为中心来考察王阳明弟子的原因

孙蒙泉本是"王学中坚"[①],在阳明学派中的地位非常重要,堪称"大儒""宗师"。他曾获亲炙于阳明,尤为难得地被接引至天泉楼,手授《传习录》,并讲解经文。明、清后世祭祀阳明弟子,孙蒙泉位于前列,进入姚江书院的《祀典》,还被列入余姚的乡贤祠。著名阳明后学蔡汝楠尊称其为"今文宗",推崇备至。两度担任明代内阁首辅的赵志皋,更推孙蒙泉为"士民山斗"。钱明先生最早有专篇论文《被遗忘的王学中坚——明代思想家孙应奎》对孙蒙泉生平事迹与学术思想进行了开创性的考述,且在专著《浙中王学研究》中将其列入"浙中王门的实学形态"。

通过令名不彰弟子的交游与论学,来看阳明学派的社交关系网络、良知学思想演进脉络,这是以往未有展开的尝试,也是一种带来知识发现的新视

---

① 钱明先生首先将孙蒙泉确定为"王学中坚",可参看钱先生的论文《被遗忘的王学中坚——明代思想家孙应奎》,载于《杭州师范大学学报》(社会科学版)2010年7月第4期。

角。孙蒙泉为官有"直声",先后任职于山东、河南、湖南等地,累官至右副都御史,总理河道。他结识了分布于全国各地的阳明弟子、后学。而且在他们彼此交往的过程中,孙蒙泉以书信、诗歌、会讲等多种方式,交流切磋良知学思想。也正是在这样的互动背景下,我们得以考察孙蒙泉与其他王阳明弟子的异同之处,比较分析他们究竟是如何传播阳明学、发展良知学的重要问题。

总而言之,从令名不彰的视角,发掘出孙蒙泉这样一位颇具代表性的"王学中坚"人物,能够扩大和深化我们对王阳明弟子群体的认知。拔出萝卜也带出泥,考察孙蒙泉交游与论学情况,也就顺带梳理出一大批知名或不太知名的阳明弟子、后学。然后再以比较视角,对标孙蒙泉,分析他们各自为阳明学的传播、良知学的发展所做出的独特贡献,并进一步探讨阳明学派发展和演变过程中的一些经验教训。

二、孙蒙泉交游所及王阳明弟子的分析比较

交游方面,与孙蒙泉有来往、可比较的王阳明弟子分布地域很广,除了江浙、江西之外,还涉及一些更为偏远的地区,比如粤闽、两湖、北方等地区,可分别以薛侃、颜冲宇、贺阳亨、张弘山、尤西川、张抱初等为代表。由此既可探讨阳明学传播过程中的学派分化问题,又能更进一步考察良知学思想如何与地域文化融合。

薛侃是粤闽王门的领军人物,他应该是在正德九年(1514)及门受学。当时,阳明先生就任南京鸿胪寺卿,及门弟子非常之多,包括是年因科举落第而来南都受学者,薛侃、季本等就属于这种情况。阳明先生去世后,薛侃召集钱德洪、孙蒙泉、管州等同门筹建天真精舍以祭祀阳明先生,且将其作为教化之地。但天真精舍自创始以来,经营不善,渐趋没落。隆庆五年(1571)秋,孙蒙泉等谒先师阳明祠,正祀典、置赡田、饬祠宇,仿《白鹿洞规》作《天真精舍志》,力主强化对阳明的祭祀活动,以聚拢后学。

"天真精舍"可谓薛侃与孙蒙泉交游、共事的最重要内容。以杭州的天真精舍为中心,薛侃、孙蒙泉都为阳明学的传播做出了很大贡献。清代黄宗

羲在《明儒学案》中提到孙蒙泉"以《传习录》为规范,董天真之役"。钱明先生还指出,孙蒙泉为阳明学派的门户建设做出三方面工作:刊刻阳明著作、经理天真书院、编纂《天真精舍志》。然而,就开创阳明学传播的新天地而言,薛侃比孙蒙泉所取得的成就要大得多。薛侃是粤闽王门的开创者、领军者。他广泛结交各地王门弟子、后学,特别是在广东地区形成一股风潮。在良知学理论发展方面,薛侃也同样关注到了"几"的问题,而且他以"研几"为思想归宿,这正可与孙蒙泉"知几""真几"思想体系构成比较。

颜冲宇与孙蒙泉是同乡,多有往来论学,而且他们都曾在湖广地区担任官职。比较而言,颜冲宇对湖北王门的形成与发展,做出了更大贡献,因为他的为学格言"一念回头,万火自降"成为弟子贺阳亨的入门心法,并且他们师徒两人都对良知学理论有所发展。孙蒙泉作为湖广提学,主要是在湖南衡阳的石鼓书院"首先德行,行冠礼,行射礼,与白石蔡公讲论石鼓,刻阳明先生《传习录》,教诸生践履实学,勿为口耳空谈"[①]。总的来说,孙蒙泉在姚江学派中的地位重要,因此黄宗羲提议将其列入姚江书院《祀典》。

在阳明学向江浙以北地区传播的过程中,王阳明弟子、后学无疑是起到了最主要的作用。孙蒙泉作为当时的"王学中坚",也成为阳明学北传的重要桥梁。这一点可从他的交游与论学活动中得到若干线索。比如,孙蒙泉曾向他的余姚同乡、挚友管南屏说,自己已经"参透"阳明"致知"二字为"千古学诀"。他又曾与颜冲宇论学数次,重点阐发心学宗旨在于"危微精一"以及"体用一源"的基本立场,并在此基础上深入讨论"知几"之学。这些自得之见,孙蒙泉亦与沈鲤等河南僚友、同好详加论述,由此将良知学思想传向伊洛之地。

接引后学方面,孙蒙泉也曾以"书卷"的形式向学生朱子渐介绍圣贤之学的道脉源流,而且收有亲传弟子徐养相,其可谓阳明"三传"弟子。河南是孙蒙泉为官时间较长的地方,他在这不仅留下了造福当地的政绩,还在选拔、培养士子方面为人称道,其中徐养相拜在孙蒙泉门下。但从北方王门形成与发展的立场来看,张弘山、尤西川、张抱初等阳明后学才真正实现了阳

---

① 参看〔明〕李安仁:《石鼓书院志》上部,明万历年间刻本,第55页。

明心学的代代相传。张弘山是山东茌平人。他早年从学于颜钥,得闻阳明良知学,又求学于王艮的弟子徐樾,终有"天然本良说",深入阐发了良知学思想。尤西川则有"止于良知说",张抱初有"敬爱主理说"等。尽管孙蒙泉与北方王门弟子、后学的交游不多,但他毕竟长期在此地为官,有机会为阳明学的传播贡献自己的力量。

通过与同门、同道、同僚之间的交游应酬、书信往来,特别是参与书院建设、文献刊刻等工作,孙蒙泉为阳明学的传播、良知学的发展做出了很大贡献。在他与官任河南、江西等地同僚、同年的往来书信中,还可见孙蒙泉将良知学思想运用到了安邦理政的实践当中,包括勉励僚友尽忠职守、造福于民,而他自己也尽心竭力地赈灾平乱、为民请命等等。阳明心学之"知行合一"说最为世所称道,从交游的角度可见孙蒙泉其学、其行也是"合一"的,他所追求的"自慊于心"绝非虚言。

三、与孙蒙泉论学往来王阳明弟子的思想倾向

长达三十年的居家生活,给了孙蒙泉充足的时间来构建自己的良知学思想体系。他治学主要靠自修自悟,读书精而不杂,专注于《传习录》《大学》的研究,当然也包括对朱子、陈白沙等先儒思想精髓的汲取。从良知学发展的角度来看,孙蒙泉主要是通过书信、讲学等方式,与其他王阳明弟子切磋学问,从中可见他们思想倾向之异同。这方面问题的探讨,可以王畿、欧阳德等为代表。

王畿,字汝中,号龙溪,浙江山阴人。嘉靖二年(1523)下第后,从学阳明先生。在《燕诒录》中存有不少《与友人书》,其中大部分是孙蒙泉与王畿论学的来往书信。嘉靖四十五年(1566)秋,应唐一庵之约,孙蒙泉与王畿、管南屏、王宗沐、胡石川等百人相聚金波园,有《金波园聚友咨言》。但与王畿良知学思想有所不同的是,孙蒙泉更加注重功夫要着实去做,他批评"自任高明者"会多有所失。仔细分析他们两人的论学书信,不难看出其思想倾向有着多方面的不同。

王畿"一念之微""意则寂感所乘之机"等命题的阐发,与孙蒙泉所论"良

知之几微"颇可比较。从治学特点上看,孙蒙泉在精准把握阳明学精神的基础上,还对"良知与几"的相关问题做了集中而深刻的探讨。这在王阳明弟子中是非常突出的。阳明传"致良知"三字口诀,其弟子、后学或多理解为"依本体",孙蒙泉特别指出,所谓"依良知本体"并非易事。他由良知谈到"几",强调了"几"之生生不息、无有乎内外动静之间的特点。良知有时会被遮蔽,但良知之几则"莫见莫显",故由"几"则人心泯而有以复其道心之微。此外,孙蒙泉与王畿在良知学思想体系的很多细节问题上,都各有创见,值得去耐心梳理清楚。

欧阳德,字崇一,号南野,江西吉安府泰和县人,中乡试后即从学阳明先生,"不赴春官者二科",被阳明呼为"小秀才"。欧阳德与谢廷杰都是江右王门的重要人物,两人对阳明学思想的发展、传播,贡献极大。孙蒙泉与欧阳德、谢廷杰等江西籍王阳明弟子深入讨论良知学,传播师说以至风行天下。江西为阳明先生建功之地,孙蒙泉在此地任职时刚直不阿,不依附权臣严嵩,持守气节。与之形成对比的是,欧阳德与严嵩交往关系紧密。这或许成为两人仕途发展不同走向的一个重要原因。孙蒙泉交游、论学于四方同道,闻其师阳明良知说而深入体究、讲求,个人学有所成之外,还非常自觉地承传、发展了阳明良知学。在与欧阳德的书信中,他表示"忧师传之就晦",在《责志》诗中又有言"真几厉不息,蚤觉追前贤",而他确是通过发明"真几"学说,追慕往圣前贤。

刘魁,字焕吾,号晴川,为王阳明弟子、后学中的长者。他与薛侃交厚,多有交游、书信等各种形式往来。据薛侃之弟薛侨所作《研几录跋》,可知此书乃贰守刘晴川(刘魁)命工刊刻而成。因此,刘晴川也是孙蒙泉交游圈的重要成员,值得对其生平与思想做更多的梳理。他的良知学思想主旨,可以归纳为"求其本心"之学。

四、小结:王阳明弟子研究的新视角

上述与孙蒙泉有交游与论学的王阳明弟子、后学之外,还有不少人物未及详述。浙江的余姚、慈溪地区为孙蒙泉出生、成长、养老之地,这里有他的同门可与论学，并承传其师阳明之教，如管州、徐芝南、杨珂等。致仕居家期间，孙蒙泉还多次对乡土的地方治理事项（丈量沙地以征税事）提出书面建言，以良知为民请命。此外，他在江浙地区有交游者，有一大部分是其同年或近年的进士，如翁溥、周臣、曹逵、皇甫百泉等。孙蒙泉与之论学、答问之人，有许孚远、朱鸿等。

来自广东的庞嵩父子倾心阳明良知学，他们远道而来，与孙蒙泉相交于天真精舍，朝夕论学，并且期望调和湛甘泉、王阳明两家学说，把心学思想传播到粤地。这也是王阳明弟子群体中交游与论学的重要内容。此外，王阳明弟子、后学多以书院建设为事弘扬师道，孙蒙泉与之交游者，如尹湖山与邹守益共建复真书院，又如徐芝南在扬州建维扬书院。

一般来讲，学派的构成，离不开开宗立派的"祖师"，一定还需要若干骨干弟子，他们都是"核心人物"。另外，学派的发展、演变过程中，也必定涉及直接或间接的论学、交游活动。在文献整理的基础上，王阳明及其弟子的社交关系网络，可以被构建、描述出来，以此作为背景去探究其论学、交游的内容，不仅有助于对某一弟子的个案研究，还能够另辟蹊径地说明阳明学派的传播与分化问题。

王阳明弟子有关良知学思想的论述内容庞杂，很难通过几个案例就能完全梳理清楚。然而，围绕若干在阳明学派社交关系网络中最为核心的人物去探究，庶乎可收纲举目张之效。良知学体系由若干概念、命题等构成，抓住其中被集中讨论者，比如良知概念、格物致知、本体功夫、悟等，亦可从多个角度管窥阳明心学的精深无涯。

第一章
孙蒙泉：不应被遗忘的"王学中坚"

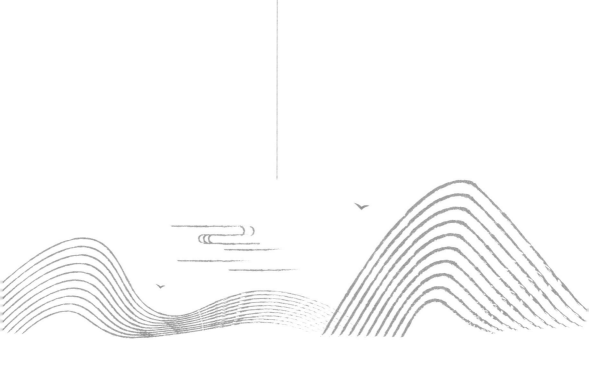

孙应奎(1504—1586),字文卿,号蒙泉(学者尊称为蒙泉先生。为致敬诸位前贤,下文以号称之),浙江余姚人,王阳明的重要弟子。孙蒙泉少时勤学,嘉靖八年(1529)中进士。孙氏家学有自,又获亲炙于阳明,尤为难得地被接引至天泉楼,手授《传习录》,并讲解经文。在京为官期间,孙蒙泉即有"直声",后任职于山东、河南、湖南等地,累官至右副都御史,总理河道,致仕后居家数十年,精研良知学。阳明去世后,作为天真精舍经营骨干成员,孙蒙泉对阳明学派的发展、传播,做出重大贡献。从治学特点上看,孙蒙泉对阳明学精神的把握较为精准,始终秉持"体用一源"论,对"几"的相关问题做了集中、深刻的探讨,这在阳明弟子中是非常突出的。

第一节 自修与亲炙于心学大师

黄宗羲指出,明代儒学"至白沙始入精微",而待"阳明而后大",其中提到的陈献章、王阳明,都是孙蒙泉先生读书、治学受益最多的两位心学大师。

一、自修常读《白沙集》

《燕诒录》是蒙泉先生传世的诗文集、代表作,其中卷之一《忆言上》中称"先生"者,即陈献章。蒙泉在《与南屏管子行》书信中,自述案头常摆两种书:《传习录》与白沙先生的书;另外结合《燕诒录·忆言》中"已上观白沙先生集附所见"一语,可知蒙泉称陈献章为"先生"。陈献章,字公甫,号石斋,别号碧玉老人、玉台居士、江门渔父、南海樵夫、黄云老人等,因曾在白沙村居住,人称白沙先生,世称为陈白沙。白沙先生出生于广东新会都会村,在十岁时随祖父迁居白沙村。二十岁考中秀才,同年乡试考中第九名举人。

景泰二年(1451)会试落第后,陈白沙拜江西吴与弼为师,半年而归,读书静坐,十年间不出户,终于悟道。成化二年(1466)复游太学,入京至国子监。成化十九年,授翰林检讨,乞终养归。其著作被汇编为《白沙子全集》。

在读白沙先生书的过程中,孙蒙泉探讨了一些有关良知学的重要命题,如"已形、未形"与"实、虚"。白沙先生认为,动是"已形"之实,虚是"未形"之本,而"致虚之,所以立本也"。蒙泉则提出"此心无倚之谓虚"的观点,即所谓"虚"并非在于"已形、未形",而在于"心无倚",这种"心无倚"的状态包括"动而已形"时的"应而无作、过而不留",这还是"虚",不是"实"。因此,不能以动静为虚实。

作为本体存在的静而未形之"虚",其实流行不息,也具备"实"的特点,以此为"主",以此为"实",就是"致虚"。此"致虚"的功夫就是"戒惧",即《中庸》"戒慎乎其所不睹,恐惧乎其所不闻",即是"无欲",而非"闲虚"。虚是心之本体,而致虚离不开"慎独"功夫,这其实也是很难的。周子(周敦颐)以"无欲"为静,无欲静之念想,才是真正的静。因为心体本虚,如蒙泉所言"此心无倚之谓虚",此心中正无倚,包括无倚于"欲静"之念,只是本自生生而已;"欲"静的念头不是不好,但有时之所以"欲静",是因为"厌动",此"欲"此"厌"都是心不得其正,故不能真得心静。

在修心功夫方面,蒙泉主张不分动静。周子有"主静"之说,蒙泉指出其乃"贯乎动静",即"心"贯动静,心体功夫不分动静。阳明曰"动静者,时也",有时是动,有时是静。白沙主张"主于静,以观动之所本;察于用,以观体之所存",蒙泉指出其言中的"主"与"察"应是"一",即"主于静"时必有"察于用",察即是主。功夫即本体,本体即功夫,不论动、静,本体功夫不曾间断。周子"主静"说对于心性修养功夫来说确实极为重要。阳明曾教人静坐入门,但此静坐功夫有可能落入佛家之"寂灭";而他又提出"知行合一",以至"致良知"。在此思想发展过程中,"静"的意义是有一个变化的。如何克服如佛家"静坐"落入"寂灭"?这需要一个"体悟本心"的方向,即以"明德""亲民""至善"为体,以良知为本体。因此,主静的目的、方向是"实",是"善",而不是"虚灭"。

对白沙思想的肯定、发挥方面,蒙泉指出人心本体不得添一物,不为功业起念,否则便有累于心。圣贤为天下,因视天下为一身,不能自已;而圣贤所成就的功业,人以为不可及,其实只是全体此心,所以《论语》里面两次提到"尧舜其犹病诸",《孟子》里面提到"文王视民如伤",并非其治理天下的功业不伟大,而是因为圣贤不停地全、大其心体。如何看待功业问题,这是心学中的一个重要问题。阳明从小立志为圣贤,且不以科举落榜动心,最终又成就不朽功业。其原因在于他在功业追求方面的愈挫愈勇,让内心不断强大;心体不为外在功业成败而动念、耗神,便不为之所累,乃可精进不已,止于至善。

陈白沙的修心学诀是"以自然为宗,以忘己为大,以无欲为至",蒙泉对此非常认同,并指出其求端用力,要结合《孟子》所言"智"作为"始条理者",譬如巧;而"圣"是"终条理者",譬如力。以射箭为例,掌握了一定技巧,从此入手努力学习,不是很远距离的靶子是可以射中的;但如果是百步之外,或更远距离,能否射中靶就不仅要求"巧"而且对"力"的要求也较高。力的大小,又是因人而异的。因此,蒙泉言下之意,白沙"自然、忘己、无欲"之心诀,也是要求才力颇佳者的。初学者一开始就以"自然、忘己、无欲"自期,未必有用力、得力处。又如关于"铢视轩冕,尘视金玉",蒙泉指出:"夫视之如铢、如尘,已无所动于中,此犹可勉而至也。至于忘则化矣,化不可为,只论有此理。学者须从有诸己上敦笃将去,勿先有此获心,徒为想象,反担阁了。"(《燕诒录》卷一《忆言上》)在这个问题上,他认为白沙先生所论"忘己、无欲"之至高境界对学者而言,太难于入手和达成。

蒙泉指出,心之本体的"自然"就是不虑而知的"良知"、不学而能的"良能",就是好善恶恶的"诚意"。这样的心之本体在没有私我之欲的情况下处于"自然"状态,是下功夫的宗旨、依归。有了私我之欲,为满足它,就会任私智作聪明,而这种"私欲""私智"以"有我"为根源,如本可"不虑不学"而有良知良能,"有我"则变成"我虑我学"后求我知我能,如此便已经不是顺其"自然",即不是顺其良知良能。在此情况下,需要"克己""忘己",即去除"私我"对心体自然的干扰、强求,这是须下"大"功夫处!功夫做到极致,也就是去除所有不合乎自然心体的"私我之欲",就达到"无欲"的至高境界。

尧舜圣人之学在于"执中"二字。"允执厥中"的"中",即是"人心之理",

故"执中"便是"执人心之理";"用中"即"用人心之理"。心外无理,故执中、用中两者无非"尽心"之事;这是吾心之"全体大用"。人又是"天地之心",上下与天地同流。如此才可谓"明道""行道",才可谓之真儒。得其心则"乐"不远,关键在于"察几"。白沙先生云:"仲尼饮水曲肱,颜子箪瓢陋巷,不改其乐。将求之曲肱饮水耶?求之陋巷耶?抑无俟于曲肱陋巷,而自有其乐耶?"又曰:"得其心,乐不远矣!"①而阳明曰:"乐者心之本体也。"蒙泉指出:"诚察于动静有无之间而致精之,使行无不慊,安得不乐?"(《燕诒录》卷一《忆言上》)其"动静有无之间"即为"几"。白沙所谓"得其心",其要在于"察几"。可知蒙泉后来所自创的"良知与几"理论体系,也与其对陈白沙思想的研究有关。

二、受命拜师阳明获亲传

阳明先生在世时,蒙泉有过面获亲炙的机会,加上他勤学自修,以良知经世,对阳明良知学有精准的把握和创新性的发展。阳明去世后,蒙泉感念师恩,以弘扬师道为己任,特别是为天真精舍的创建、经营做出重要贡献。薛侃等弟子倡导建立天真精舍以祭祀阳明先生,且精舍又可作为教化之地。但天真精舍自创始以来,因经营不善,渐趋没落。故在隆庆五年(1571)辛未之秋,蒙泉先生等谒先师阳明祠,正祀典、置赡田、饬祠宇,仿《白鹿洞规》作《天真精舍志》,为"永精舍,以存先生之学",传阳明先生之学,乃传孔子之道。孔子之道如果得不到传承,世道人心就会日趋而下。因此,天真精舍也首要担当社会教化之责任。蒙泉认为,阳明先生之学以"格致诚正"为本立教,发明"惟精惟一"功夫,内求于心。

受父之命,蒙泉前往阳明先生处拜谒,当时"先生留侍侧授餐,随事发明"。如此两天之后,他感到阳明之学于己"心戚戚焉",于是正式请求拜阳明为师,得到阳明的亲自教导,其自述云:"先生引至天泉楼,授经文,至致知格物而止。示之曰:'学问宗旨,全在此四字。'"确切地说,蒙泉后来又大力

---

① 〔明〕陈献章著:《陈献章集》,中华书局1987年版,第47页。

发挥阳明"致知焉尽矣"说,将学问宗旨全融入"致知"二字。

蒙泉参加会试,路过越城(绍兴),再次向阳明请益。他登堂等候多时,被阳明先生亲自看到才得以面谈。阳明勉力蒙泉,并提醒其"离师辅,学易失宗"。于是,亲手传授给蒙泉两本书,其中一本就是早期版本的《传习录》。此书中门人所记阳明论学之语,对于蒙泉领悟阳明学作用巨大,且针对这本《传习录》,阳明还特意提示说"知我罪我皆以此",要求他"必时省觉,勿去手"。蒙泉谨遵其师教诲,将《传习录》作为"案头书",常看而深悟。

"致良知"是阳明学之宗旨、心诀,蒙泉对此命题的阐发应主要是根据在天泉楼所获阳明的亲授。他指出,良知是"至善之灵觉",就其主宰于身而言为"心",就其主宰(心)之发动而言为"意",就其发动之所向而言为"物",心、意、物都被涵盖进良知,四者是一,一于"浑然至善"。分析为四(心、意、知、物),是为了说明脉络;统合于一(良知),是要确定宗旨、归向。格物、诚意、正心,都是贯乎致良知,因为格物是格其知之物,诚意是诚其知之意,正心是正其知之心。知致必物格、意诚、心正,浑然复于至善,极乎致良知。《大学》"格致诚正"四条是发明"惟精惟一"的详密功夫,而阳明从中观其会通,提出"致良知"为统领。这是阳明超越先贤的一大思想成就。

不止于此,蒙泉由良知又谈到"几":"良知者,至善之灵觉也,几本不息,无有乎内外动静之间,而其体之也,亦惟几之不息、无有乎内外动静之间也。"(《燕诒录》卷六《书生员朱子渐卷》)从良知到几学,蒙泉抓住几之不息、无有乎内外动静之间的特点。此外,几又是良知之"微",此"微"是"道心"之体,道心动而后有人心之"危",其动静有无之间的"几"有莫见莫显的特点,良知有时会被遮蔽,但良知之几则"莫见莫显",故由"几"则人心泯而有以复其道心之微,即"惟精惟一,允执厥中"。但这需要学者虚心体验,否则可能怀疑良知有所不足。

在儒、佛之辨的问题上,蒙泉指出,阳明致良知本于孔门"尽心而知性知天"之训,不同于禅之"见心不见性"。由阳明良知之学,既可见此心虚灵知觉之妙,又能向上寻求仁义之性。《孟子》所言良知就是赤子之心,而此心就是仁义之性,包括孩提之爱敬,不虑不学而能者。《孟子》有言,无此恻隐之心(仁之端),非人也。尽其心,便知其性、知天。《孟子》所谓"求放心""不失其赤子之心",其心不当放、不当失。此正学之"性"与禅学不同,不可不辨。正学,当返本还源,其所谓本源即是"性",即是孟子所指孩提之爱敬为仁义,因其不虑不学、天然自有、人之易晓,所以又叫作良知。

阳明以致良知为心学之诀,乃发明孟子"性善"之旨。然而,学者又切切不可将致良知看得太易,须知格物是致知下手实地功夫。阳明传"致良知"三字口诀,其弟子、后学多理解为"依本体",这固然在大体上讲是对的,但蒙泉特别指出,所谓"依良知本体"并非易事,具体怎么依良知本体可能要因人气质清浊而异、盈科而进,越持循良知本体而精进,越见其无穷无尽,绝非一般初学者所能轻易成就。有人以为自己在因循本体致良知,其实是自欺而已,只因他未能立志勇决、实行有证,故为世人所厌恶、讥笑。因此蒙泉强调,没有不格物而能致良知的。

在较为具体的修心路径、方法方面,蒙泉总结、发挥出若干命题,如寡欲即格物、良知照妄心、理为时中等等。蒙泉提出其师阳明所谓"格物"之"物",即是知之所发,不正之所欲,这件事就是"物",因此寡欲便是"养知",即养意念所由发之知;寡欲又是克服发不正之所欲之事,也是格物之义。寡欲是每天可见、可下功夫之事,但并非压制一切所发意念,只不过是针对其中所发不正的欲念加以克制,使之寡、使之无。

妄心亦照与颜子知几有一定的关系。相对于"照心"而言有"妄心",此"妄心"亦可被良知本体所照(觉知),"惟常知,故即复"。颜回能够做到"有不善未尝不知",正是"妄心亦照"的例子,但这已经是很高境界。一般人由于天性气禀、环境习染,难免有不能无发露的"不善",关键在于如何将此"不善"尽快、尽量化解,如颜回之"不迁怒""不贰过"。因此蒙泉多次引《周易·复卦》之"不远复"来赞美颜回,认为只有颜回才做到了"知几"。

理为时中,而此心自然之条理。阳明提出"心即理",其意将心与理合于一。蒙泉引程子所言"忠君孝亲,非不是好念,发不以时,虽正亦邪",一方面说明理具有"时中"特点,另一方面也要看到"此心自然之条理",即求理不可外于心,理是否"时中",也在于"心"能否"自慊"。求诸此心而自慊,则所发必无不中节,无不合理。

本体与功夫的关系,是良知学思想中的重要问题。蒙泉主张:本体即功夫，功夫合本体。以"良知"为本体，真见本体后"致"之功夫自不容已，故阳明有言"不行不足以为知"。蒙泉所理解的良知本体"知行合一"，包括知善而实有其善，知不善而真无其恶，这是"本体即功夫"，也是"生知安行"之人的"行持保任"功夫。至于"功夫合本体"，则包括知善而务必其有诸己，知不善而务必其无诸己，良知自能如此。这就是"学利困勉"之人的"行持保任"功夫了。功夫渐进，则本体渐明；本体真见，则功夫自不容已。

在格物的问题上，阳明与朱熹之门路有所不同。蒙泉指出，阳明"以良知应感处为物，惟求慊吾良知而物得其理，故千思万虑只是求慊此良知，而无所苟于感应。其求之也，其索之也，其察之而考之也，皆所以致其良知，以求事之是当也。事当其理，而吾良知慊矣"。这与朱熹"不知物理本于良知，犹以良知为未足，而即天下之物以致吾知为格物"（《燕诒录》卷四《与友人论学》）不能不说有着根本上的区别。

蒙泉先生游于王门，交于四方同道，进而闻其师说而体究、讲求，个人有所成就之外，还非常自觉地承传、发展阳明良知学。他在与欧南野的书信中表示"忧师传之就晦"，又以《责志》诗为例，蒙泉有言："师传表立志，蹈非志靡坚。反观是非心，毫厘本知先。如何不自诀，戒惧等陈诠。自今心与矢，知至止勿迁。浮云没纤影，赫日方中天。真几厉不息，蚤觉追前贤。"（《燕诒录》卷十三）从中可见，蒙泉由阳明所强调的"立志"，更进一步谈到要反观自己的是非之心，要在毫厘细微处觉察先知，并提出他所发明的"真几"学说，追慕往圣前贤。

第二节　论证师说"致知焉尽矣"

"致知"是《大学》"八条目"（格物、致知、诚意、正心、修身、齐家、治国、平天下）之一，《孟子》中又有"良知"说，而阳明提出"致知焉尽矣"的论断。蒙泉继承师说，对此加以细致阐发，把格物、诚意、正心都统贯到"致知"上，而且进一步指出，修身也无非是要致良知，由己推人，便达成齐家、治国、平天下的种种发用，总结起来是："良知之外，无道也；致良知之外，无学也。"（《燕诒录》卷一《忆言上》)这是以良知为本体,以致良知为功夫发用。良知即是道,致良知即是学。

一、良知本体是至善灵觉

在"至善灵觉"的意义上,蒙泉把"知"与"良知"等同起来讲。他认为:"知者,至善之灵觉,所谓良知也。"他又把"知"与"至善"联系起来,认为《大学》中的"知止"即"知止于至善"。因此,蒙泉界定"良知"内涵为"至善灵觉",突出"至善"之义,是对《大学》思想的一种创新性发展。承传阳明在《大学古本序》中对"止至善"的论述,蒙泉的"良知至善"说,具有"一寂感、该体用"的特点,他还提出《大学》的格物、致知、诚意、正心"浑然一于至善"的观点。

以良知为本体,包括多重含义。就良知与心的关系而言,良知作为本体是"实",是带有"至善"的价值追求,而心体本"虚",故生生不息。阳明四句教中有言"无善无恶心之体",也就是说心体有"无"的性质。但要注意的是,良知学讲"心"的虚无,与禅学"见心不见性"不同。禅学讲心的"虚无"会往"寂灭"上走;但以良知为本体,也不同于"霸"术:图谋霸业的,只为私欲功名,并非内求"止于至善",其心与理未能合一。因此,以良知为本体,不同于禅学的走向寂灭与霸术的外求私利,良知因心的虚灵而生生不息,良知也因"知止于至善"而超越一己私利。总之,良知源于性体自然,合内外天人而一,乃尽性之学。

就良知与意、物的关系而言,它们是体与用的关系。"心之所发便是意",因良知能够对意察觉,从"觉知"与"被觉知"的意义上看,知(良知)是意的本体,意是心的发动(有感),而心的本体还是良知,所以意是知的发用。"意之所在便是物",物是意的进一步延伸。阳明也讲过"心外无物",只要确立了良知的本体地位,梳理清楚良知与心的逻辑关系,对以"知为体,意与物为用"就不难理解。

二、阐释致良知中"致"字

蒙泉解释"致良知"的"致"为"不欺其知",此"不欺其知"的"致知"通贯了《大学》里的诚意、格物与正心。关于"欺"的问题,《大学》里讲"所谓诚其意者,毋自欺也",这是"诚意"中的"不欺";而阳明讲"本心之明即知,不欺本心之明即行",这是"知行合一"中的"不欺"。至于蒙泉所讲的"不欺其知",则既在"意"上,也在"行"上。当然,若结合阳明所言"一念发动处即是行",此"不欺其知"也都属于"行"的层面。蒙泉以"不欺其良知"来讲致良知,就是体现知行合一的精神。

"致"还有另一种意思:快足良知。因为良知有时会被拘束、遮蔽,但蒙泉强调良知之"几"不容昧。在某些情况下,良知不能完全呈现,需要通过"致"之,使得它"满其量",否则只呈露微小的"几"。从使得良知本体完满的角度讲"致"字,强调致良知的目标与效果。阳明讲"乐是心之本体",蒙泉对此进一步阐发,提出"快足"良知,可知"乐"是就良知本体层面上而言的。更进一步,蒙泉认为,动静有无之间的"几"字,是千古学诀,必由此"几"以得其心。

心中良知必有意、必有物,其"致之",即诚此良知之意、格此良知之物。蒙泉提出"致知如磨心"的功夫论命题,其"磨心"一语,也可视为对"致"的第三种解释。"磨"心之喻,因心发动为"意",而意之所在为物,故此"磨心"实际上包括了"诚"意、"格"物。而致良知的"致",以"知"(良知)为做功夫的对象,从"意"的角度看是要"不欺",从良知或有拘蔽的情况说是要达到"快足",从"心"的方面看是要"自慊"。

总之,"致良知"是一种"功夫合本体"的思路和做法,在这个意义上,"致良知"比"致知"的提法要更为深刻。因为一般所理解的"知"也有可能是"闻见",人或以"闻见"有得为"致知",未必能够深入本体之良知的层面。当然,闻见之知,其实也离不开良知;但良知却不依赖闻见而有。所以,从"致知"要到"致良知",才能克服"以不知为知"的弊端。孔子说:"知之为知之,不知为不知,是知也。"这是"诚意",也是致良知的应有之义。

三、致知通贯诚意、格物与正心

在《大学》阐释语境下,蒙泉要讲清楚"致知"。他又师承阳明良知学,在定义良知为"至善灵觉"的基础上,所论"致知"其实就是"致良知"。因此,如果要严格地讲,蒙泉实际上是用"致良知"替代"致知",以良知为本体,按照"功夫合本体"的路径,整合《大学》中的诚意、格物和正心,论证阳明"致知焉尽矣"的观点。

以"至善灵觉"所讲的良知,不仅包含阳明"四句教"的"知善知恶是良知"中的"知善知恶"之意,还应包括另一层含义:知好善恶恶、知为善去恶,追求达到"止于至善"的境界。因此,"致知"既是致"好善恶恶"(是诚意)之知,也是致"为善去恶"(是格物)之知。因此蒙泉说,致知之外,没有另外一个"诚意"功夫,也没有另外一个"格物"功夫。功夫不离本体,体用一源,都是一个本体,都是一个功夫。

致知是诚意之则。《大学》言"知至而后意诚",此"知至"便是"良知至",良知至则会"至善明觉"。良知不仅能知善知恶,而且还是"至善灵觉",顺其发用,知善则无不好,知恶则无不恶。此"好""恶"便是"意",是"诚"的对象。致良知就是"不欺"此好恶(这是"意",但意的本体是知,好善恶恶乃"至善灵觉")之知,自慊于心,就是"诚意"。简而言之,致良知会达到诚意,并且,是否达到诚意,其中的判断准则是致良知,是为蒙泉所讲的"致知是诚意之则"命题的含义。《大学》中有言"自慊",心的自慊,本于良知快足。此良知快足,亦是"独知"之事。"意"是"独知"而未必显现于外、为人所知所证,因此难以用任何外在标准来衡量。这种情况下,就只能靠良知独知了,诚意到了几分,致良知便是几分。

格物是致知之实。蒙泉有务实的品格,对"格物"功夫非常重视。《大学》里讲"欲诚其意者,先致其知"与"致知在格物",通常会理解为致知是诚意的功夫,格物是致知的功夫。但蒙泉认为,致知与诚意、格物只是一个功夫。诚意是"好善恶恶",其中的"好恶"是"意",而意之所在便是"物",这样就打通了"诚意"与"格物"之间的关系。蒙泉指出,即所好(意)为好之事(物),即所恶(意)为恶之事(物),一如良知之所知(好善恶恶)而去"为善去恶",就会使得"事得其正"(善事得其为,恶事得其去),这就叫作"格物"。又因为意可由良知所察觉,"知"是"意"的本体,而意则作用、实落到事物上,所以说经由"意"的环节,良知由本体而发用、呈现,所以说"格物"是"致知"之实。蒙泉师承阳明,亦训"格物"中的"物"为"事","格"为"正"。物格即"事正"，事正亦是"意诚"，亦是"知致"，即"良知适得本体"。

格物不可看轻，致良知无穷无尽。致良知作为阳明学派的"师传口诀"，诸多弟子以良知为本体言其为"依本体"，这并没有什么错。只是这个良知本体如何去"依"？阳明原本讲一个"致"字，后学又说一个"依"字，是否有所偏颇？蒙泉认为，每个人的气质、禀赋、才力均有所差别，所以有"学知利行""困知勉行"等不同，除非立志勇决、着力用力，一丝一毫不放过，才有可能真正达到"依本体"的目标。否则，不过因循自欺，终身迷悟而不自觉。"依本体"是不容易的，说"言下即见本体"的，容易把致良知看得太简单，也把格物看得太轻。实际上，致良知越精进，越无穷尽。格物是致良知的着实功夫，不格物就不能致良知。格物，即是"在事上磨练"，事，便是格物致知的"抓手"。当然，心里也不可拘泥、固执这些事，要去除私欲，也就是要有从良知上刨根问底，痛加克己的功夫。

知致则良知适得本体，心无不正。心是身的主宰，因此心的正与不正，也就是一个能否对自身做得主宰的问题。心正，则能主宰自身，这"主宰"是良知所能。蒙泉强调"良知者，心之体也"，良知做得身之主宰，心之体就是"正"的。致良知就是让良知复得本体地位，做得主宰，此时，心怎么会有不正？故而"致知"（即致良知）与"正心"也相融通。心是"虚灵"的，这个"虚"是就其"无所不感"而言，"灵"是就其"感应不测"来讲。无所不感、感应不测的心，或因自私自利而失其"正"，即在此时，良知也还能察觉。致良知就是要使得良知呈露，心不昏昧，不失其正。

四、正心焉尽矣，提醒良知见在

阳明所提出的"致知焉尽矣"的观点，以"致知"通贯涵盖格物、诚意与正心，这似乎与《大学》原文中的"欲诚其意者，先致其知"和"致知在格物"有所不同。蒙泉对此问题有所说明：

> 《大学》条目序至"正心"亦尽矣，又言诚意，又言致知、格物，非无为也。尝原其初矣，盖我之得于天，一心也，意、知、物非心之外也。方其

孩提,虽气质不无偏驳,而形气未累,但知爱其亲、敬其兄,不待学虑,纯是此心之良知发见流行,却是率性以为道,故自其要爱敬,是意有弗诚乎?自其所爱所敬,是物有弗格乎?浑然一于至善,而心无弗正矣,却只是一个知爱知敬,而其格与诚、正皆包括于此知矣,更分不得格致为知,诚正为行,此知行合一之体本来如此。及其知诱物化,良知作不得主宰,便私意萌发,不正之事渐滋于其中,三者相因于病,而心非其心矣。然不正之端,发于意之不诚,而良知有以知其故,故正心必先于诚意,诚意必先于致知。知之致,必格其意所向之物,而实地以为功夫,然后意可诚,而心可正矣!其功夫之条理精密,有不容紊若此者。其实心以知为体,而意与物者,知之用。提醒此良知为主,不使昏昧、放逸,则私意无所容,而不正之事无所隐,有以复于至善而心正矣。故析之虽极其精,而统之则一,非分项以为功,盖所以发明惟精惟一之节度,非有异于尧舜者也。夫一致知而格与诚、正无所遗,则知行合一明矣。斯功夫合本体,而圣学之门户可窥也。(《燕诒录》卷一《忆言上》)

据上述引文可知,蒙泉实际上还提出了"正心焉尽矣"的重要命题。结合阳明"致知焉尽矣"的观点,他把《大学》中的"正心"与"致知"通贯起来。就"心"而言,孩提之时的知爱其亲、知敬其兄,不待学虑,此心就是良"知"本体的发见流行。良知是心的本体,顺此心之知爱敬,"要"爱敬(意),即"意诚";顺此心之知爱敬,到"所"爱敬(物),即"物格"。意诚、物格,浑然一于"至善",则心正矣。可见,诚意、格物、正心,都是基于"知"爱"知"敬。"知"是本体,心所发之"意",以及意之所在的"物",都是"知"之用。蒙泉在此意义上讲"知行合一",其"知"乃本体之"知",即"良知"。体用一源,避免功夫支离,所以不能分格物、致知为"知",以诚意、正心为"行"。

"格、致、诚、正"皆是知,皆是行。所谓知,是就"明觉"而言;所谓"行",是就"用力"而言。知行合一,故而致知、格物没有先后之别,才说"知"便有"物",才说"致知"便"格物"。致知成始成终,除此之外,也不再另外有诚意、正心功夫。《大学》中讲"欲正其心者,先诚其意",又讲"欲诚其意者,先致其知",以及"致知在格物"。蒙泉以"知"为本体,顺着"功夫合本体"的路子,对此阐发为：由于某些认知、外物的诱发，导致良知不能主宰此身，于是私"意"萌发，不正之事（物）便渐渐滋生出来，这时的"心"就不"正"了。良知作为本体，尽管有时做不得主宰，但仍是"至善明觉"；而"心"之不正，发端于"意"之不诚（因私意萌发），所以正心一定要先诚意；意不诚，良知亦能"不虑而知"，所以诚意要先致知（致良知）；本体之知，"明觉"的对象是"意"，而且"意之所在便是物"，所以说"致知在格物"。

"提醒良知"之说，在蒙泉看来便是：不使良知昏昧、放逸，那么私"意"无所容，不正之"事"（物）无所隐，如此便恢复到"至善"而心正。此"提醒良知"，实际上与"良知见在""良知惺惺然"并无二致。蒙泉有言："心以良知为体，而意与物皆其用，更分不得，故学问之功，只一个良知见在便了。既不昏昧，又不放逸，惺惺然，不加不减，常作得主宰，此之谓致，此之谓见在。"（《燕诒录》卷一）钱明先生认为，蒙泉的"见在良知"说，"既有同于王畿的地方，如比较突出'有无之间'的'几'之境界，强调'见在之几'"，但"又有区别于王畿的'本体之见在'，而近于钱德洪后来所主张的'功夫之见在'"。① 按照"功夫合本体"的思路，蒙泉紧紧围绕良知这一本体，如果说"提醒良知"有"提醒"功夫，"良知见在"有本体"见在"，那么两者其实只是一个本体，也只是一个功夫。良知的"见在"与"提醒"，在蒙泉这里并不是两件事，都是为了不使心昏昧、放逸而已。

五、修齐治平等皆为致良知之事

致良知是"该体用"的，体用一源的，因此蒙泉认为致良知不仅是修身，也能齐家、治国、平天下。除了致良知，再没有别的修身之道。良知之外无道，致良知之外无学，致良知之学合内外之道，一以贯之。考察《大学》的"八条目"，蒙泉指出，格物以致其知，就内而言是"诚意、正心"，就外而言则是"修身"。如果继续对修齐治平做一些分析，那么致良知就自己而言是"修

---

① 钱明：《被遗忘的王学中坚——明代思想家孙应奎》，《杭州师范大学学报》（社会科学版）2010 年 7 月第 4 期，第 19 页。

身",就他人而言便是"齐家、治国、平天下"。究其原因,蒙泉说道:

> 良知致而家、国、天下亦从而理矣。何者?道与身具者也。身在于家,果能致其良知以修其家之身,身在于国与天下,果能致其良知以修其国与天下之身,则知之无不明,处之无不当,而天下国家有不与吾身之修而同归于善者哉?(《燕诒录》卷三《忆言下》)

修身为本,是挺立主体,而致良知又是功夫合本体,良知学解决了主体与本体相统一的问题,意义重大。综合《大学》"止于至善""知止"以及阳明"四句教",蒙泉论证《大学》中的"致知"通贯诚意、格物与正心,从而对其师王阳明的"致知焉尽矣"的论断做了细致阐发。

致知、格物之功,最为简尽的状态是"无为其所不为,无欲其所不欲",如此则意诚、心正。但在大多数情况下,蒙泉实际上主张要达到一种"良知自慊"的状态,他非常强调良知学中对个人"主体"的凸显,包括自修、自悟、自觉、自察,等等。蒙泉紧紧抓住其师阳明"致知焉尽矣"的论断,不仅与同门、友人、学生详细阐发,而且以此为基础深入"知几"的层面,最终提出"真几"的本体说。从学术渊源来看,蒙泉在天泉楼获得阳明亲自接见,并得传授《大学》"致知"之义,这应当是他不断推进良知学的重要起点。

第三节 遍交各地王门弟子、后学

就思想成就而言,孙蒙泉在阳明弟子中实为大家;从交游范围来看,他也介入了当时最主要的王门弟子圈。比如,籍贯在浙江地区的王阳明弟子王畿、钱德洪、管州等,都跟孙蒙泉交往较多。从交游关系的亲疏(强弱)来看,阳明弟子中与孙蒙泉有强关系的人物主要包括:蔡汝楠(助刻《传习录》)、管州(主教天真书院)、钱德洪、王畿、徐九皋、颜鲸、欧阳德。以浙中地区王门弟子为主,孙蒙泉与他们的交游密切,是为了共同致力于发展、传播阳明学。值得注意的是,孙蒙泉在《燕诒录》中保留了不少"与友人论学"的内容，其中主要就是与王畿的论学，据此可以考察孙蒙泉不同于王畿的思想倾向，从而确定他在阳明学派中的定位。此外，与孙蒙泉有中等偏弱的交游关系的人物涉及丁行、刘侯、吕本、杨珂、孙升、郑寅、王一为、严中、孙汝宾、邓玉洲、吴惺、伍明府、赵文华等，其中包括在中天阁集体拜师的同门，以及阳明学派中的非核心人物，但从目前所知的文献来看，他们彼此之间的社交关系并不紧密。

余姚、慈溪地区为孙蒙泉出生、成长、养老之地，这里有他的同门可与之论学，并承传其师阳明之教，如管州、徐芝南、杨珂等。致仕居家期间，孙蒙泉多次对乡土的地方治理事项（丈量沙地以征税事）提出书面建言，以良知为民请命。河南是孙蒙泉为官时间较长的地方，他在这不仅留下了造福当地的政绩，还在选拔、培养士子方面为人称道，其中徐养相拜在孙蒙泉门下。江西为阳明先生主要的建功之地，孙蒙泉在此地任职时刚直不阿，不依附权臣严嵩，持守气节。欧阳德是江右王门的重要代表人物，江西人谢廷杰刻印《王文成公全书》，两人对阳明学思想的发展、传播，贡献极大。孙蒙泉与欧阳德、谢廷杰或深入论学，或共倡师道。特别是受谢廷杰之请而编纂《天真精舍志》，足见阳明去世后孙蒙泉在经营天真精舍这件事上所起到的重要作用，以及所做出的重大贡献。余姚、慈溪之外，孙蒙泉在江浙地区有交游者（见于《燕诒录》所载），有较大一部分是其同年或近年的进士，如翁溥、周臣、曹逵、皇甫百泉等；与之论学、答问之人，有许孚远、朱鸿等。此外则为与政事相关的书信往来。庞嵩父子与孙蒙泉相交于天真精舍，他们期望调和湛甘泉、王阳明两家学说，并把心学思想传播到粤地。阳明后学以书院建设为事弘扬师道，孙蒙泉与之交游者尹湖山与邹守益共建复真书院，徐芝南在扬州建维扬书院。此外，阳明后学中的重要人物如钱德洪、王龙溪、薛侃等，孙蒙泉实有交游，但在《燕诒录》中或以"友人"称之，此等暂不列入本章考述范围。《燕诒录》中还有若干与孙蒙泉交游人士，由于史之阙文不及详考。

一、同乡挚友钱德洪、管州等

钱德洪与孙蒙泉兼有同乡、同门之谊。在阳明先生去世后，他们还参与天真精舍的建设、经营,共同为良知学的传播与发展,以及阳明学派的组织、凝聚方面,做出过重大贡献。然而,钱德洪与孙蒙泉两人很可能在某些问题上分歧较大,因此在刊刻《王文成公全书》过程中,尽管孙蒙泉贡献良多,但是他却不愿署名。孙蒙泉给钱德洪写过两封书信表明自己对此事的态度,其中的第二封"拒绝信"中有言:

> 示刻《文成全书》,增入贱名,厕诸同事之末,此与进盛心,甚知感激。但披阅叙次,一未效劳,冒有事之荣,窃无功之誉,内以欺己,外以欺人,求之吾心,殊不能自安也。况口耳师传,未能孚于有众,只足以为同事之辱而已。幸勿滥入,谨辞。(《燕诒录》卷五《与绪山钱洪甫》)

由于所见文献资料有限,尚不知造成孙蒙泉与钱德洪之间关系一定程度"紧张"的具体原因,仅从上引书信内容来分析、推测,一方面孙蒙泉应当是以某种方式,为编刻《王文成公全书》做出过重要贡献,不然钱德洪不会多次来信询问。另一方面,孙蒙泉拒绝署名的原因,或是因为排在"同事之末",或是自认为并未实际参与书稿的"披阅叙次"而不能冒领这份荣誉。然而,最为关键的问题可能在于,孙蒙泉当年在天泉楼所得阳明"口耳师传,未能孚于有众"。这些种种原因,与孙蒙泉在后世的令名不彰有一定关系。

管州,字子行,号南屏,一作石屏,浙江余姚人。管南屏是孙蒙泉为数不多、相交甚深的同道中人,他们也是同乡,情感亲近。管南屏是嘉靖十年(1531)举人,官至兵部司务,他曾主教天真书院、水西书院,与孙蒙泉先生多有论学。在《与南屏管子行》信中,孙蒙泉向南屏阐述了自己良知学的精要,包括"四自"说(自知、自信、自察、自精),以及关于"良知""致良知"的观点:良知是"心之精神",是"天命之性"(《中庸》曰"天命之谓性"),《大学》所谓"意""物"即在良知之内,诚意、格物也在致良知之内。孙蒙泉自信已经参透了"致知"这"千古学诀"。其《与南屏管子行》原文略曰:

> 暮景箪瓢,非学如颜子,则将有所不堪,此须自知、自信、自察、自精,非意气所能支持,非言语所能解释。自是吾兄对镜一段切实功夫,

谅已勘之熟矣。切惟良知者,心之精神,天命之性也。有知,则有意、有物,非良知之外别有意与物也,一而已矣;亦非致良知之外,更别有诚,更别有格,亦一而已矣。一是皆是,一非皆非,故曰致知焉尽矣。千古学诀,二字道出,某自信颇参透,不觉有悦心。(《燕诒录》卷五《与南屏管子行》)

考证管州先生之号,或作"石屏",而《燕诒录》中均写作"南屏",我们认为写作"南屏"应该是对的。查乾隆《玉山县志》中有云:"凤门,在七盘岭右。白鹇亭,在怀玉山麓南。云路亭,在怀玉山半山。太平桥,在白鹇亭外,有管南屏碑石。"①其中有"管南屏"。又,光绪《嘉善县志·人物志·理学》中云:"自王龙溪、管南屏诸先生主持书院讲席,笃行之士有能探闽洛渊源者,旧志既别,何敢妄更。"②其中也写作"管南屏",而非"管石屏"。

管南屏先生多处去讲学,并且主持或参与书院事务,如夏浚《月川类草》中有《简管南屏山长》一信,其文曰:"山院兴,复得名贤相继主典教铎,实斯文之庆。举业不妨讲学,公令诸生务合并从事,尤得要领。久阙修问,时于笔峯学谕及诸生处,得文候之详,清秋气爽,物外心远,所得应非尘寰可拟也。"③《燕诒录》卷七之末,收录孙蒙泉所作《兵部左司务管子行墓铭》,于南屏先生事迹所述颇详,兹录原文如下:

> 子行讳州,其先汴梁之钧州人也。宋绍兴年南渡,讳万里者从,因家余姚,余姚之有管氏,实万里始。由是传法仕为宋太史氏,又八传而子行出,少慧,能读书,求解大旨,不屑屑章句。尝自诵曰:"学,所以学为人,不期于圣人,非学也。"正德岁丙子,充邑庠弟子员,闻阳明王先生倡明圣学,揭致良知为心诀,盖本孟子孩提之爱敬,天然自有,而非学虑能之者也。曰:"此入道门户也,顺此而已矣。"遂请师焉。嘉靖初,江右五溪万公、楚白泉汪公,相继督学,子行屡就试,辄首选升学生。郡守南瑞

---

① 〔清〕连柱修,李宝福纂:乾隆《玉山县志》,清乾隆四十九年刻本,卷五,第136页。
② 〔清〕江峰青修,顾福仁纂:光绪《嘉善县志》,清光绪二十年刊本,卷二十,第763页。
③ 〔明〕夏浚撰:《月川类草》,清钞本,卷十,第271页。

泉公,雅好文学,作稽山书院,群属之庠校优者给廪饩,学于斯以相观摩,而良知之旨渐明,举业益进。朔望汇试,子行辄受上赏。洛阳潘侍御三峰公按部至,又创书院于万松深处,肖圣贤象树之表仪,选两浙士萃而学焉。子行则以奇才召入,为多士倡。

岁戊子冬,先师起平广乱,乱平,卒。奔桐庐迎柩,因协理家事,会葬。岁己丑冬,行人薛子侃、孙子应奎,奉使过浙,忆师祇命赴广时,寻游天真山,有"文明有象"之句,谋同志即其地营精舍,以共明良知之学,子行召报无远近实赞成之。辛卯,领乡荐试南宫不第;至丁未,复不第。叹曰:"吾闻位者行道之具,艰于一第,命也,其已矣。夫亲老窃升斗,尽欢一日养,道不外是矣。"诣铨部谒选试第二,授兵部左司务,奉职介然,自以不负所学为期,然上下颇见惮。庚戌秋,虏薄城下,言战事,大司马王公既心切憾之时,公方不得上意,又以推贤让能为公劝,而公之怒不可解矣,遂考罢。公论快焉,掌院屠东洲,公意不怿,捐俸二金为赆,凡交游各有赠,身虽屈而道益彰。以此见天理之必不容昧,而吾学之可自信也。归来即武胜偏处龙山之北麓,败屋数间,蔬园半亩,召诸弟同居以悦二亲,或门下旧知,使聘至辄就,谓不用于时,庶几明于下道,岂终穷哉。有馈遗必视诸义,虽衣食多取,辨于此然,未尝有所苟。

隆庆壬申赴天真,主精舍教。应奎自初夏至仲秋,凡四越月,同卧起,与之仰参密证。夫道启于尧舜,而莫详于夫子。《大学》言"明德"而列之为心、为意、为知、为物,盖即此虚灵不昧之体,随所指异名,一浑然于至善而已矣。而其明之也为格致、为诚正,亦自不欺此虚灵之体,随所在异名,一止于至善而已矣。不欺此虚灵之体者,良知之所以精也;而止于至善者,良知之所以复其体也,一也。故此四者精一之节度也,皆所以致其良知也。师云"致知焉尽矣"者,此也。知致则身修而家国天下理矣,此之谓《大学》之道。然又闻之颜子死而圣学不传,盖就门弟子所造言之耳。《易》曰颜子"有不善未尝不知,知之未尝复行",夫子称其好学曰,不迁其心于怒,不贰其心于过,此不远之复、知至至之,诚之于几,先天之学也。朱子谓克己复礼者乾道,主敬行恕者坤道,其至则同，其功则异。然则知几岂易能哉？颜子如立卓尔，实见得此体本至善也，而未能无不善，故末由之叹所由发，过此则从心所欲不逾矩，无所用其精，浑然于一而化矣，可能哉？子行吾见其信也。曰：颜，何人也，其良知同，其致之宜无不同，而何不可几也？日孳孳焉忘其老之至。是岁春正月，过吾卢信宿，有以勖我，不谓其遂诀也。噫，可以死哉！吾悲夫己之孤立也。子行平直简实，无机械，本有恒受道之器，游于先生之门，日充其所未至，拔于士而气不扬，厄于用而志不困，依稀乎贫贱以终身而无戚容，其所自得可量哉！程明道先生有言："人才学便须知用力处，既学便须有得力处"，是则子行之所以为学者。子行别号南屏，生于弘治丁巳年十二月廿八日，距卒于万历六年□□□□日寿八旬有二。元配陈氏，蚤卒。继徐氏□□□□将葬矣。其子生员大益偕弟大德来请铭，应奎为之志其墓铭曰："不学而寿兮，吾不知其臧；寿而且学兮，吾知其不忘。耿幽光兮，永斯土斯藏。"（《燕诒录》卷七《兵部左司务管子行墓铭》）

徐芝南，即徐九皋，字远卿，号芝南，又号南敷，浙江余姚人，贯顺天府大兴县，富户籍。据王孙荣先生考证，徐芝南是弘治十七年甲子(1504)五月十八日丑时生，嘉靖四十五年丙寅(1566)九月二十九日亥时卒。顺天府学附学生，治《礼记》。嘉靖四年乙酉科顺天乡试第四名经魁。嘉靖八年己丑科会试第一百二十三名贡士，廷试罗洪先榜第三甲第四十九名进士。授山东济南府武定州阳信县知县。嘉靖十四年，转湖广道监察御史，督两淮盐政，兼治河道。嘉靖十七年，升贵州按察司佥事。嘉靖二十年，升广东布政使司左参议，提调癸卯科广东乡试。嘉靖二十三年，升贵州提刑按察司副使。考察致仕。著有《周礼考录》《家塾训纂》《茹里杂谚》等。①

嘉靖年间，徐芝南为御史，在扬州建维扬书院。嘉靖十四年，欧阳德曾作《维扬书院记》，其中说："嘉靖乙未夏，御史芝南徐子理蘗两淮，成维扬书

---

① 此条承蒙王孙荣先生告知，并提供徐芝南考证资料，特此致谢。

院,聚校官弟子讲业其中,示之规约,时临涖之,赡之廪,既置天沐以为可继。"①欧阳德在《寄徐芝南》书信中亦与之论学,强调为学过程中"志"的重要性:"学莫大乎志。志不精纯,则生理息灭,乍断乍续,乍昏乍明,茫乎未知所际……说到精专纯一,人人酸涩难受,乃知自己亦是放过,未曾酸涩中讨滋味也。"②孙蒙泉与徐芝南交往很深,同气相求,故而为其死亡痛苦不已,并作祭文,以寄托哀思之情:

> 呜呼!君之死曷故哉?尝闻君子修其在我,而责其所未备,委于天而忘其所以为报,然天与人常相参,而感与应未尝不可信,其必然则理之常也,至于君而独反之,竟不得其死,何欤?君刚方植其性,介执励其操,读书谈道,仰思古人以迈其志,宦履越历,靖献在公,遗爱在民,孝养二亲,勇辞荣进,根本节目之大种种慊乎人心,君何缺于己,何辜于天,而顾横罹盗贼之手耶?呜呼,伤哉,悲矣!今之惜君爱莫为助者曰:"礼行逊出,斯之为精义,而君于御下,或任情过激。"呜呼!生死大事,纵性近严毅,直嫉恶之过,而乃使恶人得逞,岂天于福善顾反不足耶?有虞于天,而天不言,天不可知,其责全于君者,殆无所归咎之辞也。呜呼!君将奈之何哉?且君图报未懈,而公议方推毂;事母未终,而膝下方切仰。恃奋志濯磨,自信桑榆犹未晚。此皆君之不能瞑目者也。而天之降罚一至此,天果无意于善人耶?呜呼,予不能以不可知者为天诘,犹冀罪人斯得大昌厥后,以徐观天之定也。天乎,天乎!君将奈之何?呜呼哀哉!(《燕诒录》卷七《祭芝南宪副徐年兄》)

徐芝南在世时,与之相交游者众,且留下文献记录者为数不少,如兵部尚书苏佑作《滕王阁别徐芝南少参》③,项乔作《和合驿柬同年翁梦山徐芝南》④,

---

① 朱军著:《扬州书院和藏书家史话》,广陵书社 2012 年版,第 31—32 页。
② 陈永革编校整理:《欧阳德集》,凤凰出版社 2007 年版,第 39 页。
③ 南昌市地方志编纂委员会办公室编:《滕王阁志》,江西人民出版社 1993 年版,第 106 页。
④ 项乔《和合驿柬同年翁梦山徐芝南》曰:"两翁起仙舟,班荆论心曲。怜予独病肺,远看人如玉。"参看〔明〕项乔撰:《项乔集》(下),上海社会科学院出版社 2006 年版,第 498 页。

薛侃在天真书院时作诗《寄徐芝南》①，黄衷作《次韵翁梦山与徐芝南登观音山》和《送徐芝南少参入贺》②。嘉靖二十一年（1542），徐芝南"命郡人为《曹溪通志》全志，即张希京《曲江县志》卷十六《外教》所云龚邦柱修《南华志》者是也"③。

李颙《二曲集》中记载徐芝南与王心斋故事，以阳明心学"唤醒良知"而推行善政，救济饥民。其文记载道："昔王心斋遇岁饥，请于巡按御史徐芝南曰：'某有一念恻隐之心，是将充之乎，遏之乎？'芝南曰：'充之。'心斋曰：'某固不忍民饥，愿充之以请赈于公，计公亦必不忍民饥，充之以及民何如？'于是芝南慨然发赈。"④此事发生在嘉靖十四年（1535）六月，颇为后世津津乐道。

论学方面，吕柟《泾野子内篇·乙未邵伯舟中语》中记载一则其对徐芝南论学之语的评论，涉及程朱之学与阳明良知学之辨，颇为重要，其文曰：

> 先生北迁太学，过广陵时，诸生十余人同舟共送至湾头，遇高邮守门人邓诰迎于舟中，设酒。先生称巡盐徐芝南好学。一生曰："他尝言：'人惟格物，便可平治天下，何用许多条目！'"先生曰："信如子说，则当时曾子只说'物格而后天下平'可也，何必许多'诚、正、修、齐'工夫邪？夫格物是知，必须意诚、心正，然后见之躬行；不是一格物便能了尽天下事。且如子华未仕时，亦只是讲明此道而已，岂能预知一郡人民土俗乎？至于今日到高邮，身亲经历，便有许多政事条理。焉能一举而了尽一州之政乎？如芝南之说，皆今时顿悟之弊，学者不可不察。"⑤

---

① 〔明〕薛侃著，陈椰校：《薛侃集》，上海古籍出版社 2014 年版，第 367 页。或参看裘之倬、王咨臣主编：《滕王阁诗文广存》，文化艺术出版社 1990 年版，第 450 页。
② 中山大学中国古文献研究所编：《全粤诗》，第 6 册，卷一八三，岭南美术出版社 2009 年版，第 410 页。或参看沈乃文主编：《明别集丛刊》，第 1 辑，第 96 册《矩洲诗集》，黄山书社 2013 年版，第 385 页。
③ 东方杂志社编辑：《东方杂志》，第 33 卷，第 17—20 号，东方杂志社 1936 年版，第 208—209 页。
④ 〔清〕李颙撰：《二曲集》，卷十八，中华书局 1996 年版，第 205 页。
⑤ 〔明〕吕柟撰：《泾野子内篇》卷二十二，见《四库全书·子部·儒家类》，第 714 册，上海古籍出版社 1987 年版，第 706 页。

吕柟受业于薛敬之，独守程朱之学，曾与湛若水、邹守益同主南都讲习，其学以穷理实践为主，斥"良知"学之非。他认为，徐芝南"人惟格物，便可平治天下，何用许多条目"之语，有"顿悟"之弊。然而，吕柟"格物是知，必须意诚、心正，然后见之躬行"之说，也可商榷。《大学》中明言"致知在格物"，可见格物与致知在功夫上并非一码事；又言"物格而后知至"，又可知格物之结果或有不能达到"物格"的情况，则此时"知"未必能"致"。因此，吕柟"格物是知"之说就很可能是有问题的。意诚、心正是物格、知致的自然结果，也不必相"须"。一般认为，格物即是一种"行"，此"行"包括意念发动处，如阳明所言"一念发动处即是行"；阳明先生又言"意之所在便是物"，则格物也包括去格"意之所在"。简而言之，程朱、陆王对"格物""知行"的概念解说不同，从而导致分歧。徐芝南显然是归属于阳明心学一派，他的"格物便可平治天下"之说，其实与《大学》"自天子以至于庶人，壹是皆以修身为本"之义是一贯的，因为格物是修身之首先要务，而修身又是齐家、治国、平天下的根本。

二、江浙同门杨珂、蔡汝楠等

杨珂，字汝鸣，号秘图，余姚人，从阳明先生讲学，不以科举为事，自放山水间，其书法与徐渭齐名。正德十六年（1521）九月，阳明先生归余姚省祖茔，访瑞云楼期间，经钱德洪排众议、请亲命，次日杨珂与孙蒙泉等七十四人亦从请学，侍阳明先生讲学于龙泉寺之中天阁。《燕诒录》中收录孙蒙泉的诗作《次秘图杨山人汝鸣咏雪韵》，以及《寓崇正书院忆秘图杨山人》。孙蒙泉对杨秘图有"清狂"之点评，其曰"只随点瑟度春风"，让我们想起阳明先生的两句诗"铿然舍瑟春风里，点也虽狂得我情"，他对杨珂"狂放"或亦有"得情"之意。

蔡汝楠，字子木，号白石，湖州德清人，幼时听讲于湛若水门下。嘉靖十一年（1532）进士，授职行人，升刑部外郎，迁南京刑部。《燕诒录》中有孙蒙泉所作《答少司马蔡白石》的书信，其文曰：

> 恭闻奏绩过门人，歆昼锦，兄且芥视，念旧怀修，惜尺寸之未录，虑

阶级之未超,如不能使驽劣者之并驰为意,感激感激。某旧学仅存,无可请正,因忆退修之想,在官曾有之,及就山林,依然尘冗,乃知有身有事,即事即道,志专功勇,固不因地而有难易,亦不易地而有雅俗。先儒云"发不以时,虽正亦邪",固知前想妄耳,但犹未能专、勇之,为可愧也。仰惟吾兄,身在宠辱间,而不为宠辱所累。一意问学,足占近日之所诣矣。(《燕诒录》卷四《答少司马蔡白石》)

蔡汝楠与孙蒙泉交往颇深,他们在衡阳的石鼓书院合作刊刻《传习录》,这是非常早的版本,对于阳明学在湖南地区的传播起到了重要作用。此外,蔡汝楠亦与严允斋有书信往来,可参看《国朝名公翰藻》卷十七所收蔡汝楠《与严允斋》,而凌双桥《碧筠馆诗稿》卷一也收录诗歌《月夜同茅见沧严允斋海会寺纳凉》。严允斋,即严中,字执甫,嘉靖十七年戊戌(1538)进士,余姚人,为严子陵的第四十九世孙。原辑有《客星纪略》,孙蒙泉为之作序。孙蒙泉又作《题客星山次韵》,以及《允斋元日咏怀见寄次韵答之》。严子陵是"余姚四大先贤"之首,孙蒙泉对子陵先生有着无限崇敬之心,《燕诒录》中收录了两首诗歌,同名《观〈钓台集〉》。

上述之外,浙江、江苏地区与孙蒙泉交游的还有吴惺、丁行、唐顺之、万士和等。吴惺,号荪塘,余姚人,与孙蒙泉为"同榜同乡",嘉靖五年(1526)进士,曾任山西布政使。吴荪塘与孙蒙泉、汪西潭一起同游大明湖。孙蒙泉另有诗作为吴荪塘赴任山右左使而送行,其文曰:"同榜同乡三十年,官簪乍盍又离筵。雁门一别余千里,条岭中分等隔天。客邸晴光怜草绿,郊亭新柳羡莺迁。即看跋马行时令,满地阳和陇塞边。"(《燕诒录》卷十二《送吴荪塘之山右左使》)阳明后学重要代表人物罗念庵,与吴惺也多有交往,可参看其书信《与吴荪塘邑令》等。有一则故事:"嘉靖九年末,时念庵请假告归在乡,吴荪塘邑令济之钱财,念庵拒而不受,云:'愿广其施于一邑,使一邑之士与民仰德爱之覆庇也。'"[①]可见念庵先生"实致良知",颇得阳明学仁民爱物之义。此外,吴惺与赵廷松、孙承恩等也有交游,赵廷

---

① 张卫红著:《罗念庵的生命历程与思想世界》,生活·读书·新知三联书店2009年版,第208页。

松有诗《赠吴吉水北上》①，孙承恩《瀼溪草堂稿》卷十七有诗《吴荪塘携酒夜过》："白下当年别，清尊此夕同。簿书君屈骥，衰鬓我成翁。岁月蹉跎里，乾坤感慨中。话长不知倦，落尽烛花红。"②孙承恩官至礼部尚书，谥文简，著有《历代圣贤像赞》六卷、《孙承恩集》三卷。

丁行，《燕诒录》中收录孙蒙泉《书丁行生母慈节卷》。丁行的事迹当时在王门弟子中竞相传颂，孙蒙泉自述此次"书卷"乃罗念庵转告之由。钱明先生指出：余姚的丁行兄弟，是岑氏的姑孙，岑、丁二家虽同为余姚"巨族"，但岑氏却执意要把丁行兄弟推荐给阳明，并对他们说："尔长尤望富贵易门阀，得与闻王门，学成一儒者足矣。"阳明殁后，丁行兄弟又继续从学于其他王门高弟，最后竟"俱成大儒"，其中自然有岑氏的一份功劳。③从阳明后学角度看，像丁行这样的三传弟子，通过孙蒙泉、王龙溪、罗念庵等阳明再传弟子的教导，也共同为阳明学的承传、发展与实践做出了很大贡献。

唐顺之，字应德，一字义修，号荆川，常州府武进人。嘉靖八年（1529）会试第一，官翰林编修，后调兵部主事。曾亲率兵船于崇明破倭寇于海上。升右佥都御史，巡抚凤阳，嘉靖三十九年（1560），督师抗倭途中于通州去世。崇祯时追谥襄文，学者称其为"荆川先生"。《燕诒录》中有《与荆川唐应德》。唐顺之可谓阳明先生私淑弟子，他与其他的阳明弟子、后学交往论学颇多，特别是与王龙溪，有《维扬晤语》，可参看。万士和，字思节，号履庵，常州府宜兴人，曾受业于唐顺之。嘉靖二十年（1541）进士，改庶吉士，授礼部主事，改南京兵部，迁江西佥事，贵州提学副使，进湖广参政，迁江西按察使，广东布政使，拜应天知府，迁右副都御史督南京粮储。隆庆四年（1570）引疾致仕，谥文恭。有《履庵集》《续万履庵集》《万文恭摘稿》。《燕诒录》中收录孙蒙泉诗作《次少宗伯万履庵送王龙阳奉使简同志韵》。

---

① 赵廷松《赠吴吉水北上》："晓露湛棠署，秋风挹兰舣。君子远行游，士女纷江亭。昔闻丹凤栖，今见孤鹏征。扳卧何以为，美人在蓬瀛。湖峰结云幕，江苏媚秋英。锵锵凉籁虚，熙熙列宿明。酌彼文之水，聊以荐予诚。愿言托千里，四海俱澄清。风尘自末路，金璧声盈盈。感激申赠词，乾坤留远情。"参看〔明〕赵廷松著：《赵廷松集》，线装书局2009年版，第13页。
② 北京图书馆古籍出版编辑组编：《北京图书馆古籍珍本丛刊·集部·明别集类》，书目文献出版社1998年版，第267页。
③ 钱明著：《儒学正脉·王守仁传》，浙江人民出版社2006年版，第21页。

三、与北方王门、广东王门弟子、后学等交游

北方地区，与孙蒙泉相交游的有董淑化、沈鲤等。董淑化，字尧封，河南洛阳人。嘉靖中进士，历任推官、御史、甘肃巡抚、南京户、工二部右侍郎，改户部左侍郎，未任而卒于家。赠尚书，谥恭敏。董淑化可谓阳明三传弟子，因其为阳明再传弟子西川先生门人。西川先生尤时熙，字季美，号西川，河南洛阳人。"因读《传习录》，始信圣人可学而至，然学无师，终不能有成，于是师事刘晴川。晴川言事下狱，先生时书所疑，从狱中质之。又从朱近斋、周讷溪、黄德良（名骥）考究阳明之言行，虽寻常謦欬，亦必籍记。"①尤西川门人甚多。《燕诒录》收录孙蒙泉《答操江董淑化讳尧封》。

沈鲤，字仲化，河南虞城人。嘉靖四十四年（1565）进士，授检讨。累迁吏部左侍郎。擢礼部尚书。拜东阁大学士，加少保，进文渊阁。赠封为太师，谥号文端。明神宗赞其为"乾坤正气，伊洛真儒"。《燕诒录》所收孙蒙泉《答翰侍沈仲化讳鲤》，其中论及"阳明先生从祀孔庙"之事，且与之论"精一之学""致知焉尽矣"：

> 切惟允执厥中，圣学之源也，而舜益之以三言者，中之所以执也。一于道心之谓中，然不能无人心之杂，故须精以一之，精则一矣，一则精之至也，非精之外复有一，非精之后复有一之功也。孔子格致诚正，所以条析惟精惟一之节度，盖心以知为体，而意与物者则知之用，本浑然一于至善，所谓道心也，无弗正也。惟动而有不诚之意，意非悬空，必有不正之事，而心始不正矣。然吾之知未尝不知，盖不虑不学者也。故欲求至乎诚，以复其心体，必须致知；致非悬空，必须格物；格物以致其知，则行无不慊而意诚、心正矣。此之谓精一之节度也。是故格物者，致知之实功；而诚意者，致知之成功。故致良知之外无学也。师曰"乃若致知则存乎心悟，致知焉尽矣"，岂欺我哉？实发前贤所未发，俟后圣而不

---

① 〔清〕黄宗羲著，沈芝盈点校：《明儒学案》，中华书局2008年版，第638、639页。

惑者也。(《燕诒录》卷四《答翰侍沈仲化讳鲤》)

广东地区,与孙蒙泉相交游的包括:庞嵩、周坦。庞嵩,字振卿,学者称为弼唐先生,广东南海人,讲学罗浮山中,从游甚众,著有《太极解图书解》《弼唐遗言》和《弼唐存稿》。庞弼唐、庞一德父子与周谦山于隆庆五年(1571)往孙蒙泉处论学,期望调和王阳明、湛若水两家后学所出现的异同,孙蒙泉作《送庞弼唐、周谦山归东粤(壬申三月)》,这对考察湛甘泉、王阳明后学如何调和两家师说,以及阳明学向粤地传播的情况颇为重要,兹录其文:

> 今暮春,弼唐庞君,偕其门人周谦山,其子一德,至自东粤,年已逾六十矣,不远数千里,历冬而春而夏,计其归至,几及秋,亦有何求?以其师甘泉先生,吾师阳明先生,同时倡道继绝学,其志同,其旨诀同。二先生不可作矣,不究其微则不要其归,不要其归则不继其志,故博求诸同志,而思以承其绪,其所负荷大矣!蒙泉子涉江来精舍,而弼唐诸君次天真且数日,甚惜夫来之晚也,朝夕就正,不能离倏;又言别,宁无悲乎!又何以为别乎!虽然,其道同则旷世且将通矣,而况于地之远近乎?不得已举尝所请正者以为赠,使之归而亦有可考也。
>
> 泉师旨诀"随处体认天理",以感应而条理出焉,天然自有者也。孔子曰"亲亲之杀,尊贤之等,礼所生也",君子"不可以不知天是也"。知天者,勿忘其所有事而勿之正焉。正则必助,助则逆天,忘则弃天,勿忘勿助是之谓体认,非有毫发加于天理之外也。吾师以致良知为旨诀,盖心、意、知、物浑然至善,一而已矣,而良知者,则至善之灵觉也,自其知之主宰为心,自其主宰之发动为意,自其发动之所向为物,其为良知则一也。故格物者,格其知之物也;诚意者,诚其知之意也;正心者,正其知之心也。其为致良知则一也,故致良知者,必格物、诚、正兼举而后其功始完。知而致矣,必已物格、诚、正,浑然复于至善,而后其功始成。故析之以四,所以明其脉络也;统之有宗,所以要其归趣也,无毫发加于良知之外也,是之谓致其良知也。良知天然自有之条理谓之天理,天理

自然之明觉谓之良知,勿忘勿助以体认此天理,则虽不言格、致、诚、正,而实不离格、致、诚、正以为功,是二师之继往圣以待来学者,固未始不同也。

弼唐既已相证于无间矣,则明之于粤者,此学也;明之于浙者,此学也。处以此,赠以此,推而明之于天下,亦惟极于此而已矣。虽然,执中之旨,舜益之以三言,盖所以明夫中之执者,惟致决于此心危、微之辨,而无所待于外也。孔子详之以"四目",盖所以明夫精一之为功者,脉络分明而本源则不二也。有宋大儒,任之重而求之力,孰有过之者哉,而作用持循,犹不能无疑,然则学术岂易言哉!且夫二氏之诱人,以心性为言,近于诚正而不知诚正由于格致,非遗外也。五霸之猷为以仁义,为说近于格致而不知格致所以诚正,非遗内也。遗外则非性之无内,遗内则非性之无外,是皆不知性之德也,岂非学之为心性,学之为仁义而差者乎?夫二氏之学,足以惑世诬民;而五霸之功业且将掩迹王道。非圣贤抉决其微,亦孰知其为异端而功利也哉?夫吾党今日之所学者,非心性乎?非仁义乎?邪正之辨,悬于毫厘,非竞竞焉必求其是而守之,则孰能不潜移默化,因循于似是,而不自知其入于邪耶?是故学术之慎,不能不三致意焉。

抑二先生之学今再传矣,此升降明晦之几也,其能以无隐忧乎?由致知之学而失其宗,则必入于禅矣,何者?不知格物以为功,将专求诸内也;由体认之学而失其宗,则必入于霸矣,何者?拟议于忘助之间而不知顺天理以为,则将用智也。此犹为有志者言也,不尔则拾其遗唾,称说道德,游谈性命,索之无实、按之无据,呶呶于人以苟声利,且去二氏远甚,又何敢以望霸者之藩篱哉?昔庄周傲物轻世,罪归卜商。卜商,孔子及门之徒,非以其未究宗旨,流弊至此耶?呜呼!吾党而知以卜商为惧也,则必以卜商之不善学自励,致其良知而所以发其蕴者,求诸师无遗旨焉,体认天理而所以发其蕴者,求诸师无余诀焉,浚其源而其流益长也,则庶几其免夫!二君今行矣,父子师弟间,归途密证,其必有以教我者。(《燕诒录》卷六《送庞弼唐、周谦山归东粤(壬申三月)》)

湛甘泉"随处体认天理"之说,与阳明良知学相通。孙蒙泉认为"良知天然自有之条理谓之天理,天理自然之明觉谓之良知",至于"体认天理"的功夫,即"勿忘勿助"致其良知。与此同时,孙蒙泉又强调要慎于学术之辨,他的隐忧在于"致知之学而失其宗则必入于禅","体认之学而失其宗则必入于霸",因此要细致分析圣贤之学与心性、仁义之关系,必须抉决其微,攻乎异端。

关于周坦先生的生平与思想主张,详见《明儒学编》中的《县令周谦斋先生坦》一文:

> 周坦号谦斋,罗浮人也。仕为县令。自幼有志圣贤之学,从学于中离,出游湖、湘、维扬、新泉、天真、天关,以亲讲席。衰老,犹与徐鲁源相往复。其论学语云:"日之明也,必照于物,有不照者,阴霾之蔽也。心之知也,必格乎物,有不格者,物欲之蔽也。"又云:"一阳生于下为《复》,内阳外阴为《泰》,于《复》则曰'见天地之心',于《泰》则曰'内健而外顺',是可见学不遗乎外,而内者其本也。故曰'《复》,德之本也'。惟《复》则无妄,而刚来主于内矣,此内健之为《泰》也。"又云:"不可于无喜怒哀乐觅无声无臭,只喜怒哀乐中节处,便是无声无臭所在。"又云:"瞑目静坐,此可暂为之。心体原是活泼流行,若长习瞑坐,局守空寂,则心体日就枯槁,非圣人之心学也。"又云:"白沙之学,以自然为宗,至谓'静中须养出端倪',吾人要识得静中心体,只是个澄然无事,炯然不昧而已,原无一物可着,若谓'静中养出端倪',则静中又添出一'端倪'矣。且道体本是自然,但自然非意想可得,心下要自然,便不是自然也。"①

第四节 新论良知"几"学思想

孙蒙泉的"几"学思想与王龙溪"一念之微"学说有颇多相似之处,但又

---

① 国学整理社:《四朝学案》,世界书局1936年版,第293页。

第一章　孙蒙泉：不应被遗忘的"王学中坚"

另出新说，实现了对良知学的深入推进与突破。孙蒙泉在把"几"作为心体灵觉之微的基础上，从《周易》中获得启发与佐证，强调"几"的流行不息，又因几"不容昧"的特点而进一步提出"真几"概念，与良知构成无极与太极的关系。功夫论方面，孙蒙泉以颜回为例谈"知几"之学，且阐发"诚几""察几"等命题及其内涵，形成了较为完备的"几"学理论体系。这位被遗忘的"王学中坚"在"几"学思想上有着独特贡献，在儒学史上应占一席之地。

一、从孔子赞《易》说起

学界谈论"几"的问题，一般会追溯到孔子赞《易》所作的"十翼"，而《系辞》或被认为即是"明几"之学。《周易》的《系辞上》与《系辞下》中出现"研几""几""知几""庶几"等词语，东晋韩康伯与唐代孔颖达都有注解。关于"几"的定义，韩康伯认为："适动微之会则曰几。"孔颖达则曰："几者，离无入有，是有初之微。"①若仔细分辨，可知他们各自所定义的"几"与"有""无"的关系有所差别。孔颖达认为"几"是"离无入有"，但侧重于"有"，因为他还说到几"是有初之微"；而韩康伯似乎讲"几"又偏向于"无"，因为他另在注解中指出："几者，去无入有，理而无形。"②毕竟已经点明了"几"是"无形"的。然而，两家注解中关于"几"的"去无入有"或"离无入有"的意思基本一致，这也被大多数学者认为是"几"的基本特征。大概也是因为在"几"到底是偏向"无"还是偏向"有"的问题上见仁见智，北宋周敦颐以"有无之间"讲"几"，调停妥当，就多为后儒所宗。周子《通书》有言："诚、神、几，曰圣人。""寂然不动者，诚也；感而遂通者，神也；动而未形，有无之间者，几也。"③但《通书》中的"动而未形，有无之间"毕竟还是没有明确界定"几"所处的位置，以及其他特性，这为后儒留下了学术论争空间。到元代，巴蜀易学学者王申子很有可能首次提出"几学"的概念。④他以"几学"来解释"觉即复"，主张一念发动

---

① 〔清〕阮元校刻：《十三经注疏·周易正义》，上海古籍出版社1997年版，第81页。
② 〔清〕阮元校刻：《十三经注疏·周易正义》，第88页。
③ 〔宋〕周敦颐撰，徐洪兴导读：《周子通书》，上海古籍出版社2000年版，第33页。
④ 刘云超：《觉即复——易学视野下王申子功夫论探析》，《孔子研究》2016年第6期，第67页。

当即返善,颇具"心学"意味。

《明儒学案》中记载王阳明两个著名弟子王龙溪与聂双江以"诚、神、几"为中心的讨论,他们对"几"的"有无之间"也有着不同的理解。聂双江以诚的"无而未无",神的"有而未有"来讲"几"的"有无之间",其实质是重在"诚""神"功夫。他提出:"诚精而明,寂而疑于无也,而万象森然已具,无而未尝无也;神应而妙,感而疑于有也,而本体寂然不动,有而未尝有也。即是为'有无之间',亦何不可?"王龙溪回应道:"良知者,自然之觉,微而显,隐而见,所谓几也。良知之实体为诚,良知之妙用为神,几则通乎体用而寂感一贯,故曰'有无之间者几也'。有与无,正指诚与神而言。"①王龙溪护持其师的良知说,把"几"与"良知"联系、等同起来,强调"几"通贯良知体用、寂感的特点,这是他所理解的"有无之间"。

对于聂双江与王龙溪围绕"几"的论争,牟宗三先生认为"几"是感性层上者,因此,"王龙溪把说几的'动而未形、有无之间'与良知之无分于动静,无分于寂感,无分于有无,混而为一,而视为对于体之玄悟实悟,则大错;把那'有无之间'底格式用于体之诚神或寂感,……在此有无之间上说一个几,这亦是大错的。"②此外,"至于聂双江'以寂为感之几','以无为有之几',以介为几,以诚为几,则根本非是。此不过是将良知分拆为已发、未发,而由'致虚守寂'以求'虚明不动之体'之思路。"③牟先生的观点或可商榷,而且学界对此问题也有不尽相同的观点。仅从双方论辩文献本身的解读来看,我们认为王龙溪作为阳明思想的继承与发展者,是在良知学理论体系里讲"几",但他所讲的"几"并不能简单地理解为混感性层为超越层,混形而下为形而上,因为王龙溪要强调的是"几"的一种贯通作用,所谓"几则通乎体用而寂感一贯","几"能连接体、用两层,故称"有无之间";"几"属于良知范畴,良知实体为诚,良知妙用为神,而"几"是通乎二者的,所以说它是"人心真体用"。王龙溪论"几"是"即本体以为功夫",这种理解方式在当时并非个别现象,如罗念庵、王时槐,都认同"几"的"体用不二"的特点。至于聂双江,他倒

---

① 〔清〕黄宗羲著,沈芝盈点校:《明儒学案》,中华书局1985年版,第265—266页。
② 牟宗三著:《牟宗三先生全集》第8册《从陆象山到刘蕺山》,联经出版公司2003年版,第300页。
③ 牟宗三著:《牟宗三先生全集》第8册《从陆象山到刘蕺山》,第302页。

是似乎把"几"放在"诚、神"之外,主张以诚、神为功夫而求"有无之间"的"几"。但聂双江说的"有无之间",是"无而未尝无""有而未尝有",是一种对有、无的消解式阐释,并不以"几"为最终依归。

二、孙蒙泉的"真几"本体论

在阳明诸多弟子中,孙蒙泉最为重视对"几"的探究,提出了不少独到见解。他在自著的《燕诒录》中讲"几"的地方很多,把这些分散的论述整合起来,可一探孙蒙泉几学思想精要。大体上看,孙蒙泉论"几",不纠结于周子"动而未形、有无之间"的讲法,而秉承阳明"体用一源"的思想,牢牢抓住作为"心体虚灵明觉之微"的"几",从《周易》中发掘深义、获得佐证,强调其流行不息、不容昧的特点,并进一步提出"真几"说。

"有无之间"的几,不可只说有,也不可只说无。孙蒙泉强调几是心体灵觉之"微",可以说是侧重于"从有说无",因为"几"之微与"道心惟微"的"微"互相联系。几在道心微与人心危之辨,也在性与道之间,进而定天则。几之"微"与"道心惟微"相联系,由几而见天则。心可分说为"道心"与"人心",两者之间的"微""危"之辨,也是一种"几",需要以"精一"功夫来达到"执中"境界。孙蒙泉作有《自述》诗:"一是道心微,精去此心危。危微谁与辨?只是这几希。小人见君子,恐恐自知非。岂曾穷物理,致知识从违。无欲所不欲,无为所不为。千古圣修诀,只慎此真几。"①除了在道心微、人心危之辨中讲"几"之外,孙蒙泉也在性、道之间说"几"的问题。"天命之谓性,率性之谓道"(《中庸》),道根于性,其"几"极微,但"此几无间息,本我性之恒。"天命之性有恒,所以此"几"不息。由此"几"还可见"天则"。孙蒙泉在《家塾铭》中说:"好恶将萌,其几靡晦,乃见天则。"②末一句出自《易经·乾卦》:"乾元用九,乃见天则。"而在郭店楚简的《五行》篇中也提到"几"与"天"的联系:"目而知之谓之进之,喻而知之谓之进之,譬而知之谓之进之,几而知之,天

---

① 〔明〕孙应奎撰:《燕诒录》,湖北省图书馆藏明万历刻本,卷八,第5页。
② 〔明〕孙应奎撰:《燕诒录》,卷十三,第10页。

也。"①可知孙蒙泉所论"几"具有一种通往形而上的特点,故而与道、天则、性、天联系起来。

《传习录》中记载阳明讲"几"的地方不多,他主要从"萌动处"说"几",其言曰:"诚是实理,只是一个良知。实理之妙用流行就是神,其萌动处就是几。"②孙蒙泉则结合阳明所言"妙用流行"的"神"及其萌动,突出讲"几"的流行不息特点。《易》是"圣人之所以极深而研几"的,"生生之谓易"。③孙蒙泉突出"几"的流行不息,完全符合《易》的精神。由"体用一源"的思路分析来看,"流行不息"主要是说"用",其"体"为良知之几,而保持或恢复良知本体的流行不息,就是"致知"。人心常明常觉,不息良知之"几",无私停住,即是"存心",以此为理论基础,孙蒙泉将"致知"统摄格物、诚意、正心,以及"知行合一"。"致知"或"知行合一"与孙蒙泉所说的"知几"含义相通:"良知者,几也,流行不息之本体也。有不善未尝不知,知之未尝复行,则其本体不息,是谓致知。《易》曰'知至至之,可与几也',如未能至之,是昏昧间隔矣,非良知之本体,可谓知几乎? 故不行不足以为知,知行之合一可见矣。"④阳明在《大学问》里也曾用"知至至之"来讲"致知",而孙蒙泉承继师说,从"几"入手,强调从"知至"到"至之",本身就是一种流行不息的过程,这是"几"的特点;以"知行合一"为说,则可以理解"知至"是"知","至之"是"行",若不能"至之"即是不能"行"。阳明讲"知行合一"只是一个功夫,达到"本心之明";孙蒙泉另从"几"的角度,以"知至至之",把这个功夫的过程展开来说,最终归结到良知的本体,也就是"几"的流行不息。从"本心之明"到"几的流行不息",孙蒙泉把良知的明觉功夫做了更为细致的动态分析。

在上述"几"论的基础上,孙蒙泉后来提出一个"真几"的概念,完成了对阳明良知学的一次突破。此前,他应该还用到了"真在"的说法,类似于"真几"。孙蒙泉自述其座右铭为:"何思何虑百虑同,只是致虚依本体。常明常觉一真在,却于何处别知行。"从"真在"到"真几",表明孙蒙泉"几"论思

---

① 李零著:《郭店楚简校读记》,中国人民大学出版社2007年版,第103页。
② 〔明〕王阳明撰,吴光等编校:《王阳明全集》,上海古籍出版社2011年版,第124页。
③ 黄寿祺、张善文著:《周易译注》,上海古籍出版社2001年版,第538页。
④ 〔明〕孙应奎撰:《燕诒录》,卷二,第6页。

想的成熟也有一个过程。"真几"学说虽是孙蒙泉独创，却不容易说清楚。若道心之微（即几之微）一时被遮蔽，则人欲横流，是为"人心惟危"。孙蒙泉后来意识到只讲一个"几"，还不足以解决道心、人心微危之辨的问题，所以又提出"真几"的概念。几在有无之间，可以说微，甚至到《中庸》"无声无臭"的地步，但不能认为全是"无"，因此还需要另提出"真几"来言"无"的境界。

"几"具有"不容昧"的特点，在道心与人心之辨中发挥作用，这就为孙蒙泉的"真几"说提供了理论上升通道。借鉴周子"无极而太极"的思想，孙蒙泉认为真几与几，也是一种无极与太极的关系。"几"的"不容昧"，又或称为"不可磨灭"，均在导向"真几"说。孙蒙泉言："人欲横流中，是非一念之公未尝磨灭，其《剥》之上一画乎？从此反之则为《复》，从此养之则进于圣贤。"①《周易》中的复卦唯一的阳爻为"初九"，一阳来复，这"一阳"即是孙蒙泉说的"几"，其不可磨灭，有生生之意。可知孙蒙泉"几"论的确从《周易》中获得很多启发，也因为把"几"与《周易》的问题研究得深，从而在一定程度上解决、回应了其师阳明"不知其几，易道大乱"的问题。

心体灵觉之微的"几"流行不息，而且不可磨灭，它能够通贯形而下与形而上两个层面，这在一定意义上也合乎孙蒙泉所继承的阳明"体用一源"思想，并且，"几"的理论含括了"知"与"能"的问题。上文介绍了孙蒙泉对"致知"的讨论，他常引用阳明"致知焉尽矣"的话。孟子所言"良知"，也一并提出了"良能"，"能"与"知"是联系在一起的。"良知"就是孙蒙泉讲的"几"；"良能"则可谓展现出"几"的流行不息、"不容昧"特点。金岳霖先生在《论道》一书中认为，"道"的基本特性是"能"，并且用这个"能"的"即出即入"来定义"几"："能既有出入，当然有入此出彼底情形发生。既出彼入此，也当然有未入而即将入，未出而即将出的阶段，此即出即入我们叫作几。"②孙蒙泉讲"几"，既突出其流行不息的特点，又存在金岳霖先生所言"即出即入"之几的状态。

---

① 〔明〕孙应奎撰：《燕诒录》，卷二，第3页。
② 金岳霖著：《论道》，商务印书馆1940年版，第269页。

三、孙蒙泉的"知几"功夫论

圣人以易道"研几",妙赞神明,故有叹曰"知几其神乎";然而知事之微,也是圣人"研几"之功,并且在"几"处也更容易下手。孙蒙泉指出,尽管"几"是心的灵觉之微,但是若能从此心灵觉不可昧处提点、用功,则会达到"无为其所不为,无欲其所不欲"的境界。孔子曰:"颜氏之子,其殆庶几乎?有不善未尝不知,知之未尝复行也。"韩康伯注:"在理则昧,造形而悟,颜子之分也。失之于几,故有不善,得之于二不远而复,故知之未尝复行也。"①在颜回与"几"的问题上,孙蒙泉不同于孔子讲颜回"庶几",韩康伯注"失之于几",而对颜回做一定程度的"拔高",认为他做到了"知几"。孙蒙泉在《复冲宇颜督学》中说:

> 《易》曰:"几者,吉之先见。"即正时识取意耳。又曰"知至至之,可与几也","知至"云者,本其体之常也;"至之"云者,言其功之适得吾体也,适得吾体,则心也,意与物也,浑然一于至善而无时不吉矣,亦即是先见之体不为物所污坏耳。故知几者,先天之学也。颜子不迁不贰,岂有外于此哉?孔子赞《复》曰:"颜氏之子其庶几乎!"则颜子之所为学者可知也。仆日来自信知几之外无学矣,然未能时时应手,则又见至之之难,未敢自望于知几之藩篱也。(《燕诒录》卷五《复冲宇颜督学》)

孙蒙泉讲"知几之学",以"知至至之"来说明"适得本体之常"的功夫。颜回能够"不迁怒""不贰过",即是代表。但与孔子"从心所欲"的境界相比,颜回还有差距,因为他毕竟仍有执着之处;难能可贵的是,颜回已经能够做到一旦觉察到自己的问题萌发,就即刻解决掉,恢复本体。另外,孔子也教颜回"四勿",遏于将萌。要做到像颜回那样的克己,常令此心不昧,实际上是很难的。也正是因为难,所以要依靠流行不息的"几"。可见"知几"要求

---

① 〔清〕阮元校刻:《十三经注疏·周易正义》,第88页。

良知本体立得定。孙蒙泉把"知几"功夫归向良知本体，未堕于无；而聂双江则重在"归寂"，他的这种主张，倒与韩康伯注《周易·系辞下》中涉及"知几"的"君子上交不谄，下交不渎，其知几乎"有相通之处："形而上者况之道，形而下者况之器。于道不冥而有求焉，未离乎谄也；于器不绝而有交焉，未免乎渎也。能无谄、渎穷理者乎？"①韩康伯之意，道冥无求则不谄，器绝无交则不渎，"无"谄、渎以穷理。"几"在"有无之间"，"知几之学"也要在这"有无之间"下功夫，但有境界的不同。

以"几"为功夫下手处，除了"知几"之外，孙蒙泉还论及"诚几""察几"等重要命题。他曾作《朱子抄》与《大学衍义补摘要》，对朱子、丘濬的思想研究颇深，也当受到不少启发。孙蒙泉提出"诚几"的概念，而最早是朱熹把"诚意"与"几"联系起来的；丘濬作《大学衍义补》，接着对"几"的问题有所发挥。他认为"几"是普遍存在的，是现象初始的萌芽状态，与《孟子》的"四端"联系起来，因此要"审几""知端"。② 而孙蒙泉则提出"察几"的问题。

孙蒙泉认为知几则诚，此为本体境界意义上的"诚"，但他更主要的是把"诚"作为一种"几"的功夫，相当于《大学》"诚意"功夫的"诚"，非《通书》"寂然不动"的"诚"，也不同于聂双江所说的由"诚而求几"。孙蒙泉有言："《易》曰'不远复，以修身也'。夫'复'之为言'诚于几'也，而曰修身者，微之显，诚之不可掩也。……非这几上立诚，何处致力？"③《大学》讲"诚意"，孙蒙泉主张反诸吾心而求之几，实际上已经提出"诚几"的新命题。

"知几"是养心、立心之要，其间也须"察几"。孙蒙泉指出，心体虚灵明觉，有不容昧之几，须致察几于有无之间；若不察几，则妄念暗长。④ 生妄念，是心不正，即是欲，故而寡欲可以养知、察几，反过来说，不能察几也无法寡欲。"察几"有很多应用之处，如分辨义利，从"所喻"与"所为"之间来考察"几"。《论语》中孔子有云："君子喻于义，小人喻于利。"孙蒙泉指出，不仅要看"所喻"是义还是利，还必须考察其"所为者何如"。有些人似乎展现出"喻

---

① 〔清〕阮元校刻：《十三经注疏·周易正义》，第88页。
② 郑朝波：《丘濬哲学思想辨析》，《海南师范大学学报》（社会科学版）2008年第4期，第149页。
③ 〔明〕孙应奎撰：《燕诒录》，卷三，第4页。
④ 〔明〕孙应奎撰：《燕诒录》，卷二，第3页。

于义"的迹象,但其实质所为又是利。义、利之别在毫厘之间,其"几"甚微,只有依靠此心的良知良能去分辨两者。对义利之间微小的"几"的觉察,达到顺其良知本体,有所不为,有所不欲,所行都"慊于心",这才能算有"喻义"之实。① 察几的前提是"有"几可察,所以这里的"几"又处于感性层,在"有无之间"偏"有"。综上所述,可知孙蒙泉所论之"几"并不局限于"有无之间"中的"无"或"有"的某一方,因为他所强调的是"几"的流行不息与不可磨灭,即功夫即本体。

四、良知与几的历史定位

阳明弟子对良知学各有承传,其发展路向或有差异。总体上看,孙蒙泉较为准确地把握了王阳明学说的本旨,他的"几"学思想颇具个人特色。阳明在答人问《中庸》中的"至诚之道,可以前知"时说:"圣人只是知几,遇变而通耳。良知无前后,只知得见在的几,便是一了百了。若有个前知的心,就是私心,就有趋避利害的意。"② 可见阳明所讲的"知几"注重"良知见在",这"见在的几"没有先后,孙蒙泉对此是完全认同的,因为他有诗句云:"几非先后元旋吉,复在微芒祇最初。"③ 然而阳明的另一位重要弟子钱德洪似乎并不这样看,他指出阳明讲致知格物之旨,须学者反躬切实修养实践,如此"则体悟日精,几迎于言前,神发于言外,感遇之诚也"④。其中所言"几迎于言前",这一"迎"字,则意味着有所待,即有先后了,此非阳明本旨。

阳明另一弟子陈明水也以"几"言良知,并且认为:"几"是至善的良知本体;"几"是意念将起时;"几"亦静亦动,动静合一。⑤ 相比较而言,孙蒙泉把"几"放在"心体"层面,突出流行不息与不可磨灭的特点,在"几"的功夫论方面阐发详实,特别是还提出"真几"的概念,有力地推进了阳明良知学。从实

---

① 〔明〕孙应奎撰:《燕诒录》,卷一,第15页。
② 〔明〕王阳明撰,吴光等编校:《王阳明全集》,上海古籍出版社2011年版,第124页。
③ 〔明〕孙应奎撰:《燕诒录》,卷十,第11页。
④ 〔明〕王阳明撰,吴光等编校:《王阳明全集》,上海古籍出版社2011年版,第143页。
⑤ 潘攀:《陈明水良知说研究》,湖南师范大学博士论文,2014年,第73页

质内容上看,王龙溪的"一念之微"功夫与孙蒙泉"几"学思想较多相通之处。孙蒙泉说的"几",相当于王龙溪讲的作为"正念与本念"的一念之微。彭国翔先生指出:"只有在正念与本念的意义上,在作为'几'的一念之微上用功,才可以说相当于先天正心功夫。但如果念是作为邪念与欲念时,一念之微的功夫便显然不再是心体立根的先天功夫。"而是"对后天经验意识加以澄清对治的后天诚意功夫"。① 这个"后天诚意功夫",在孙蒙泉这里即"诚几"功夫,由此可见孙蒙泉构建出来的"几"学思想比王龙溪更为彻底。王龙溪的一念之微功夫并没有突破阳明的良知框架,而孙蒙泉提出"真几",以良知为太极,真几为无极,把良知学纳入他的"几"学思想体系。

孙蒙泉从《周易》诸卦以及孔子赞《易》内容中得到启发。例如,前文提到的孙蒙泉以《周易》中《复卦》《剥卦》来说明"几"不可磨灭的特点。此外,《周易·乾卦》的《文言》中提出"知至至之,可与言几也",孙蒙泉紧紧抓住其中的"知至至之"着力发挥,进一步展开了对"几"的探讨。他指出,"几"虽是心体虚灵明觉之微,但能"毫厘毕照",这是"知至";"知至"还不够,一定要达到"至之",才能"与几"。孙蒙泉创造性地用出自《周易》的"知至至之"来讲"几"对心体的呈露与复归,并且以此也对"知行合一"的命题做出独到阐发。

从良知到"几",再到"真几",孙蒙泉逐渐完成了对良知说的一次超越。良知有时可能被拘束、遮蔽,但"几"不可能被完全隐藏。因为"几"是"萌动"的,尽管微小,但是萌动不已。孙蒙泉论"几"与"真几"的关系,融合了周敦颐"无极而太极"思想,提出:真几是无极,良知是太极。他的《天真精舍和师良知诗四首》前两首有言:"一念惺惺穆穆时,本无善恶可教知。流行万有惟些子,无极真几更属谁?""无极真几更属谁? 由来太极是良知。空中感应原无体,才着良知便有为。"②良知对"几"萌动的感应就产生出"意",意之动则有善有恶。《通书》中提出"诚无为,几善恶"。与孙蒙泉相同生年(1504)的罗念庵认为"几"能分辨善恶,非几即恶。孙蒙泉则提出由几到真几,即是

---

① 彭国翔:《明儒王龙溪的一念功夫论》,《孔子研究》2002年第4期,第65页。
② 〔明〕孙应奎撰:《燕诒录》,卷九,第9至10页。

为善去恶。孙蒙泉说:"几者性之灵、人之生,道无时不然者也。此几一昧而人欲始横流矣。故几者,吉之先见,此是性灵呈露,从此慎之,宁复有恶? 恶是乘其几之昧,非真几之所本有也。以其始动之微,亦曰几耳。"接着又云:"虚灵知觉根于性生,虽极昏蔽,未尝泯灭得尽。即此不泯灭之几,自能知善之当为与恶之当去,朱子所谓'介然有觉'者是也。"①这与刘宗周"几本善"思想基本一致,且孙蒙泉引朱子答林安卿问所言,把不泯灭之几称为"介然有觉"者,既汲取朱子思想,又有所发挥。他在《复董翰史》信中再次提到"介然"以及"介头":"常诵吾心之灵皎如日月之训,则天理人欲未尝不介然,而其从违顿异者,殆自欺自昧耳。即欲自欺自昧,而卒不可得,此天命之真,人心之不可泯,而孟之所为性善者也。从此介头立定,始频复而敦复,而不远复。"②孙蒙泉突出"几"的"介然有觉""善恶介头",在功夫论上打通了颜回的"知几"和孟子的"必有事焉"。如果说阳明"四句教"中,王龙溪重在"有善有恶意之动"的"一念之微"功夫,孙蒙泉则在"知善知恶是良知"的"善恶介头"上讲"几"功夫,孙蒙泉的"几"之功夫论也更为细致,包括知几、诚几、察几等。

朱子讲"独知",乃喜怒哀乐之"未发"与"已发"之间,欲动未动、欲发未发之间,分判善恶最初环节的"几"。陈立胜先生指出:"'独知'自朱子始,成为一个重要的修身学范畴。……后来王阳明标举'此独知处便是诚的萌芽',是诚身立命的功夫所在,正可以说是承继朱子'独知'之路线而水到渠成之结果。"③大体上看,孙蒙泉"几"论的主要内容也是顺承朱子、阳明所论"独知"的路向,并在明儒前后对"几"的讨论中贡献了独到见解。例如,刘宗周(1578—1645)认为"先儒解几善恶多误",他讲的"几"是心之所存,几本善,又言几为意,则意必为善而恶恶。这与孙蒙泉的"诚几"说是一致的。另外,孙蒙泉以"良知之几为太极"的思想,也与方以智不约而同。刘元青先生指出,方以智(1611—1671)中晚年谈到了"贯几","就是道德意义上的天道,

---

① 〔明〕孙应奎撰:《燕诒录》,卷一,第14页。
② 〔明〕孙应奎撰:《燕诒录》,卷十二,第32页。
③ 陈立胜:《作为修身学范畴内的"独知"概念之形成——朱子慎独功夫新论》,《复旦学报》(社会科学版)2016年第4期,第79页。

或曰心与性,亦即王阳明的'良知'。……方以智以"几"为'穆不已'之体,虽不合《易传》'动之微'之义,亦非顺取双江的寂体之义。"但从内涵上来说,这种具有主宰与创生意义的"几"与"太极"同质而异名。[①] 总而言之,孙蒙泉的"几"论在儒学发展史上有其独特的理论价值,特别是对良知学的推进贡献不小,应当在阳明学中占据重要的一席之地。

第五节　诗文创作中的交游与讲学

《燕诒录》是孙蒙泉传世的代表性诗文集,被四库馆臣评价为"讲学家之诗文"。这一评断,既可就其内容而言,又关乎文学创作风格。孙蒙泉所创作的诗歌中,思想价值最大的是其介绍良知与几学的部分。此外,孙蒙泉诸多诗歌作品也记录了他承传师道的事迹,及其思亲、念友之情绪,读来真诚感人。孙蒙泉弘道,有仁以为己任之怀抱,诗风典雅淳厚,实为阳明后学诗作中的佳品。

一、次韵等应酬交游之作

古人诗歌多有交游、应酬之作,孙蒙泉也不例外,包括若干"次韵"之作,如《次邑令邓玉洲迎春有雪韵》等。《燕诒录》收录三首与徐芝南相关的诗作,其中可知两人交往之深、情谊之笃。在河南时,孙蒙泉曾作《寄芝南徐年兄》;徐芝南去世之后,孙蒙泉极为哀痛,作《奠芝南徐年兄远卿归途识哀》,其中有诗句"国士交盟只有君""君心我意两能知""动哭于今事有之"等,足见孙蒙泉以徐芝南为知己。此外,他又作《吊芝南徙门新圩》一诗,寄托哀思。交游类诗歌中,也有涉及孙蒙泉良知学思想内容,如《与友人》诗中有言:"苦忆同门问学年,挥戈无计老相怜。竭才线脉末蹉跎后,入悟微几恍惚边。才觉意生终是妄,不离经正自通权。须知义利言非略,透得关时玄又

---

① 刘元青:《方以智易学思想研究》,《周易研究》2010年第5期,第78页。

玄。"(《燕诒录》卷八)从诗歌中不难发现孙蒙泉提到很多次的知几之学。

天真精舍可谓孙蒙泉先生致力发展、传播阳明良知学的主要"道场",与之相关的诗歌为数不少,足见其最为重视此项事业,并寄予深厚感情。孙蒙泉另有一处自建的阳来精舍,其名取义源自《周易》"一阳来复",其实乃是他以颜回"知几""不远复"自期。天真、阳来这两个精舍,是孙蒙泉酝酿、发展、传播良知学的最重要场所,特别是在阳来精舍,他自悟出真几本体与知几之学。在题名"嚣嚣斋"的咏怀诗中,我们还可进一步探究孙蒙泉良知学与《孟子》的渊源,以及他所受父亲栖溪先生思想之影响。以"良知"为题,或以"良知"入句的诗歌,对于我们探究孙蒙泉良知学来说,是极为重要的材料。这些"咏良知诗"中,既有他的"参良知口诀",又有"和师良知诗",尤其是后者诗句中所提出的"无极真几""太极是良知"的论断,可谓是孙蒙泉先生以"和诗"这种特别的方式,将其师阳明良知学推进到几学领域,最终形成其独特的"良知几学"思想体系。

从内容上看,孙蒙泉作有不少涉及天真精舍的诗歌,如《丙寅仲秋再过天真会祭识怀》,诗中记载他与天真精舍的常年来往,这里是求道问学、弘道论学之处,也见证了阳明及其后学的兴衰浮沉。诗云:"忆自脱尘网,一访天真山。忽忽逾十年,再叩攀云间。荐苹证心印,聚簪订愚顽。由来本易简,支离须刊删。世情何汩没,意便多逾闲。澄湖景将入,谁当濯潺湲。"(《燕诒录》卷八)此外还有《上天真雨后咏怀》诗,自述"壮行不展徒清世,幼学无闻空白头",表达一种壮志未酬、学未大成的遗憾,这也说明天真精舍在孙蒙泉心中的重要地位。天真精舍主要是弟子与后学宣讲、研讨其师阳明学之处,孙蒙泉为天真精舍的创建、发展做出了非常重要的贡献,因此对天真精舍也有着非比寻常的感情。然而,天真精舍终归衰落、破败,孙蒙泉又因与天真精舍其他"董其事"者有所不合,不得不回到家乡另谋独善之处。这些故事、情感在孙蒙泉诗歌创作中均有反映。

二、领悟良知与几的哲理

阳来精舍是孙蒙泉自建的修习场所,在孙蒙泉的诗中其地有名为"回龙坞""阳来谷"或"龙谷草堂",如《寓回龙坞阳来精舍》,在这首诗中可见孙蒙泉寄情山林,尽日只看自然风光、草木花山等,作句"书掩石门青草合,已将心事付耘菑"。隐居山林的生活,往往也能激发儒者"与天地万物一体"的仁心义怀,孙蒙泉逐渐开始享受这样的生活,他感受到万象更新的勃勃生机,他甚至自比有如孔子所追求的"浴乎沂,风乎舞雩"的境界,这时孙蒙泉对良知学有了新的领悟,如《过精舍》诗中有云:"无情百虑常归寂,有念通微认独真。未发前令观气象,求心真诀在凝神。"(《燕诒录》卷十)孙蒙泉在诗歌中提到了"归寂""念微""未发前""凝神"等心学命题,确有"讲学家诗"的特点,且又可知独处山林、寓居阳来精舍的时期,促进了孙蒙泉良知学思想的酝酿及成熟。这一点在孙蒙泉的《龙谷草堂口占》一诗中表现得更为明显,他也是用结尾几句阐发其思想:"几非先后元旋吉,复在微芒衹最初。""几"与"复"是孙蒙泉良知学的核心概念,其后两句又涉及颜子之学,并落归于存养功夫,而存养之本体为"太虚"。孙蒙泉的诗歌创作,除寄情于景物之外,多包含着诗人的深邃哲思。

"嚚嚚斋"本是栖溪先生(孙蒙泉父亲)的书斋名,《燕诒录》中收录两首与之有关的诗作,无一例外都是以"咏怀"之名,而主要阐述孙蒙泉的良知学思想。在阳明后学的思想研究中,较少注意到其本身的"家学"因素。实际上,就孙蒙泉而言,其父栖溪先生对他个人的影响非常大,我们不能因其师阳明先生的名声远超其父,而不注意到孙氏家学。孙蒙泉《嚚嚚斋咏怀》如下:

> 秉心好古道,弱冠逾希龄。仰参贤圣诀,危微辨未形。吉凶毫厘间,出入谁为扃。颜也不远复,常知耿惺惺。微芒神与谋,活泼几无停。所以钦厥止,寂若声臭冥。此道本非外,取足于心灵。邹轲先立大,往圣遵仪刑。所幸未丧天,笃后承心盟。开来拟作者,绪述语为经。贞元又一会,斯文昭日星。抠趋幸同世,聋聩空丁宁。　冥然衡茅下,喧嚚邈俱遗。心存复何思,遗言道已显。虚存俨若临,诈善明早辨。寂感一流行,服膺拟躬践。譬彼万里途,独往畏跛蹇。出门各有适,中怀竟谁阐。讷藏返于豫,置彼谈天衍。(《燕诒录》卷十《嚚嚚斋咏怀》)

上引诗歌中提到了"危微辨未形""活泼几无停""此道本非外,取足于心灵""寂感一流行"等重要的良知学论题。此外,孙蒙泉还有一首诗歌直名《嚣嚣斋》,备录如下:

闭户不知年,南山青入座。疎篁过短墙,草径烟深逻。意绝冈蹄躅,忘言但高卧。谁将梦周公,宁复西山饿。此心苟无瑕,千载声堪和。　自惟禀厥初,天载无声臭。洗心子绝四,回也知不复。集义忘助间,求心固有授。天则无议拟,未达恐遗缪。望道见犹两,浑合力奚就。往哲但存存,俟化惟时懋。嗟予已淹息,自检多阙漏。登坠辨毫厘,坐谋惧颠覆。　默坐见本心,虚明无所倚。湛一空空如,寂感得其止。习染如树根,投间念纷起。知至亦无戒,至之讵能拟。所以可与几,洗心净无滓。竭才其将能,浑化不由已。颜也谓未从,参乎矢于死。嗟哉吾道大,苦心孰与齿。(《燕诒录》卷十三名《嚣嚣斋》)

上引两首诗歌由《孟子》之义讲到孔颜之学,正是孙蒙泉承其家学而发展出知几之学的一条线索。作为一个思想家,孙蒙泉诗歌中有的便是直接阐述其"良知"学思想,他有《独坐参良知口诀》一诗:"一念惺惺属有无,由来此念本真吾。指陈道脉皆予圣,参透天机是此夫。阖辟推移神变化,散殊高下那精粗。些儿原不容声臭,识取须教学似愚。"孙蒙泉指出,这"一念惺惺"源自真吾、本体,这其实就是所谓"良知"。但是关于"致"良知,他有着颇为务实的主张,也就是注重实践功夫,所以诗中末句有曰"识取须教学似愚"。在另外的《登精舍前太极亭四首》诗中,孙蒙泉也指出所谓"真吾",需要从"一虚无欲"中得见。同时,孙蒙泉在诗中还提出"良知太极图"的概念,太极归于无极,归无之"无"中自有生生不息之意,这也就是良知:"此个良知太极图,显微寂感总归无。无中自有生生意,只是良知更不诬。"(《燕诒录》卷八)

宋明儒学大师,往往也在诗歌中阐发其思想观点,而良知类诗歌创作也体现出孙蒙泉对其师阳明思想的承传与发展。在《诵师"闲来还觉道心惊"句二首》诗中,他写到"动止心通是性真,有生形色易沾尘""性灵磨不灭,知止初复还"等涉及心性之学精微处的论点。此外,孙蒙泉又作《天真精舍和师良知诗四首》,其中提出了有关"良知几学"的重要论断,如"无极真几""太极是良知"等:

> 一念惺惺穆穆时,本无善恶可教知。流行万有惟些子,无极真几更属谁。 无极真几更属谁,由来太极是良知。空中感应原无体,才着良知便有为。 身从卢扁试神针,痛痒方知共此心。炯炯一灵通昼夜,肯教醒梦两相寻。 回思瞻忽仰钻时,未是颜渊作圣基。悟到从之不可得,非徒卓尔见些儿。(《燕诒录》卷九《天真精舍和师良知诗四首》)

讲良知之诗歌,还有比较重要的《夏日纳凉偶书》,共有四首,孙蒙泉在其中有言:"除却良知恁是心,知涵意物本同林。若知意物非知外,但致良知是尽心";"致知之功格物中,正心诚意别无功。良知慊处即惟一,须信良知是统宗";"悟后良知似欲从,最怜影响忽憧憧。谁能不远如颜复,忘助皆非孟可宗"(《燕诒录》卷十)等。从上引诗句中可见孙蒙泉良知学重要论点,包括良知为心之本体,良知涵盖意、物,致良知就是尽心,良知自慊,等等。心学讲究"悟",因此以诗歌的形式表述良知学思想,对于学者的理解、感悟也具有特殊价值。孙蒙泉先生良知类诗歌创作,无疑是对其师阳明思想解读、文学创作的继承和发展。

阳明在诗歌创作中曾融入其良知学思想,其弟子、后学也有不少以"良知"为核心内容的诗歌创作。以哲思入诗,也是孙蒙泉诗歌创作的一个特点。比如,阳明有一首著名的《霁夜》诗:"雨霁僧堂钟磬清,春溪月色特分明。沙边宿鹭寒无影,洞口流云夜有声。静后始知群动妄,闲来还觉道心惊。问津久已惭沮溺,归向东皋学耦耕。"孙蒙泉就阳明此诗,作《诵师"闲来还觉道心惊"句二首》:

> 动止心通是性真,有生形色易沾尘。虽然百倍加功后,犹愧三年未日新。半夜能无云蔽月,中流忽有浪惊人。却怜蚤觉牢拿柁,不用寻师更问津。 操舍倏忽间,分明梦觉关。性灵磨不灭,知止初复还。所

> 戒在频复,终迷当遂顽。至人养已熟,刮垢空其班。愈精心不满,若惊乃永闲。仰师遗教深,逸驾何由扳。(《燕诒录》卷九《诵师"闲来还觉道心惊"句二首》)

诗中孙蒙泉既表达了他对阳明的追念,又可见他对其学说的理解、体悟过程。针对阳明诗中"闲来还觉道心惊"一句,孙蒙泉提出"愈精心不满,若惊乃永闲"的观点,论述"道心"的"惊"其实是一种"永闲",比阳明所言"闲来"之"闲"实际上更进了一步。

阳明又有诗《咏良知四首示诸生》,这四首诗中,阳明赞咏"良知"是"真头面",良知是"圣门口诀",还是人人心中的"定盘针",是自家无尽之宝藏。

"知善知恶是良知",但孙蒙泉在《天真精舍和师良知诗四首》诗中提出"本无善恶可教知"的"一念惺惺穆穆时",它也就是"无极真几"。如果说此真几是"无极",那么"太极"便是良知。孙蒙泉在第二首诗中还提到"空中感应原无体",他似乎在突破阳明的"良知本体",而提出"原无体",此便是"无极真几"。真几"才着良知便有为",良知是生"有"作"为"。第四首诗中,孙蒙泉提到颜回,无疑是就"知几"功夫而言。

孙蒙泉这四首诗在其"良知几学"思想体系中非常重要,从中可以看出他是如何从其师阳明"良知"说发展出"几学"的重要线索。此事还可证于孙蒙泉所作另一诗《辛未正旦》,其中有言"慨已悟师旨,其几若为明",可知从良知到几学,在本体与功夫两方面,孙蒙泉都有深入探究。此外,孙蒙泉还有关于其师阳明次韵之作,其中也多有极具思想性的诗句,如"空虚体性本天成",此句反映出他将"本体""天性"更彻底地溯源为"空虚"的先天性。

第二章
薛中离：粤闽王门的传学领军

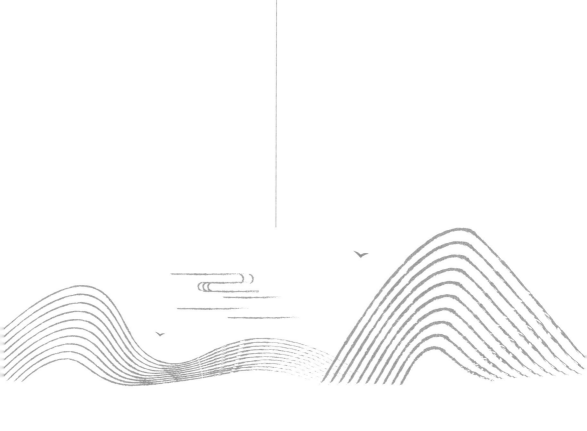

薛侃(1486—1546),字尚谦,广东揭阳人,因曾讲学中离山,世人称为中离先生。阳明先生逝世的那年冬季,薛中离先生发起王门弟子在杭州筹建天真精舍,祭祀阳明先生。孙蒙泉有礼科给事中的为官经验,于祭祀方面当有精深研究,故自从天真精舍筹建之初,他便与薛中离精诚合作、共襄大事,贡献很大,而且持续时间特别长。他亲自见证了天真书院的兴衰全过程,也受邀去编纂《天真精舍志》。从孙蒙泉讲到薛中离,不仅是因为天真精舍,也可以比较他们在阳明学传播、良知学发展等方面的情况。

在《奉孙文卿》的书信中,薛中离认为孙蒙泉是"自吾师兴斯文二十年来未有根性如吾丈者;根性利矣,未有笃信如吾丈者;笃信得矣,未有全然放下、专专切切如吾丈者。吾师之后,登斯堂、入斯室,舍吾丈莫能或之先矣",这是薛中离对孙蒙泉及其学问非常高的评价,并进一步与之论学曰:

> 此学只忧未见主脑,主脑只忧不能随地磨炼,随地磨炼只忧不肯全放下耳。若全放下,残敝我者一齐融释脱落,件件见成,在在克豫,自主使、自运用,虽贫自乐,虽卑自尊,虽困自亨,生意层层,触之即发,何处弗可,胡为弗成?若假一毫外入,便非本色,便是人性上有一物可添,终被扰挠。譬如一家一国,亲疏还亲疏,上下还上下,原有完帖,中间何无孰先孰后?亦自分晓,只不可容一奸奴、一贼臣在内心起衅生枝,虞无由得安宁矣。此理全争信得与不信得,信得则专,专则精,精则进,进则不已,自凝自熟矣。①

又据《与徐远卿》的书信,薛侃有言:"吾师根本之地,一得德宏,再得文

---

① 〔明〕薛侃撰,陈椰编校:《薛侃集》,上海古籍出版社2014年版,第283—284页。

卿与吾兄,斯学之幸不小。"其中的"文卿"即是孙蒙泉。① 周汝登《圣学宗传》中记载,薛侃曾经惨遭刑讯而至死不屈,孙蒙泉、曹汴等因上疏也受到牵连。薛侃后被释放以归,他在会稽拜见阳明先生,被问及"当是时吾子如何",答曰"侃惟一良知而已,炯然无物也",②得到老师的首肯,但黄宗羲认为此事在时间上有三年之差,未必可信。

饶宗颐先生撰《薛中离年谱》,在其跋中指出,薛侃"为王门高弟,首钞《朱子晚年定论》,刻《传习录》,于师门宗旨,多所敷发",他偕兄薛俊及群弟子前往江西赣州就学阳明,自此以后,又有杨骥、杨鸾兄弟、黄梦星、林文、余善、杨思元、陈明德、翁万达、吴继乔等人闻风兴起,以至王学在岭南地区盛行。③ 此外,通过《薛侃集》我们还可以了解更多关于薛中离先生交游与论学的情况,看他如何成为粤闽王门的领军式人物。

第一节　粤闽地区与薛中离交游论学者考述

薛中离先生把阳明良知学思想带到广东、福建地区,成为粤闽王门弟子交游与论学的核心。湛若水,字元明,号甘泉,广东增城人。《薛侃集》卷九首先收录三封《奉尊师阳明先生》的书信,其次为《奉甘泉先生》。当时或有人议论王阳明与湛若水之学孰高孰低等,薛侃认为两者是一体,休戚相关:"其学同,其心一,其为教虽各就所见扬发,不害其为同也。况体贴天理,扩充良知,均出前贤,不可谓周静不如程敬,孟义不及孔仁也。"④他另有书信《奉甘泉》。

庞弼唐,即庞嵩,字振卿,号弼唐,广东南海人,嘉靖十三年(1534)举人。庞嵩从阳明、甘泉二先生游,也曾讲学罗浮山、西樵山大科峰等,从游者甚

---

① 〔明〕薛侃撰,陈椰编校:《薛侃集》,第346页。
② 〔明〕薛侃撰,陈椰编校:《薛侃集》,第440页。
③ 〔明〕薛侃撰,陈椰编校:《薛侃集》,第561页。
④ 〔明〕薛侃撰,陈椰编校:《薛侃集》,第271页。

众,著作有《太极解图书解》《弼唐遗言》《弼唐存稿》等。《庞弼唐先生遗言》四卷,是其门人根据其平日部分讲学之语汇集而成。① 庞嵩有《飞云见日卷》,有人评论以"释"为"日",以"老"为"月",以"儒"为"星",并且解释说释、老是"珠玉",而儒为"谷菽"。薛侃为《飞云见日卷》题序,论及释、老、儒之辨,有言:"释氏之法,于天也得其如如而拂其生生;老氏之道,欲求其身之清静而忘乎世之动浊。均非中正而无弊。"而关于"儒"之道,他强调其"具天之德""能传圣人之秘""兼明摄生之理",且最后指出:

> 静无而动有,匪有之艰,惟无之艰。无者何? 无欲也,无声无臭也。无而后能应,则谓之物应,有条理则谓之理。无而后能自成、能成物,则谓之德、谓之业。物、理、德、业,所谓有也,非外也,溥博渊泉而时出之,安则云圣,勉则云贤矣,是之谓一贯。是故儒有大儒,有真儒,有通儒,有名儒,有拘儒,有曲儒。大儒之道,时昼而日,时夜而月,时晦而星。②

杨骥、杨鸾兄弟,广东潮州人。杨骥,字仕德,号毅斋,世居凤城。他曾听讲于湛若水门下,后去北京参加会试,于其弟杨鸾处遇到薛侃,听闻阳明先生之教,赶赴江西赣州拜师。杨骥去世后,阳明先生特致哀词曰:"潮有二凤,今失其一,呜呼哀哉!"嘉靖十年(1531),杨骥、杨鸾同祀乡贤。杨鸾,字仕鸣,一字少默,初号玉林,改号复斋,亲见湛若水、王阳明,领受阳明学大意。

薛俊、薛宗铠父子,广东揭阳人。薛俊,字尚哲、尚节,号靖轩。他通过弟弟薛侃而听闻阳明学说,认为圣学在此,于是带领其弟薛侨、其子薛宗铠,师从阳明先生。阳明就其"凡事依理而行"说,指点道:"依理而行,是理与心犹二也。当求无私,行之则一矣。"③薛宗铠,字子修,号东泓,薛侃为之作《薛东泓传》,言之颇详。④ 薛宗铠好友嗜学,孜孜不倦。当时在京,薛宗铠、

---

① 参看《王阳明年谱长编》,第四册,第 2025—2026 页。
② 〔明〕薛侃撰,陈椰编校:《薛侃集》,第 215 页。
③ 〔明〕薛侃撰,陈椰编校:《薛侃集》,第 253 页。
④ 〔明〕薛侃撰,陈椰编校:《薛侃集》,第 256—258 页。

陈思谦等人，与王畿会聚，得闻良知之学。

薛侨，字尚迁，号竹居，广东揭阳人，薛侃之弟。作为薛侨的兄长，薛侃常常在书信中与之论学，教诲谆谆。在《与尚迁了修》的书信中，薛侃得知薛侨不断取得进步，很是高兴、欣慰，并就动、静的问题谈到自己"闻白沙不履户阈亦面壁意，良切区区向时好动之病。然矫动以静，犹以水熄火，终是二物，到水冷时又欲以火济水矣"，动中容易疏忽，静中容易沉迷，因此需要寻得真正主宰，不拘动静，正如"七窍者，人之七户也，能严此户，毋以妄出，则静时昭昭不昧，静未尝加；动时亦昭昭不昧，动未尝减。主翁常在，常应常寂，是谓不逾户阈"，薛侃认为这才是他所悟到的阳明宗旨、千古嫡传。① 薛侃另有一封书信《与尚迁》，其中指出："问学病痛，全在见得、讲得，便忻溢悠游，不体履求当地实际永有诸己为快。以此亲友朋、对良宾时是一样，临妻子、御童仆时又是一样，接凡夫势利之人又是一样。此谓法引法生，魔招魔应，善歹虽殊，均为境迁。"他认为，如果一直这样下去，"勤苦一生，了无归宿，日逝岁迈，虚生浪死，居然可睹，不待盖棺而后定也"，因此期望弟弟薛侨能够保持一种黯然若朴，淡然若无味，"使心源无一滴泥水，功夫无一刻等待"。②

倪润，是薛侃的亲传弟子。记载薛侃论学内容的《云门录》，即为其门人倪润所记。嘉靖庚寅年(1530)秋，倪润在云门这个地方向薛侃问学，进益很大，连续发出"知行一矣""动静、内外、理气一矣""天人、物我一矣"等感叹。③《云门录》编成之后，薛侃也颇为认可，其中论及"良知"尽天下之理、尽天下之事、尽天下之学，且"阳明先生晚年提掇出此二字出来，道理方有统会处"，而"致良知"的"致"乃"知得是非一毫不容自欺"。④ 据此可知，薛侃极其笃定、尽信阳明良知学，从"是非之心"看良知，他强调致良知的功夫在于知是知非处要做到不自欺。

嘉靖十年九月，倪润又在云门拜见薛侃，论学有闻，因此另编有《云门

---

① 〔明〕薛侃撰，陈椰编校：《薛侃集》，第274页。
② 〔明〕薛侃撰，陈椰编校：《薛侃集》，第277—278页。
③ 〔明〕薛侃撰，陈椰编校：《薛侃集》，第1页。
④ 〔明〕薛侃撰，陈椰编校：《薛侃集》，第8页。

录》的《续录》,记载论学语若干条。其中谈及有人对阳明学产生非议,薛侃指出"此只是不曾用功,徒据纸上陈言争辨求胜",他们不肯相信阳明学也不足为怪,"若人皆信及,则人皆可为圣贤。天生圣贤,自是不数"。①倪润听学而后发出接连感叹。阳明学信得及,能够构建起个人的主体意识,避免"自迷""自戾""自败",正如门人孙绍功任千兵之职,薛侃为其壮行所作序中之言:"子奚患乎? 世有旧勋而弗继,是谓自迷;既有睦事而弗学,是谓自戾;既有廉谨而弗修,是谓自败。"②薛侃于阳明良知学信笃而功深,能够准确地把握阳明思想的精髓,故能在接引后学方面收效显著。此外,薛侃门人还有郑朝晖、陆南卿等。

刘益、陈明德,都是广东海阳人。刘益,字朝玉,号果斋。邹建锋先生考出其为刘魁亲传弟子,而且刘魁颇爱之。在《寿海阳司教先生序》中,薛侃询问刘益此海阳张先生的情况,又为其作传《刘果斋传》,评价他"禀性慈良,仪度修谨,与人居无面背久近,温温常若"。③刘益也与陈明德交游论学。陈明德,字思准,号海涯。他早年私淑白沙心学,弃举子业。后从乡贤中离先生薛侃闻精一之学,信疑参半。再从乡贤毅斋先生学,三年有得,豁然开朗。与复斋先生彼此鼓励,进学于玉林,心性修养大进,和易通坦。他见阳明先生于羊城。④

余葵台、余鼎、余鼐,以及李鹏举、叶蕚,均受学于薛侃。余葵台是薛侃的朋友,他的两个儿子余鼎、余鼐从学于薛侃。在《别二子序》中,薛侃又应李鹏举、叶蕚两位学生之请,谈到他对《易经》的研究心得,提出"不易斯能易"的观点。薛侃认为"有刚有柔,易也;不刚不柔,不易也。不易者无体也,无体者无方也,故曰'神无方而易无体'。是故常睹其所不睹,常闻其所不闻",而达到"目有恒明,斯无不见矣;耳有恒聪,斯无弗闻矣;心有恒知,斯无弗知矣。恒知者,不易也,无弗知者"。⑤

---

① 〔明〕薛侃撰,陈椰编校:《薛侃集》,第24页。
② 〔明〕薛侃撰,陈椰编校:《薛侃集》,第213页。
③ 〔明〕薛侃撰,陈椰编校:《薛侃集》,第258页。
④ 参看《王阳明年谱长编》,第四册,第2024页。
⑤ 〔明〕薛侃撰,陈椰编校:《薛侃集》,第206—207页。

郑一初,字朝朔,号紫坡,广东揭阳人。薛侃作《郑紫坡传》《祭郑紫坡侍御文》,提到他在北京拜阳明先生为师,并经常跟徐爱、顾应祥等人论学。①《传习录》中有郑一初与阳明先生的问答。

林文,字载道,号希斋,广东揭阳人。阳明先生居越时,林文侍讲。他多与薛侨切磋论学。薛侃论其"志气高爽,与人谈论能长人兴致"。②

何图,未及详考,他是薛侃的故人之子,曾参与王阳明的军事活动。薛侃作《送何驿宰之任武林序》,认为何图辅助阳明先生"奇而为谋,正而为使,出入危巢,冲冒矢石,此天下之至劳也"。③

王石川,未及详考。在《庆石川王子擢视都阃序》中,薛侃对王石川的智、信、仁、勇、严做了高度评价,并且回忆他曾问阳明"克敌之道",其师答曰"克己斯克敌";薛侃继续问"克己之道",阳明回答"克敌斯克己矣",并进一步告诉薛侃:"克己复礼,仁矣。仁者必有勇,是故克敌存乎克己。己者,危亡寄也。敌者,民之危亡寄也。夭寿不贰,命斯立矣。是故克己视乎克敌。"④

马明衡,字子莘,号师山,福建莆田人。薛侃作《题马子莘梧竹轩手卷序》,认为"师山志于圣人之学,而必求其至,故假梧竹以有寓焉耳",且"圣人不常见,因遗经而学焉,以求其实,是则师山而已矣。虽然,君子之学心与性,心即性,性即天,心求纯于天,圣其可至矣"。⑤

第二节　江浙地区与薛中离
交游论学者考述

薛中离先生在江浙地区活动时间较长,并且还与这里重要的王阳明弟

---

① 〔明〕薛侃撰,陈椰编校:《薛侃集》,第251页。
② 〔明〕薛侃撰,陈椰编校:《薛侃集》,第256页。
③ 〔明〕薛侃撰,陈椰编校:《薛侃集》,第196页。
④ 〔明〕薛侃撰,陈椰编校:《薛侃集》,第203页。
⑤ 〔明〕薛侃撰,陈椰编校:《薛侃集》,第191页。

子们建立了深厚的同门之谊,为他后来把阳明心学传播到粤闽地区打下了良好基础。季本,字明德,号彭山,浙江会稽(今绍兴)人。季本任职揭阳主簿,有廉政之称。薛侃在《庆彭山季子治成奖异序》中认为"季子学圣人者也",且"圣人之学,立体而无其体;不用而妙于用。以良知为主,以忘己体物为要"。① 他从良知学的角度,对季本所取得的政绩做了高度评价。在《重修龙头桥记》中,薛侃赞赏季本施慧于民。在《答季彭山》论学书信中,薛侃指出对方"思可以言感,不可以言寂"的观点"似觉未一",他认为思、学的关系"单言之思即学,学即思",若"并言之则习而存之之谓学,存而通之之谓思",此"思"字就"感"而言是对的,但"寂"又是"感"之体,"感"是"寂"之用,感与寂不可分拆,应该说"不睹不闻者思之本体,戒慎恐惧者惕之别名"。② 另在《与季彭山》书信中,薛侃还提出了"圣学亦惟无意"的观点,他认为"有意则执,有执则碍,此匪虚匪通之故也。"③

季本与薛侃为同年进士,两人之间有不少交游往来。在地方治理实践中,阳明心学所能发挥的作用,实质上得到了薛侃与季本两人的认同。薛侃为解决乡族争讼的问题,作乡约以行,人皆称善。后来季本官任揭阳,进一步推广此乡约,普行一邑。在《乡约续议》中,薛侃又特立"良知"条,其文曰:

> 良知者,人心自然明觉处也。见父知孝,见子知慈,此良知也。遇寒知衣,遇渴知饮,遇路知险夷,此良知也。当恻隐自恻隐,当羞恶自羞恶,当恭敬自恭敬,当是非自是非,此良知也。人惟欺此良知,则争讼诈罔,无所不至。若依而充之,知是则行,知非则止,有则曰有,无则曰无,人人太古,处处羲皇矣,竟有何事?④

王畿,字汝中,号龙溪,浙江山阴人。阳明先生去世后,王畿等编成《阳明先生诗集》,薛侃受而读之,并让他的侄儿薛宗铠负责刊刻此书。在《阳明

---

① 〔明〕薛侃撰、陈椰编校:《薛侃集》,第183—184页。
② 〔明〕薛侃撰、陈椰编校:《薛侃集》,第333页。
③ 〔明〕薛侃撰、陈椰编校:《薛侃集》,第336页。
④ 〔明〕薛侃撰、陈椰编校:《薛侃集》,第391页。

先生诗集序》中,薛侃阐述了他的诗教"性情而已矣"的观点,并且指出:"夫性者,良知之体也;情者,良知之用也。是故吾师之学,致良知而已矣。良知致则性情正;性情正若种之艺生矣。诚松也,芽甲花实无非松矣;诚谷也,芽甲花实无非谷矣。"①薛侃由阳明的诗教,引出他的"性情说",分别以性、情为良知的体、用;性情之正,可由致良知而得。

他又有书信《寄王龙溪》《与王龙溪》《复王龙溪》《又与龙溪书》《寄龙溪书》等。针对王畿来信中所言大意"迁善在真体上迁,改过在非真体上改"的说法,薛侃首先赞赏这是学问要领,并且回应说"向者妄意有闻,退自省验,志念未一,时开时蔽,真体诚未见也",自以为见的,其实是"意见",这种"意见变幻非一,自信自是,不顾人言,不能虚受顺应"。②"本体"是阳明弟子后学中常见的重要论学主题,尤其是王畿发起的讨论颇多。在《寄龙溪书》中,薛侃区分了"讲道理"与"讲学","见本体"与"即本体",提到"自觉平日是讲道理,不是讲学。时有所明,亦只是见本体,未是即本体。若是真学,无理可说,到处如此,何本体可见"?③ 他其实是相对委婉地对王畿的"见本体"说法提出了不同意见,这和孙蒙泉可谓是不谋而合。

钱德洪,名宽,字洪甫,号绪山,浙江余姚人。在《寄钱绪山》的书信中,薛侃提到其"学无巧,慕巧反拙;理无可得,自以为得者失",反思自己二十年来的求学问道经历,他感叹"脚下人人有路,头上人人有宅,孟子就中点出正路安宅,千载几人寻见? 寻见几人居住不离,措足不差"? 又有《书院成请钱德洪兄》一信,薛侃邀请钱德洪早日来天真书院会聚同门,弘道明学,其中也论及阳明致良知之说尽天下之"道"、尽天下之"学"、尽天下之"事物",因为"人生而性善谓良知也,良知致达之天下也","良知之体无不善,流而后有不善,故学者反之而已","反之而复其本体善,与物为体者也,万物者也,体不遗者也"。④

针对钱德洪所传阳明师说"间有游念不妨"之语,薛侃则指出:"吾辈正

---
① 〔明〕薛侃撰,陈椰编校:《薛侃集》,第219页。
② 〔明〕薛侃撰,陈椰编校:《薛侃集》,第285页。
③ 〔明〕薛侃撰,陈椰编校:《薛侃集》,第287页。
④ 〔明〕薛侃撰,陈椰编校:《薛侃集》,第280页。

欲在静中能定、动上能应，磨煅乃有根脚。若以因人而发之言执为定论，正可与静中纷纷有念、动上冗冗无措者作窠臼耳。"①钱德洪又有"断爱根"之说，薛侃在《与曾明卿张道甫刘定夫诸友》书信中，又进一步指出"断即断，不断即不断，其机由我，更无等待"，而"有爱根而断之，终弗断也"，因为"此心之体，本自廓然，无有爱也。有爱则有根，有根则虽断而复萌"，究其本质，"能爱能恶者，性也；有爱有恶者，情也。所谓感而斯发，形而斯存，静无而动有者也"，如果"静而有"，那么就是"意必""适莫"，是不能"寂然廓然"，所以"虽感弗通，虽应弗顺"。② 在《与王心斋》的书信中，薛侃也表现出对钱德洪论学观点的一些质疑，他说："龙溪谦虚切实，而绪山亦似微有前弊，其所进便有不及，乃知此道真非高远，自见高远必反失之。心无方体、无有定是可执，自执己是，谓人未尽，便有藐视轻物、凌驾古今之意，即非古人翼翼小心、望道未见之真体。"③

黄宗明，字诚甫，号致斋，浙江鄞州人。黄宗明曾特意寄书稿来与薛侃论学切磋，薛侃也在回信中肯定其潜心修养的精进，并且分享了自己的感悟，指出"颜、曾所以异诸人处，只在竭力不惰，临深履薄一着。盖本体人人自有，只缘舍父逃走，自差途辙。路径稍明，又却轻心慢心、易盈易息。故其功夫凝凑至精不来，究竟无穷不得"，而且"一涉气昏境杂，便复倾倒。终日只做医疗手段、戴罪办事人物"。④

黄绾，字宗贤，号久庵、石龙，浙江黄岩人。薛侃在《与黄久庵》的书信中提出"离道大端，非着即忘"的观点，其中的"着"包括"着物""着善"，"忘"包括"忘己""忘世"，但黄久庵能够做到"内不着物，外不忘世"，这是"诚悃以孚，人亦得而知之"的，至于"人己俱忘，日新弗已"则"人不得而知也"。⑤

张元冲，字叔谦，号浮峰，浙江山阴人。登临泰山是薛侃的夙愿，借赴任山东的机会，他约张元冲同游，两人各携弟子杨世禄、马珪等二十余人前往，

---

① 〔明〕薛侃撰、陈椰编校：《薛侃集》，第287页。
② 〔明〕薛侃撰、陈椰编校：《薛侃集》，第331页。
③ 〔明〕薛侃撰、陈椰编校：《薛侃集》，第356页。
④ 〔明〕薛侃撰、陈椰编校：《薛侃集》，第278页。
⑤ 〔明〕薛侃撰、陈椰编校：《薛侃集》，第326页。

可谓盛会。

范引年,字兆期,号半野,浙江余姚人。在《与范半野等》书信中,或因同门在天真精舍时的某事不快,薛侃倾诉衷肠,自己"当认过,不宜责上、责下而中自恕",他感悟"百物皆从根本生,万事总由心造,故忧生于内郁,乐自于中畅,灾疾起于欠慎,横逆萌于弗顺,莫非己也。故君子先必慎微,后必反己,然后天下之动,贞夫一也。彼怨天尤人,皆非知道者也"。①

闻人诠、陈九川,也都是与薛侃相交游与论学的王阳明的重要弟子。闻人诠,字邦正,号北江,浙江余姚人。薛侃有书信《答闻北江》。陈九川,字惟浚,号竹亭、明水,江西临川人。薛侃有《孟夏念七日寓清江奉陈明水》的书信。

《在与杭诸友》中,薛侃较为集中地阐述了自己对良知学的观点,强调良知尽此道、致良知尽此学,应事成物,皆备于此,信得真是,不假外求,并且进一步指出"世儒不见得此,惟求之文学、求之格式威仪、求之事事物物,盖不知心外无理、心外无事、心外无学也。又有知数者之非而专求之内,则又以心求心,而其为病则一而已",他认为"心无体,知之良处即其体也;心无用,良知随处不息即其用也。人人具足,个个完成,但自蔽耳,去其蔽则自存存不息矣",所谓"蔽",则是因为"是非得失乱之"的缘故,这时就需要"良知随处自觉,觉其是则行,觉其非则止,无先而迎,无后而将,如日中天,廓然顺应",在这个过程中,也许难免要"随病问医、随行问路,此良知自不容已,不患其不知"。②

王艮,扬州府泰州人。薛侃与王艮有书信往来,而且又为王艮作《逸民记》,称其为"奇伟之士""古之逸民",并回顾王艮拜师阳明的故事。考虑到《传习录》《文录》《别录》"行者不易挟"而"远者不易得",薛侃与王艮精选"三录"中的简要切用的内容为《阳明先生则言》,与周文规一起刻印。在作于嘉靖丁酉年(1537)十二月的《阳明先生则言序》中,薛侃论良知学并述此书之意曰:

---

① 〔明〕薛侃撰,陈椰编校:《薛侃集》,第305页。
② 〔明〕薛侃撰,陈椰编校:《薛侃集》,第304—305页。

孰戒慎，孰恐惧？此良知也。孰云为中？良知廓然而弗倚者也。孰云为和？良知顺应而无滞者也。是故天曰太虚，圣曰通明。虚明者，良知之谓也；致也者，去其蔽、全其本体之谓也。去其蔽者非谓有减也，蔽去则知行一，人己一，本体复矣。本体复非有增也，吾之性本无方体，无穷尽者也。能复其性，则可以抚世，可以酬物矣，夫是之谓学。然胡为而证其至也？考之书焉已矣，质诸圣焉已矣，资诸师友焉已矣，夫是之谓问学。问学之道无他，致其良知而已矣。①

第三节　江西及其他地区与薛中离交游论学者考述

上述粤闽、江浙地区之外，薛侃与江西地区的王阳明弟子、后学也颇多交往。刘魁，字焕吾，号晴川，江西泰和人。他为王门弟子中的长者，与薛侃交厚，多有书信等各种形式的往来。据薛侃之弟薛侨所作《研几录跋》，知此书乃贰守刘魁命工刊刻而成。在《答刘晴川书》中，薛侃与其论学，有言"见在而真切而精明谓之功夫，谓之本体；见在而得宜而条理，谓之义理"，并且指出为学弊端大都从本原上有差，这个本原，是指"万物一体也，万感一心也。应之以一心，视之以一体，形体自泯，彼此自通。即事即心，不必另存心；即心即理，不必别求理"。②他又有《与刘晴川》书信，其中对罗钦顺的《困知记》评价不高。另在书信《奉刘晴川》中，薛侃强调良知"隐显无间，人我无间"，此良知"常存谓之诚立""永彻谓之明通"，更无剩欠、无余缺。③

聂豹，江西永丰人。薛侃有书信《答聂双江》，又有《寄聂双江》，他在其中提到"此心此理，本自完成，惟有所驰则亡，有所重则轻，有所杂则间"，又感悟到自己日前功夫"非空则着"，所谓"空"，不一定只是"灰坐寂灭"，也包括"言论应酬不在事事物物上实实落落磨刮体认，去欲存理，便涉空虚"；所

---

① 〔明〕薛侃撰，陈椰编校：《薛侃集》，第208—209页。
② 〔明〕薛侃撰，陈椰编校：《薛侃集》，第299页。
③ 〔明〕薛侃撰，陈椰编校：《薛侃集》，第338页。

谓"着",也不一定只是"逐物",还包括"有所沉溺,主宰虽存之中,意必未消,将迎未去,便非合本色的功夫",由此看来,后世"问学非落虚无,必入功利;非贤知之太过,必愚不肖之不及。此中庸所以难能,而真才所以难就也"。①这些话至今读来令人警醒。

罗洪先,江西吉水人。薛侃与罗洪先往来颇多,有书信《寄罗念庵》,认为他恳切由中,令人自为感发,而且回忆他们共居相处时,多受其启发、警醒。因此薛侃随信附上论学手稿,希望得到罗洪先的批阅指正。

蔡世新,号少壑,江西龙南人。邹建锋先生补考其为阳明先生亲传弟子。蔡世新非常善长画王阳明像,曾得到薛侃的帮助和指导。薛侃在《祝寿图序》中说:"世新传神以塑像,裹粮于章贡之街,望而绘者旬日,得其容而弗真。侃时寓谢圃亭,从假一室,窥而绘者旬日,得其真而弗妙。侃为白其诚,命见之。自是从于豫章,于越城,于苍梧,则恳切精专亦可谓至矣。是故传夫子之神,无俟审视而出诸其手矣,不用而丹青独妙矣。"②又据束景南先生所考,明代朱谋垔《画史会要》卷四记载:"王文成镇虔日,以写貌进者阅数十人,咸不称意。盖文成骨法棱峭,画者皆正而写之,颧鼻之间最难肖似。世新幼年随其师进,乃从傍作一侧相,立得其真。文成大喜,延之幕府,名以是起。"而清代吴庆坻《蕉廊脞录》卷七中记载,阳明"先生像为蔡世新所传者极多,惟以多故,随手辄肖然。至小者亦径尺,今如此小者不爽毫发,令观者肃然畏敬"③。

邹守益,字谦之,号东廓,江西安福人,王阳明著名弟子。薛侃有书信《寄东廓》《奉邹东廓》《与邹东廓》,可见两人交游甚多。薛侃着力运营天真精舍,曾寄奉《轮年约》与《书院报》给邹东廓,希望能够"选体先修之意,合力兴此书院,使会有方而一有期,拼此一生干此一事、明此一件"。④

欧阳德,字崇一,号南野,江西泰和人。他也与薛侃交厚。从书信中可知,薛侃曾请欧阳德撰写碑文。又据《答欧阳南野》书信,薛侃就对方在论学

---

① 〔明〕薛侃撰,陈椰编校:《薛侃集》,第284页。
② 〔明〕薛侃撰,陈椰编校:《薛侃集》,第182—183页。
③ 束景南著:《王阳明年谱长编》,第三册,上海古籍出版社2017年版,第1313页。
④ 〔明〕薛侃撰,陈椰编校:《薛侃集》,第280页。

中提示的"精灵"二字,认为非常"真切",而他"日间自觉于此尚有二病",其一为"失此时既涉尘劳、作沉晦",其二乃"得此时犹落意见、长贡高,不免有窠臼、有障碍",因得王畿"日胥省发,打破此圈,百尺竿头,似有进处。但用功越难,若存若亡,未得所安"。① 在《与欧阳南野》书信中,薛侃强调"知者吾心之体,本至善"的观点,他认为要"取至善为主脑","有功夫然后有本体,见本体然后功夫乃是真切,功非极致,则其所以为应用者亦体耳,非本体也",善与至善有别,"必有知止之功而后至善见,不然虽善必粗";知与良知可分,"恻怛精诚之意必有致之之功,则知乃良知,否则多由闻见而有、由意识而生者,非良知也"。②

裘衍,字汝中,号鲁江,江西新建人。宁王朱宸濠叛,他随阳明先生剿之,有功。裘鲁江与聂双江、邹东廓、魏良弼、陈明水等阳明弟子多有论学。在《寄裘鲁江》的书信中,薛侃认为对方"有爱人不已之情,此仁体也。即此是命源,即此是学本,存存不息,可以发育万物,可以范围天地",由此"世间许多忮求乖隔,论量计较,可以一齐消灭",并且"日乾夕惕,迁善改过,吾可为也;盈虚消息属之天,逆顺向背属之人,吾不可为也。可为者即是易简,不可为者即是繁难",因此需要"切己日新,自明自一"。③

上述江右王门弟子外,还有一些与薛侃有交游论学者,值得予以关注。比如,薛侃与余石楼论"知行"问题。薛侃在《答余石楼书》中提出"行者知之运,知者行之主,皆学之工"的观点,他区分了"德性知行"与"真闻见知行",所谓"德性知行"是指"一念惺惺,常存常应,随处精进";而"真闻见知行"则是指"如见牛觳觫,见牛,知也;觳觫,行也",牛去觳觫亦去,又如听闻孟子之言,心有戚戚,听闻是"知",戚戚是"行",这就是薛侃所论述的"知行合一"。④

王杏里,薛侃与之论古今学术异同。在《奉王杏里》书信中,薛侃指出"古今学术异同,只是将心事、理气、动静、内外分而为二,便生许多破碎劳攘,抵今不得宁乎。今日吾辈不必是古,亦不必非今,只从吾心明觉自然处

---

① 〔明〕薛侃撰,陈椰编校:《薛侃集》,第313页。
② 〔明〕薛侃撰,陈椰编校:《薛侃集》,第354页。
③ 〔明〕薛侃撰,陈椰编校:《薛侃集》,第317—318页。
④ 〔明〕薛侃撰,陈椰编校:《薛侃集》,第290页。

理会,日用见在上识取,自可日见天然端的,免得空腾口说"。①

洪觉山,薛侃与之论"几"学。薛侃的主要学术著作包括《研几录》,关于"几",他在《寄洪觉山》的书信中提到古人区分人、物的不同所讲的"几希",而问学用功之处只讲一个"精"字,但"后人舍几语道,未得致精之所而修学,犹迷途也"。②

刘古狂,薛侃与之深入探讨关于心、性的问题。薛侃强调,儒者所谓"心"是指神而非形,是虚灵明觉之心,针对刘古狂有关良心、良知所说"良心乃气之所为,固是性;然耳目手足亦是气之所为,非心之良知即耳目手足之性也",他则认为"良知即耳目手足之性",理、气一也,形而上下皆气也。③有人讲"性为心之体,情为性之用",薛侃赞同体用一源之说,"语体即用在体,语用即体在用",又指出:"性者,生也。心,此生也,耳目手足亦此生,各有其性,固也。"④最后,关于心、性为一,还是为二,薛侃透露出他的"立言宗旨"可"一言而决":"盖以为二,然后耳能聪、目能明,手能恭,足能重,二之可也。今所患者心未能存,志未能立尔。一存而立,耳自聪,目自明,四体不待羁束而自恭谨,未尝遗也。若然,奚必舍一而言二乎!"⑤

其他与薛侃交游论学者,还有彭西川、萧东桥、贾思训、卢抑斋、李味泉。在《寄西川》的书信中,薛侃认为西川"有德基未有德贞,有德意未有德用,此非操习未熟,则枢趋未为正眼法藏也",因此需要"自观自觉"。⑥ 薛侃作《送萧子东桥赴南宫试》,称赞萧东桥"可谓有志于学",并且"学有本而道有要,苟冲而究之,宁有涯乎"!⑦

《薛侃集》卷一《云门录·附录》有四封薛侃与倪润的往来书信。嘉靖丁酉年(1537)夏,薛侃曾托贾思训转送书信,以及其所著《研几录》一书给倪润,又遇到卢抑斋,他们"诸友拟集杭之天目,计当数月,而龙溪、南山、碧洋

---

① 〔明〕薛侃撰,陈椰编校:《薛侃集》,第307页。
② 〔明〕薛侃撰,陈椰编校:《薛侃集》,第314页。
③ 〔明〕薛侃撰,陈椰编校:《薛侃集》,第358页。
④ 〔明〕薛侃撰,陈椰编校:《薛侃集》,第360页。
⑤ 〔明〕薛侃撰,陈椰编校:《薛侃集》,第362页。
⑥ 〔明〕薛侃撰,陈椰编校:《薛侃集》,第276页。
⑦ 〔明〕薛侃撰,陈椰编校:《薛侃集》,第208页。

诸名德俱在会"①,并且邀请倪润同赴盛期。李味泉爱好收集陈白沙的只言片语,宝之藏之。他来会城龟峰寺请薛侃为其收藏的白沙遗笔题跋。白沙遗笔内容为"道有可以言传者,有不可以言传者"。君子是否应当"贵言"？薛侃指出"言非君子之得已也",既要警惕"言浮而行衰",又要避免"言隐而道晦"。②

第四节　以研几为良知学思想之归宿

孙蒙泉、薛中离都是由阳明先生所论"致知"入门良知学,也都以"几学"为归宿,不同之处在于,孙蒙泉更为彻底地将"真几"提到终极性本体的层面,而薛侃所强调的"研几"毕竟是侧重于体悟出来的功夫。林熙春作为同乡、后学,他在《读中离薛先生研几录》中认为薛侃"先生之学,有入门归宿,而一生气魄,百折不回,真为姚江功臣"。③阳明先生以致良知为训,中离则以"研几"自精,有人据此疑问"其功一也,不说明合一,恐学者反多头绪",薛侃答曰:"体即自一,说即非一。"④薛中离先生的研几之学,重在"体",而非"说",他由阳明致良知之说入门,经过多年体悟、印证,可谓以"研几"为归宿。

郑三极是薛中离先生的门人,他在《中离先生研几录序》开篇指出:"人之生也,受天地之中,蕴之曰性,由之曰道,动之微曰几。"由于"慢于几"而导致不能完成率性、修道,因此要研几、精于几,惟良知是则,惟万感之微是慎焉。具体来讲,"克己"非几弗净,"图事"非几弗遂,"感物"非几弗通,圣人、大贤、学者,分别达到知几、庶几、审几,可谓"大哉几"。所谓"研几"之义,在于"视于无形,听于无声,志常存,念常一,精神意思常凝定而虚明,而后一有

---

① 〔明〕薛侃撰,陈椰编校:《薛侃集》,第27页。
② 〔明〕薛侃撰,陈椰编校:《薛侃集》,第213页。
③ 〔明〕薛侃撰,陈椰编校:《薛侃集》,第29页。
④ 〔明〕薛侃撰,陈椰编校:《薛侃集》,第78页。

萌焉，必觉也。一有觉焉，必克其善，去其不善"。①

事物都"有几有渐，几处弗察，渐处弗反，则积盛不可遏，势成不可回"。② 因此，"下手功夫全在自决其几，知非必去，知是必行，恳切精专，如好好色，如恶恶臭，透骨彻底，无一物能碍，无一毫不尽，则此心常虚常明"。③ 薛侃认为"精于几"则"穷神知化"，"慢于几"则"忘己逐物"，不可不慎于几："一正则百正，一邪则百邪，有即百有，无即百无"。④ 薛侃的研几之学，不是陷于琐碎，而是以"一了百了"为主意，他说"研几是随处精此了的功夫，不然只是丢下，便空疏去"。⑤

薛侃指出："良知者，吾心之明觉也。常明、常觉便是作得主，作得主则一刻万年，一念百虑矣。"⑥因为"心之本体虚明而已，虚明是能见、能闻、能知觉的物事，即是良知"，这个"虚明"在，所谓不睹不闻而亦常睹常闻。此外，良知"自存自照，浑无方体、无涯限"，不能另去着个良知，反倒成为障碍。薛侃强调"无染无着"是儒、释相同之处，只不过儒者于"无染无着"之中"蔼然而有至情"，圣人与物同体，故物各付物，理一分殊。有人问"中庸"之义，薛侃答曰"无染着之谓中，无间断之谓庸"，即本体见在，无染无着，可名为"中"，然而"仙着长生，释着出世"，他们都不是圣人之中。⑦ 儒学不离人伦日用，而又至虚、至无，但还是不同于老、释的离乎人伦物理的虚无。"一毫无着"是最紧要功夫，薛侃进一步展开说道："得已即已便无事，得过且过便无累，能处人之所恶便可无欲。"⑧

从良知学的角度，看与天"理"有关的命题，薛侃也多有讨论。有人问良知、天理的异同，薛侃回应说："知之良处即是天理，昧其知、失其良则为人欲。"他强调两者为一，都是"吾心之本体"，即"自明觉而言谓之知，自条理而

---

① 〔明〕薛侃撰，陈椰编校：《薛侃集》，第28页。
② 〔明〕薛侃撰，陈椰编校：《薛侃集》，第36页。
③ 〔明〕薛侃撰，陈椰编校：《薛侃集》，第42页。
④ 〔明〕薛侃撰，陈椰编校：《薛侃集》，第65—66页。
⑤ 〔明〕薛侃撰，陈椰编校：《薛侃集》，第74页。
⑥ 〔明〕薛侃撰，陈椰编校：《薛侃集》，第36页。
⑦ 〔明〕薛侃撰，陈椰编校：《薛侃集》，第52页。
⑧ 〔明〕薛侃撰，陈椰编校：《薛侃集》，第67页。

言谓之理,非二也"。① 关于天理、人欲,他又讲"知是处是天理之源""知非处是人欲之囮",至于存天理、去人欲的功夫,乃"知是即行,知非即去,以良知为主"。薛侃不赞成"理无不正而气有不正"的讲法,他认为理与气也是一,"以其条理谓之理,以其运用谓之气,非可离而二也"。②

薛侃从"良知无欠""良知直遂"提出"顺良知"说。孟子以仁、义为人之安宅、正路,薛侃提出"安宅是良知无欠处"的观点,认为良知丝毫有欠就会辗转不安;而"正路是良知直遂处",良知丝毫不直遂便不是本体流行出来,故而非正。③ 然而,要想尽得良知无慊,又是非大贤以上不能。良知直遂,也即"一有意欲,不为之迁就解说,不为之方便,则直矣",因此"直心者,惟顺良知"。④

本体功夫与依良知说,也是薛侃所论及的命题。承传其师阳明"功夫即是本体,本体即是功夫"的论断,薛侃强调"做得功夫是本体,依得本体是功夫"。惟依良知,利害、得失弗计,则定矣。薛侃又曰"依良知处是良能,非二也"。因此在答人问"良知"时,他讲得非常具体,提出良知"在目为明,在耳为聪,在言为忠信,在行为笃敬,在父为慈,在子为孝,在君为仁,在臣为敬,在尧、舜为禅授,在汤、武为放伐",良知之举,既包括目明、耳聪、言忠信、行笃敬、父慈、子孝、君仁、臣敬等"正面"含义,有时也体现为舍子而禅授、救民而放伐。⑤

"以体应用"的讲法,这是不对的。薛侃认为"万感万用皆在本体昭昭寂寂中,昭昭寂寂者无际,随感随应者如太虚中一云一雨耳,非以此应彼也,若以此应彼,则动矣"。⑥ 此外,关于"太极"与"无极"的概念,薛侃指出"太极,神也;无极,不神而神者也",有人自无极而学,有人自太极而学,"太极之学,成帝德之广运",而"无极之学,成羲皇之浑沌"。⑦ 这与孙蒙泉以良知为太极,以真几为无极的说法,也可进行比较研究。

---

① 〔明〕薛侃撰,陈椰编校:《薛侃集》,第30页。
② 〔明〕薛侃撰,陈椰编校:《薛侃集》,第33页。
③ 〔明〕薛侃撰,陈椰编校:《薛侃集》,第35页。
④ 〔明〕薛侃撰,陈椰编校:《薛侃集》,第68页。
⑤ 〔明〕薛侃撰,陈椰编校:《薛侃集》,第60页。
⑥ 〔明〕薛侃撰,陈椰编校:《薛侃集》,第35页。
⑦ 〔明〕薛侃撰,陈椰编校:《薛侃集》,第62页。

第三章

欧阳南野：政学合一的江右大儒

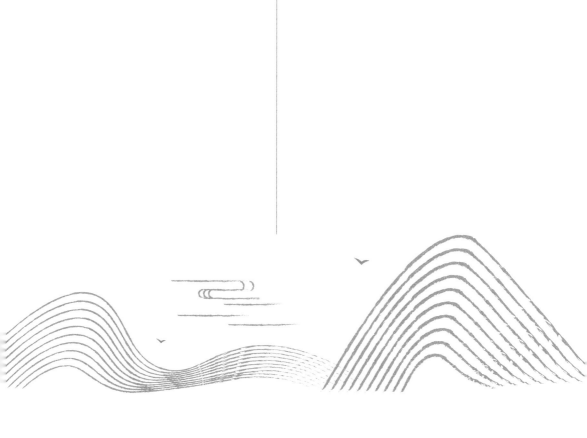

欧阳德(1496—1554),字崇一,号南野,江西泰和人,江右王门主要代表人物之一。他是嘉靖二年(1523)进士,官至礼部尚书,以宿学居显位,建龙津书院,卒后赠太子少保,谥文庄,有《欧阳南野集》三十卷,又有《南野文选》四卷。欧阳南野与孙蒙泉两人多有交游,但他们在仕途发展上形成了对比。从交游的角度来看,这与其各自对待严嵩的态度关系甚大。总的来看,欧阳南野先生可谓"政学合一"的江右大儒。

《欧阳德集》中收录有《寄孙蒙泉》《答孙蒙泉》两封书信,可见其交游与论学情况。欧阳德在《寄孙蒙泉》书信中有云:

> 徐德深行,曾致书并附栖溪手卷,想已览存。家兄按部还,知曾相接,初颇动意,徐遂释然矣。事上官,固不必趋媚以为恭。然孔子闇闇、侃侃,自有其度,色勃、足躩,亦非苟焉而已。蒙泉以为何如?舍亲刘掌教书报,知蒙泉锐意兴学,斯文之幸也。仆近觉人心良知,诚不可昧。鼓舞作兴,亦不在急,惟出之于以诚,直从精神心术斡旋转移,优游涵泳,久自得益。因思前此虚谈泛说,自己未有道学,自修恂慄威仪之实,而徒以意气语言动人,使有志者习高谈而骛外,无志者疑实行而生厌,误己误人,罪不可逭。近方深悔痛艾,日征月迈,但有懔然,蒙泉何以教之?①

上引书信中,欧阳德推崇孙蒙泉先生"锐意兴学,斯文之幸",并提出了个人的治学心得之言:"人心良知,诚不可昧。鼓舞作兴,亦不在急",因此功夫的重点就在"出之于以诚,直从精神心术斡旋转移",其所言良知不可昧,与孙蒙泉常讲的"几"之特点是一致的,他们或许对此问

---

① 陈永革编校整理:《欧阳德集》,凤凰出版社2007年版,第74页。

题有过深入交流。① 孙蒙泉先生治学、处世颇具务实特点,为人称道,或因此而欧阳德在信中反思自己"徒以意气语言动人,使有志者习高谈而骛外,无志者疑实行而生厌"。事实上,欧阳德确也喜好接引后学,他曾在灵济宫讲学,据说来听者多达五千人。欧阳德在另一封《答孙蒙泉》书信又云:

> 近日,江阴之政,上下交赞,甚慰。然而谦虚下人,犹若尽以与执事。虽然世俗溺于所见,然吾辈反躬之学,亦不可不自省也。来教"丝毫假即全体假,无此丝毫即本体直达",警发多矣。说到此,须造到此,始是修辞立诚。不然,总是虚见虚谈,无益于学。《朱子抄》未曾详观,大意与先师采刻《定论》同意,而序中发明却似未尽。末后引朱子新得数语,其命意发端犹是旧学。以此为定见,恐未足破疑解惑,而反助之波也。以合之尽其大为存心,朱子意本不如此。异时恐有援此为辨者,省去文字,休养静观,亦起人疑。学得其道,多识前言往行,亦是畜德。苟失其道,虽修养静观,省去文字,亦未有入手处也。尊意如何?"以通其故"一语,上下不相承,"注述"二字,古不并用,此犹是小疵。凡此等论学传世之文,前辈往往反复商榷,不肯轻出,今即入刻,犹可及改否?然语意雍容,气象宽大,殊无矜逸猛监之态,足知近来学力所进,而观者之所感必深矣。中间数觉有局缩处,却恐是气习消磨未尽,而用意收敛调停,简择不得,矢口而发,故尔以此益见得学尚有可进步处,须精义乃入神也。道远,无由面承。语多直致,谅不以为罪。②

欧阳德此复信,当在孙蒙泉任江阴知县之时,其中论学之语,颇可注意。孙蒙泉"丝毫假即全体假,无此丝毫即本体直达"的观点,深得欧阳德赞叹。他将其所作《朱子抄》书稿寄给欧阳德,但所得评价不高。欧阳德认为此书

---

① 参看《燕诒录》卷十二《与礼部欧南野丈》曰:"恭惟门下,崇阶峻陟,适道明德,立之后古圣贤,以遇为难,翁无难之矣,大行其道,使天下有所被。深明其教,使后儒欧所宗,皆翁今日事也。至于察乎有无之间,精于毫厘之辨,从不为狥,轨不为抗,默语行违,彻然本体,此则翁之所自信,盖有独觉其进而人不及知者。"
② 陈永革编校整理:《欧阳德集》,第92—93页。

大意与阳明先生采刻的《朱子晚年定论》相似，并无太多创新之处。孙蒙泉当时学养尚未深熟，或又因欧阳德评价不高等原因，《朱子抄》的序言也并未收入《燕诒录》。但孙蒙泉的《朱子抄》一书，后来还是由江阴陈鹤刊刻出来，在天津师范大学所藏版本的序言末尾，他也指出此书是"筌蹄也，若求道者而以为道专在是，则朱子之意亦复荒矣"，可知孙蒙泉基本上也接受了欧阳德的书评意见。

第一节 欧阳德交游之社交圈层

从与孙蒙泉的交游与论学出发，还可从全面梳理《欧阳德集》中的相关资料，进一步探究将欧阳德的社交关系进行量化统计分析，并归纳出其社交圈层的结构特征，以便在王阳明弟子中进行比较研究。尽管这未必是完全符合历史事实的统计，但从《欧阳德集》中梳理出来的数据，应当可以被视为覆盖了他个人最主要的社交关系。

据量化统计可知，见于《欧阳德集》文献记载的，共有约350人与欧阳德发生了社交关系。又据相关文献的体裁特点，可将社交关系的主要类型分为书信、作序、赋诗、像赞、墓志铭、行状、传记、祭文、杂著。而社交关系的强度，则根据两人之间的社交关系类型数量，以及相应文献内容，做出综合判断，给出介于1到10之间的量化评分。一般情况下，只要发生书信、作序、赋诗、像赞、祭文、杂著中的任一种社交关系类型，就会被赋予基准的4分。而作墓志铭、行状、传记的社交关系类型，在绝大多数情况下会要求非常熟悉对方的生平，或者两人的社交关系的重要性被人认可，因此赋予基准的5分。两人之间发生多种社交关系类型的，就在基准分上酌情累加，但总的不超过9分。

需要特别说明的是，社交关系强度的量化评分，这是一种综合考量：既要以文献记载为客观依据，又要深入相应的内容与历史背景去做人工判断。比如，胡直在《欧阳德集》中并没有留下两人之间直接的书信、作序、赋诗等文献证据，但通过了解到欧阳德为胡直祖母蔡俶秀作墓志铭，以及王矢斋的行状、墓志铭分别由胡直、欧阳德所作,还有《欧阳德集》之外的其他资料,包括嘉靖二十二年(1543)胡直见欧阳德并师事之等,综合判断他们的社交关系强度不会太低,因此最终将欧阳德与其门人胡直的社交关系强度赋予了7分。

欧阳德的社交圈层,从交往的主要内容上看,又可大致分为政事、论学两大类,兼而有之的取其大端。政事方面的交游人物包括严嵩、刘紫岩、秦凤山、项瓯东、蔡可泉、周以介、周贞庵。论学方面则主要有陈明水、聂双江、王阳明、邹东廓、刘晴川、徐少湖、湛甘泉、胡直、戚补之等。

一、最核心圈层六人交游考述

根据社交关系强度的评分,欧阳德的社交圈层可以被量化、刻画出来,并且找到其核心、中层与外围部分。最终统计下来,与欧阳德社交强度被赋予9分的只有严嵩1人,被赋予8分的共5人,他们是:陈明水、刘紫岩、聂双江、王阳明、邹东廓。上述这6人可视为构成了欧阳德交游的最核心圈层。

从《欧阳德集》来看,严嵩是与欧阳德交往最多的重要人物之一。严嵩,字惟中,号勉庵、介溪、分宜,江西分宜人,为明朝权臣。欧阳德自称为严嵩的"同乡晚进",他在参加严嵩宅第宴会时和韵赋诗二首,其中就有言"高人钟岳秀,后学仰先贤"。欧阳德仕途时间长,政治方面的影响力大,当与他保持跟严嵩之间的密切交往有很大关系,其方式包括:严嵩升迁赴任时赋诗、作序送行;贺严嵩七十大寿而作诗文;与严嵩唱和,为其作像赞诗等。严嵩赴湖广,欧阳德作诗《送介溪严公奉使湖广》。严嵩任职南京,他又赋诗《送介溪严公之南宗伯》。特别是当严嵩累迁礼部尚书时,欧阳德特意作序《送大宗伯严公赴任留都》,高度评价他说:"君子敦厚以崇礼,乃介溪公秉心仁厚。事必由衷,不矫饰为文貌,而隆杀卒度。所谓古之达礼者非耶?是故乃克钦天子命。"① 严嵩"自少宰陟南京宗伯太宰,历卿二曹,敷政三禩,奏其绩

---

① 陈永革编校整理:《欧阳德集》,第446页。

于朝",而欧阳德又为之作《太宰介溪严公考绩》。他另有赋诗《元相介翁一品五考》:"勋名圣代属元臣,殿阁雍容十五春。间气独钟东里后,太平长系令公身。燮调事秘宸忠在,懋赏恩延世泽新。莫以功成怀旧德,天留黄发待咨询。"①嘉靖己酉年(1549)正月二十二日,欧阳德为严嵩祝寿而作《贺元辅介溪严公七十》文两篇,赞赏其政绩,且颇多溢美之词。又赋诗《奉寿介翁七十》:"风云一代兴周运,光岳千年降甫辰。万户辟干春意满,两仪开泰寿筵新。平津日影延贤阁,潞国天扶致主身。共倚南山歌枸梗,长依北极望松筠。"②

与严嵩作诗唱和,欧阳德有《和介溪严公元旦之作》,又有《和介溪公生日自述韵》,其中盛赞严嵩"金玉高文词苑重,钧衡令望汉廷稀",另有《奉和元宰严公天寿山马上作二首》。此外,在《冢宰介溪严公像赞》中,欧阳德称其为"词苑英儒,士林哲模,宜其寅亮公孤,黼黻帝图"。③不止于此,欧阳德还有赋诗《介溪公写真有作奉和二首》,以及《介翁松间小影次韵题赠》:"千年间气岳生申,麟阁应图第一人。貌得松间行乐意,笑颜长与万家春。"④即便是面对严嵩的有关画像,欧阳德都有这些诗作,足见其情感之深。

陈明水,即陈九川,字惟浚,又字惟濬,号竹亭,后号明水,江西临川人,撰《传习续录》,有《明水陈先生集》十四卷。欧阳德与陈九川都是江右王门的重要代表人物,他们之间多有论学、往来,如欧阳德有《答陈明水》多封书信,其中一封强调"在今日,良知二字,尤须紧要提掇"⑤。在另一封书信中,欧阳德与之探讨他所着意发挥的"赤子之初心"说:"此心当体即真,纤尘不染,不由解悟,不待思惟,真如赤子之初。然后种种色色莫非真觉,莫非实用。"⑥

他们就其先师阳明先生所提出的命题,交换彼此的见解,比如"致知存乎心悟"之说,欧阳德认为既不能"认意念上知识为良知",但又"非知识意

---

① 陈永革编校整理:《欧阳德集》,第838页。
② 陈永革编校整理:《欧阳德集》,第833页。
③ 陈永革编校整理:《欧阳德集》,第750页。
④ 陈永革编校整理:《欧阳德集》,第835页。
⑤ 陈永革编校整理:《欧阳德集》,第41—42页。
⑥ 陈永革编校整理:《欧阳德集》,第108页。

念,则亦无以见良知";又,阳明谓格物为致知之实,欧阳德指出:"盖性无体,以知为体;知无实,事物乃见其实地。离事物,则无知可致,亦无所用其致之之功。"①陈九川也常将自己的治学感悟通过书信跟欧阳德切磋,比如他提出"觉妄灭妄,不论迟速"的观点,欧阳德则认为"已与先师'无照无妄'宗旨尚隔几尘",因为"既知得无妄无照之良知,则觉妄灭妄,亦即是无照无妄"。欧阳德主张:"本体功夫,原无有二。后之不知良知,而觉妄灭妄者,意见所蔽,自不能不二之耳。"②由此可知,欧阳德非常注重"知"良知的本体功夫,笃信良知极深。他与陈九川的论学,达到非常精微的程度。

刘紫岩,即刘龙,字舜卿,山西襄垣人,其父为刘凤仪,弘治十二年(1499)考中探花,被授予翰林院编修之职。嘉靖六年(1527),刘紫岩升为南京礼部尚书,又官至南京兵部尚书。他有《紫岩集》四十八卷、《尚书讲章》八卷及《奏议》四卷。欧阳德与刘龙既同朝为臣,又是词林之友,他们之间的交游内容主要留有赠诗、唱和之作。在《送紫岩刘公任南宗伯》诗中,欧阳德勉励刘龙说:"元老志谋世,愿言告从事。志士服远猷,昭哉报明主。仪刑重两都,无念二三子。"③他还作了《赠刘紫岩公北召》诗,以及《词垣旧意赠紫岩公》诗,其中尾联曰:"知公此去能医国,珍重青囊肘后方。"唱和诗作方面,欧阳德有《和紫岩刘公郊斋夜坐二首》《和紫岩刘公诞辰有感韵》《和紫岩公九日病中别词林知旧韵奉贺令郎魁捷兼慰勿药》。

聂双江,即聂豹,字文蔚,号双江,晚年又号白水老农、东皋居士,江西永丰人,撰《困辨录》,有《双江文集》十四卷。与欧阳德交游紧密的陈明水、聂豹、邹守益、罗洪先等,都是江右王门中的重要人物,他们时常在青原山聚会。在《答聂双江》书信中,欧阳德建议聂豹"与东廓诸公,时寻胜境,居止旬日,诸友之深造者先后继至,相与真切砥砺",而当时"传闻朋友议论往往不一"。欧阳德认为大概是"一时激励颓惰之言,未必其深造自得之道",因此他多次强调必须"常常提掇良知头脑,使诸友日就平易简实,无浮泛议论,曲折

---

① 陈永革编校整理:《欧阳德集》,第109页。
② 陈永革编校整理:《欧阳德集》,第163页。
③ 陈永革编校整理:《欧阳德集》,第776页。

蹊径,乃为有益"。① 欧阳德有多封《寄聂双江》的论学书信,其中有谈到他对《大学》"知止"的感悟:"止者心之本体,亦即是功夫。苟非一切止息,何缘得定静安固? 便将见前酬应百虑,认作天机活泼,何啻千里?"② 关于"心之本体",欧阳德也以"亲民"为说,他在另一封《寄聂双江》书信中就提出"亲民是心之本体"的重要论断,并且说:"本体如此,功夫亦合如此。常善救人则无弃人,常善救物则无弃物,所以亲之也。"③

欧阳德主张"隐显动静、通贯一理"的原则,认同"体立用行、静虚动直"的观点,他向聂豹介绍自己的"中和""知是知非"之说,但并没有得到对方的首肯,因此又寄信去说明"是是非非者,独知感应之节,为天下达道,其'知'则所谓贞静隐微,未发之中,天下之大本也",而且"就'是是非非之知'而言,其至费而隐,无少偏倚,故谓之未发之中;就'知之是是非非'而言,其微而显,无少乖戾,故谓之中节之和,非离乎动用显见,别有贞静隐微之体,不可以知是知非言者也"。④ 欧阳德还就阳明先生致良知"便自能"感而遂通、物来顺应之说,指出"便自能"有两种含义,其一比如"目视能明,便自能察五色"等,这属于"体用之义",即所谓"未发在已发之中,而未尝别有未发者存";其二是聂豹所主张的"功夫效验之义",比如"能食,便自能饱;能饮,便自能醉"。⑤ 他细致地区分了理解阳明"便自能"说的本体发用、功夫效验这两个方面,实际上也就在一定程度上对聂豹的观点提出了质疑。

聂豹比较多地讲"功夫与效验"。在"格物"的理解上,他提出"以能知觉为良,则格物自是功效;以所知觉为良,是宜以格物为功夫"的论点。欧阳德对此也有不同意见。他强调格物与致知的联系紧密,不从"能知觉"与"所知觉"的区分来讲"致知"。欧阳德指出,"全功"为"致知在格物,格物以致知",因为"知以事为体,事以知为则,不能皆循其知,则知不能皆极其至",如果以格物为"功",而不知有致知之物,就会"入于揣摩义袭";如果以致知为"功",

---

① 陈永革编校整理:《欧阳德集》,第29—30页。
② 陈永革编校整理:《欧阳德集》,第60页。
③ 陈永革编校整理:《欧阳德集》,第82页。
④ 陈永革编校整理:《欧阳德集》,第129—130页。
⑤ 陈永革编校整理:《欧阳德集》,第131页。

而不知有格物之知,就又会"堕于空虚"。① 因此,在欧阳德看来,聂豹提出的"能知觉""所知觉"主要是一种"体用"关系,"知觉一而已",他不同意据此将格物又做功夫、效验之分。

在《答聂双江》论学书信中,关于本体、功夫、效验的关系,欧阳德提出"本体是功夫样子,效验是功夫证应"这一重要观点,而且"不用功夫,即是不循本体;功夫不合本体,即不是本体功夫;用功不能得效,亦即是不曾用功",他既反对以"本体效验"做功夫,又反对以"感应变化"做功夫,强调"皆循其明觉之自然,而非以意见安排布置"。② 欧阳德的"良知感应变化"之说,被聂豹理解为"似以原泉为江、淮、河、汉之所出,然非江、淮、河、汉,则亦无以见其所谓原泉者",但这并非欧阳德之意。还是在《答聂双江》论学书信中,欧阳德指出"知之感应变化,则体之用;感应变化之知,则用之体。犹水之流,流之水;水外无流,流外无水",他们是"体用无间"的关系。③

欧阳德不同意"以知觉为已发,以良知为未发,以发上用功为安排,以未发用功为涵养"的说法,认为这还是"微分动静"了。他主张"知觉固是发,然非别有未发",而且知觉"固未必皆良,然良知亦不外于知觉",因此,总结知觉与良知的关系,欧阳德提出"知觉之无欲者,良知也,未发之中也"的论断。④ 聂豹来信中"谓良知本寂,又谓感于物而后有知",欧阳德对此也不以为然,并且提出"寂无乃为无知耶"的质疑,他认为"心之良知,无间可息,惟动于欲而后不良",而且"良者为寂为通、为虚为灵、为中为和",他强调"有心必有知,则中、寂不得为无知,知非感物而后有"。⑤ 可见,关于良知学体系的精微之处,欧阳德与聂豹进行了颇具理论深度的论争,展现出了阳明后学各自不同的思想倾向。

书信往来是王阳明弟子论学的最主要方式,但他们的诗歌论学也同样值得关注。与聂豹的诗歌唱和方面,欧阳德有《和聂御史双江见怀韵》《冶父山次聂双江韵》,以及《论学次双江韵》。尽管欧阳德已经有了大量与聂豹之

---

① 陈永革编校整理:《欧阳德集》,第133页。
② 陈永革编校整理:《欧阳德集》,第186页。
③ 陈永革编校整理:《欧阳德集》,第192页。
④ 陈永革编校整理:《欧阳德集》,第187页。
⑤ 陈永革编校整理:《欧阳德集》,第191—192页。

间的论学书信,但在这封《论学次双江韵》中,他还是谈到了更多的、新的内容,其中包括论及"先天""道体""人心"等核心概念的诗句,如:"先天有象森三极,大地无方列万歧。道体流行宁一二,人心别择自支离。直从后长观尧舜,莫讶生知独仲尼。活泼六经焚不得,罪浮秦火是经师。"①

当然,欧阳德与聂豹之间的论学,大都属于同门对先师阳明遗说的义理辨析,但这也并不限于他们两人之间,还涉及"王门社交关系网络"中的罗洪先、邹守益、陈九川等人。王阳明弟子之间论学的文本,在他们的社交圈里传阅,相与裁定,逐渐形成了一个紧密的学术共同体。这对于继承与发扬阳明心学无疑起到了非常重要的作用,也正是黄宗羲所指出阳明学"惟江右为得其传"的主要原因。欧阳德在《祭先师阳明先生》中回顾他"早岁及门,晦惑忽荒。夫子诱掖开导,前却抑扬,或巽而启,或直而匡。譬之父母,病子猖狂,治不余力,而药不留良"。② 他后来又作有《天真书院祭阳明先生》一文,足见其对阳明信仰之笃、感情之深。

邹守益,字谦之,号东廓,为王阳明著名弟子、江右王门中坚。尽管欧阳德在《答邹东廓》的三封书信中具体论学的内容不多,但还是可以看出他们之间的交往颇深。从这些书信中也可见欧阳德所主"赤子之初"说的相关内容。欧阳德自道其与邹东廓"有回、由赠处之义",在《赠邹东廓召宫洗序》中,他提出"学之为自致以致德"的观点,如:"孩稚之年于爱爱致,于敬敬致,其诸应感情生,靡所不至。"③欧阳德赞赏邹东廓说:"吾乡同志得兄为之宗盟,又得松溪极意鼓舞,畴昔无闻者,皆翕然向风,诚为大快。"④在传承与发展阳明良知学的过程中,欧阳德与邹守益互相勉励、支持,形成一股充满浩然正气的力量。

二、次核心圈层十人交游考述

在欧阳德社交关系量化评分中被赋予 7 分的共有 10 人,构成了欧阳德

---

① 陈永革编校整理:《欧阳德集》,第779页。
② 陈永革编校整理:《欧阳德集》,第756页。
③ 陈永革编校整理:《欧阳德集》,第232页。
④ 陈永革编校整理:《欧阳德集》,第44页。

社交之次核心圈层,也值得予以重点的关注。他们分别是:蔡可泉、胡直、刘晴川、秦凤山、项瓯东、徐少湖、湛甘泉、周以介、周贞庵、戚补之。

蔡可泉,即蔡克廉,字道卿,福建晋江人,嘉靖己丑(1529)进士,官至户部尚书。蔡可泉年少时与同乡王慎中齐名,有《蔡可泉集》十五卷。欧阳德与蔡可泉相交颇厚,正如他在《答蔡可泉》书信中说,深知"执事拳拳于仆,犹仆之拳拳于执事",可见两人"相求之殷"。因与蔡可泉有深交,故而欧阳德为其母亲祝寿撰序,作有《寿蔡中丞母太安人七十》一文。在《寄蔡可泉》书信中,欧阳德还谈到其论学主张:"漓俗莫挽志士,实同此慨,然须自世人心髓入微处拨转,亦须自己心髓入微处精神透出,此天德王道之所以贵慎独也。"① 又,欧阳德在《蔡道卿赠言》中论其"主静"之说,认为"动静之体精一不二",而世人既有"遣外累,泯思虑,以求静于内者,其蔽也自私",又有"以心观物,即事求理,以矫静之失者,其蔽也用智",这两者其实都未能"达顺应之用",但也不能"静中有动,动上求静,以为克协于中者,其蔽也二本,非所以为内外两忘之道"。② 这些论学内容,都涉及欧阳德良知学思想的核心观点。

胡直,字正甫,号庐山,学者称为庐山先生,江西泰和人。他从欧阳德问学,又拜罗洪先为师,著作有《胡子衡齐》,后人辑为《衡庐精舍藏稿》三十卷等。欧阳德为胡直祖母作《胡祖母蔡氏孺人墓志铭》,可证他们师徒关系之亲密。

刘晴川,即刘魁,亦为江西泰和人,少从阳明先生游。正德二年(1507)中举后,历知钧州、潮州,因忤旨受廷杖,他与杨爵、周怡同系诏狱,讲论不辍。刘魁去世后,欧阳德作《祭刘晴川》一文,评价他"忠信笃敬之学,孝友仁让之行,正直謇谔之节,循良恺悌之政,默而成之,不言而信",是同门"所愿学而未能者"。③ 据欧阳德《送刘晴川北上序》中自述"阳明先生倡学虔台之岁,某从晴川子日受业焉"④,可知他们既是同门,又有师徒之谊,两人相交

---

① 陈永革编校整理:《欧阳德集》,第113页。
② 陈永革编校整理:《欧阳德集》,第226页。
③ 陈永革编校整理:《欧阳德集》,第762页。
④ 陈永革编校整理:《欧阳德集》,第233页。

亲密,论学无间。欧阳德在《寄刘晴川》书信中,还谈到"世之学者,虽发念有粗细,转念有迟速,其为未得真根、真种,则一而已",而"根种不真,纵粪多力勤,终为莨莠"。① 在《答刘晴川》书信中,欧阳德又进一步反思:"吾辈赤子时,心念何如?因何失却?今如何不失?"② 正是由于这些关于"不失其赤子之心"的持续发问,使得欧阳德逐渐形成其颇具个性的"赤子之初"说。

秦凤山,未及详考,他官任太子太保、南京兵部尚书等,明代李舜臣有诗《送秦凤山尚书致仕归无锡》。欧阳德作有《大司马凤山秦公七十》一文,为其贺寿;又作有《赠秦凤山公北上考绩》诗,其中有言"髫龀曾闻司马名,相逢青眼惬平生",另有诗歌《送秦凤山公谢政》《和秦凤山公四首》。

项瓯东,即项乔,字子迁,号瓯东,浙江永嘉人。欧阳德有《答项瓯东》多封书信,与之详论修养心得,其中包括婉拒对方荐官而后有言:"君子之学,得其本心寂无声臭,若赤子之初,种种毁誉利害,若无所闻。一切可忧可惧、可惊可愕之变,若寒暑晦明之固然,无所怵于其中。"③ 两人之间的论学书信往来较多,讨论"日用身心性情之学",欧阳德多次强调对于"读书"的理解,要作为"问辨"之一事:"读书考古,亲师取友,皆博学者问辨之一事。读书考古,是问辨于古人;亲师取友,是问辨于今人。"④

徐少湖,即徐阶,字子升,号少湖,一号存斋,松江府华亭人。嘉靖二年(1523)以探花及第,授翰林院编修,他和严嵩一起在朝十多年,后来取而代之,成为首辅。徐阶累官至少师兼太子太师、吏部尚书、建极殿大学士,著作有《世经堂集》《少湖文集》等。欧阳德有《寄徐少湖》《答徐少湖》等多封书信,因"良知"二字对方"未见数数提掇",故特别强调良知"是吾精神命脉",而且孟子讲过"放其良心者,其好恶与人相近也者几希",大概是因为"其端甚微,人多忽而不察,而致与不致之间,圣愚悬绝"。⑤ 欧阳德肯定徐阶用功真切,能够洞见头脑明白,他们两人关于良知学的探讨也非常深入。欧阳德

---

① 陈永革编校整理:《欧阳德集》,第 67 页。
② 陈永革编校整理:《欧阳德集》,第 97 页。
③ 陈永革编校整理:《欧阳德集》,第 76 页。
④ 陈永革编校整理:《欧阳德集》,第 185 页。
⑤ 陈永革编校整理:《欧阳德集》,第 22 页。

肯定对方所说的"欲令学者且绝谈论,且勿揣摩,一味于心地上着实体认,先识取良知面目,庶不错下功夫"是"真实肯到对病之药",但也补充说:"然学者必问于师,必辨于友,谈论亦未可废。"①

湛若水,字符明,号甘泉,广东增城人。在《答甘泉先生》书信中,欧阳德针对据说本于对方的"近日士大夫论致良知之学,往往补良能一语,以为良知犹有未尽"之说,他提出之所以《大学》不言"致能"、孟子不言"能爱能敬",是因为"能知爱知敬,即是能致此知,即是成能"。②可知欧阳德护卫其师阳明的良知本体地位,主张将"良能"纳入其中。此外,欧阳德另有书信《奉甘泉先生》,诗歌《送甘泉公考绩》。

周以介,未及详考。欧阳德在《答周以介》书信中,为对方"政声甚嘉"而感到慰怀,并提出"吾人良知,非但不沾恶习,虽善亦未有着处"的论断。③从政者为学,欧阳德强调:"须要欲明明德于天下之志真切笃实,而日就身心感应处,物物格之,惩忿窒欲,改过迁善,以不欺其自知之明,而求至于自慊,然后能止于至善。"④欧阳德提出人心、道心"危微之几,如水涌为波,波平为水,间不容发"的观点,让周以介颇有启发,但也不能以"无念为本心",既要"知念之常有"且"有之易以危",又要"知念之本微"且"微而未尝无",所以"念不能无,而着不可有"。⑤

周伦,字伯明,号贞庵,苏州府昆山人,弘治十二年(1499)进士,授河南新安知县,历任山西巡按、都察院佥都御史,提拔为兵部侍郎、工部侍郎,后又升任南京刑部尚书。嘉靖三年(1524),周伦谢绝政事,辞官回乡。欧阳德有诗歌《送周贞庵公之南大司寇》《次周贞庵公寿旦述怀韵》《赠贞庵周公奏绩》,以及《送大司寇贞庵周公致政》。

戚补之,未及详考。《欧阳德集》中有三封《答戚补之》的书信,其中谈到"循其良知"之说。欧阳德指出:"惟循其良知,无所倚着,即是真好真恶,即是

---

① 陈永革编校整理:《欧阳德集》,第24页。
② 陈永革编校整理:《欧阳德集》,第69—70页。
③ 陈永革编校整理:《欧阳德集》,第114页。
④ 陈永革编校整理:《欧阳德集》,第144—145页。
⑤ 陈永革编校整理:《欧阳德集》,第177页。

王道,即是天则。此须立心之始,有着无着,一一分晓,则凡情自别,天则自见。若只于不妥帖处洗涤,却恐是支流辨浊清也。"① 这些论学内容是欧阳明良知学思想的重要组成部分。另在《祭戚补之》一文中,欧阳德提到他"官金陵,惟补之与贡玄略首来请学。既而沈思畏、张士仪诸子相率继至,乃今倡和成风。徽、宁间向学者无虑数十百人,则皆二三子者身率之也"。② 可知戚补之作为阳明后学,也为良知学思想的广泛传播起到了一定的表率作用。

三、中心圈层及外围等交游考

上述核心圈层的 16 人之外,在欧阳德社交关系量化评分中被赋予 6 分的共有 23 人,可被视为欧阳德社交圈的中心圈层。他们是:敖纯之、曾思极、陈盘溪、黄致斋、刘玄洲、罗念庵、罗整庵、欧阳石江、沈石山、孙蒙泉、汤洞西、唐荆川、王鲤塘、王龙溪、王心斋、王醒庵、翁东崖、薛中离、钟石、周良卿、周陆田、朱镇山、朱芝山。这 23 人中包括孙蒙泉,当然其他人也可作为考察与欧阳德交游、论学情况的研究对象。

曾思极,字思极,号鲁源,江西泰和人,嘉靖二十年(1541)进士,官至右副都御史。欧阳德在《答曾思极》论学书信中谈到"心中主宰"的问题,强调"良知本灵,良知本诚,千变万化,中主常定,非强作之",但因为"毁誉荣辱、得丧祸福牵诱于外,心生爱憎,情存取舍,自蔽其灵,自贼其诚",所以导致"主宰摇夺而内多疑沮",为此要使志真切,"爱憎取舍两忘,故心同太虚,常明常定,千变万化,真实无妄,当行则行,当止则止"。③ 在这两封书信中,欧阳德与曾思极重点谈到"立志"的问题,引述其师阳明先生之言"志者人之命,命不续则人死",而且强调"志即良知精明坚确之体,立志即致知精明坚确之功"。④ 曾思极有"处俗事多生厌惓""共事易动客气"的困惑,欧阳德告

---

① 陈永革编校整理:《欧阳德集》,第 104 页。
② 陈永革编校整理:《欧阳德集》,第 761 页。
③ 陈永革编校整理:《欧阳德集》,第 100—101 页。
④ 陈永革编校整理:《欧阳德集》,第 101 页。

诉他说"有厌事之心,故遇事辄发",而且"吾心客气,本未消除,故拂意斯萌",因此就要努力做到"心不厌烦""客气消尽"。① 此外,欧阳德也向曾思极介绍他的"心有不善,事无不善"的重要论断,以及"赤子之初真见良知"的论点等。

陈盘溪,未及详考。项乔对陈盘溪非常赏识,他有《与陈盘溪宪副》的书信,言其"读书明农,以乐尧舜之道,乡间借以表正久矣。且闻间遇知己,又能达贤纠恶,倒廪倾困,以助其政教之所不及。是谓知学问之君子,识时务之豪杰也"。② 欧阳德在《答陈盘溪》论学书信中,针对其发挥良知"不学而能、不虑而知"之义,讲到"吾身动静语默、行止久速、视听食息、知识思虑,莫非良知之所为,而一毫人力无所与",因此"君子之学,循其良知而不自私用智,以凿其天命耳"。③ 但这并非易事,欧阳德特别强调,要去求得良知"真实扩充,尽释尘累,真得赤子未有学问、思索、见解、知识以前纯一无伪之心,亦未见有承当得起者"。④ 欧阳德向陈盘溪着重论述"动静合一之功",并推荐他阅读《传习录》等阳明心学著作。他感慨说:"道之不明,正惟学不知心之良知,而伥伥然求之于外。既闻良知之说矣,又或混于见闻知识之真妄错杂者,误认以为良知,而疑其有所未尽",然而"吾心不学而能、不虑而知之本体,非见闻知识之可混,而见闻知识莫非妙用,非有真妄之可言。而真妄、是非、轻重、厚薄,莫不有自然之知"。⑤

黄宗明,字诚甫,号致斋,浙江鄞县人,正德九年(1514)进士。欧阳德作有《祭致斋黄公》文。

刘鲁,字希曾,号玄洲,江西大庾人。欧阳德作有《刘玄洲墓志铭》,载其生平事迹甚详。

罗洪先,字达夫,号念庵,江西吉水人。罗洪先是王阳明著名弟子。欧阳德有《寄罗念庵》书信,论及"致知之功毋自欺而已"之义,以及"赤子之

---

① 陈永革编校整理:《欧阳德集》,第122页。
② 〔明〕项乔撰:《项乔集》,上海社会科学院出版社2006年版,第365页。
③ 陈永革编校整理:《欧阳德集》,第3页。
④ 陈永革编校整理:《欧阳德集》,第85页。
⑤ 陈永革编校整理:《欧阳德集》,第6页。

心"等。

罗钦顺,字允升,号整庵,江西泰和人,弘治六年(1493)进士科探花,官至南京吏部尚书,著作有《困知记》《整庵存稿》《整庵续稿》。欧阳德曾接任罗钦顺之职,在其所作《冢宰整庵罗公八十寿序》中提到他"得读公所著《困知记》,奉书请学。公还答,谆悉诲谕,奖披备至,私心感幸"。① 欧阳德又作诗《寿整庵公七十次韵》:"启蒙惠我两新编,白首耽书剧壮年。几杖梦随千里外,雁鸿书寄九秋边。经纶有兆身先退,著述无多意已传。苍桧凝寒公手植,折将献寿雪花筵。"② 此外,欧阳德还有《答罗整庵先生寄〈困知记〉》书信三封,论学内容亦颇为丰富。

唐顺之,字应德,一字义修,号荆川,常州府武进人。欧阳德有书信《寄唐荆川》数封,对其评价极高,认为他的"才识、节操卓然,足以名世",但又能"尽弃所有,从事于道,舍世之所谓醇醲炫耀,而乐其所谓淡泊寂寞者,诚古之大勇,末代英豪不足言矣"。③ 欧阳德还有《答唐荆川》书信,与之论学。

王畿,字汝中,号龙溪,浙江山阴人。欧阳德在《寄王龙溪》的数封书信中,论及同门程松溪、王心斋、唐荆川、戚南玄等相约聚会,以及编修《阳明先生年谱》之事。而在《答王龙溪》的论学书信中,欧阳德又谈到"吾人赤子时,心地本自平易真实,种种障蔽尽是自起自作,徒自受累"。④ 可知这"赤子之心"说,是欧阳德的自得之见,常与人讲论。

王艮,字汝止,号心斋,扬州府泰州安丰场人。在《答王心斋》书信中,欧阳德论及向学之士的"讨求之苦",但他也指出"君子之心毋自欺、求自慊而已",因此"虽困心衡虑,勉强其所不逮,究极其所未至,莫非自慊,而何至于苦?学而至于苦,只是认良知不真,非毋自欺而求自慊之功"。⑤ 王艮去世后,欧阳德又作《祭王心斋》文。

薛侃,字尚谦,人称中离先生,广东揭阳人。欧阳德与薛侃多有书信往

---

① 陈永革编校整理:《欧阳德集》,第507页。
② 陈永革编校整理:《欧阳德集》,第799页。
③ 陈永革编校整理:《欧阳德集》,第61—62页。
④ 陈永革编校整理:《欧阳德集》,第96页。
⑤ 陈永革编校整理:《欧阳德集》,第50页。

来,两人交游密切。在《答薛中离》的书信中,欧阳德谈到他对编辑《阳明先生年谱》的意见,特别值得注意的是,他提出其中"种种神异,似亦可删去。无已,则别为《纪异录》乎？然圣人所不语者,何为割舍不得？"①另,欧阳德作有《祭薛中离》文。

朱衡,字士南、惟平,号镇山,江西万安人,累官至南京刑部尚书。隆庆三年(1569),朱衡以治理黄河有功,擢工部尚书,著作有《道南源委录》。朱镇山曾与沈思畏同在福建任职,欧阳德有书信《答朱镇山督学》,其中谈到他的"为天地立心、为生民立命,其本在于督学"的重要论断。②欧阳德又在《答朱镇山》书信中指出:"近时学子大患,未有明明德于天下之志",而所谓"明德"即"吾心之良知,是是非非,虚灵不昧,众理具、万事出者",因此就要"随其所出之事,循其所具之理,一切视听言动、喜怒哀乐、居处、执事、与人,皆不敢苟焉自欺以昏,放其良知"。③

沈石山,未及详考。他与罗念庵为同年,多有交往。嘉靖十三年(1534)五月,沈石山、林东莆访王心斋于泰州,并与王卓峰等同游。《欧阳德集》中有《寄沈石山》书信四封。

欧阳石江,未及详考。嘉靖年间,欧阳石江继魏庄渠后,督学广东。唐顺之有《谢欧阳石江巡抚》一文。

上述之外,与欧阳德社交关系值被赋予6分、未及详考的还有:敖纯之、汤洞西、王鲤塘、王醒庵、钟石、周良卿、周陆田、朱芝山等。而与欧阳德社交关系值被赋5分的,计有76人,包括:蔡俛秀、曾东峰、曾龙门、曾七洲、曾双溪、车艮斋、陈豹谷、陈雪峰、陈志、程松溪、戴茂轩、方一田、费湖东、冯间山、高古垣、葛子才、贡玄略、郭履素、郭培斋、何白坡、何善山、何益之、侯北湖、胡九峰、黄久庵、康闇斋、康一松、李舫斋、林子仁、刘两溪、刘清乐、庐梅轩、陆本坤、罗东厓、罗梅轩、罗毅轩、聂水云、欧阳饬庵、欧阳崇道、欧阳格庵、欧阳横溪、欧阳西洲、欧阳阅、潘峨峰、沈思畏、盛程斋、谭北窗、王臣、王杭平、王龙洞、王然斋、王矢斋、王新甫、王舆浦、王中川、魏水洲、闻石塘、

---

① 陈永革编校整理:《欧阳德集》,第69页。
② 陈永革编校整理:《欧阳德集》,第143页。
③ 陈永革编校整理:《欧阳德集》,第196页。

吴讱庵、吴慎斋、吴莃塘、夏友纶、项锡、谢魁、熊鉴湖、徐波石、薛玉、杨四泉、易鸣和、张梅江、张南州、张思逸、张维时、赵五溪、周岘峰、朱金、朱鹏。

这上面的76人名单中,也包括一些重要的王阳明弟子、后学,比如程松溪(程文德)、何善山(何廷仁)、黄久庵(黄绾)、林子仁(林春)、魏水洲(魏良弼)、徐波石(徐樾)等。

此外,还有在欧阳德社交关系量化评分中被赋予4分的,共计有225人,可视为欧阳德社交圈的"外围"。当然,还有很多当时与欧阳德有过社交的人物,甚至是关系较为紧密的,但由于种种原因,他们并未在《欧阳德集》中留下明显的文献记录。兹不赘述。

第二节　循良知动静的论学主旨

目前有关欧阳德思想的学术研究论文,主要涉及他的良知学与政治思想两大方面,前者包括良知说①、良知与知觉之辨、动静体用合一等,后者有"政学合一"论②、善政与善治等。此外,还有几篇硕士论文以欧阳德相关的研究作为选题。随着更多阳明后学文献整理的成果面世,包括欧阳德在内的众多王阳明弟子、后学的生平与思想方面的研究,也在不断取得新的进展,比如陈永革先生所编校整理的近六十五万字的《欧阳德集》,为我们进一步研究欧阳德的良知学思想主旨提供了非常齐备的参考资料。

孙蒙泉与欧阳德有过不少交游与论学,但他们彼此之间的影响不是很大。相对而言,王畿比孙蒙泉对欧阳德良知学思想的影响要更大。王门高第王龙溪对欧阳德的评价甚高,他曾编刻《欧阳南野文选》,而欧阳德也非常重视王畿的学术思想,其阐发良知虚体、顺其明觉之自然,"反映出南野独知

---

① 郑宗模:《欧阳德的良知说与其意义——以与罗钦顺的论辩为中心》,《王学研究》2017年第1期。
② 朱承先生指出,欧阳德"比较集中地发挥了王学的'政学合一'思想",而其中所谓"学",是"使得良知澄明并在生活中实现,进而成就道德理想的成圣道路"。参看朱承:《明儒欧阳德的"政学合一"论》,《社会科学论坛》2014年第3期,第43页。

的思想取向与龙溪的内在的一致,同时也表明王龙溪对于无之心体的强调"①。欧阳德受到了王畿思想的很大影响,这一点是非常值得重视和深入研究的。在《寄何善山、黄洛村》的书信中,欧阳德提到他"近得与龙溪同宿数时,顿觉旧习之非",并且赞叹"龙溪直是学问透彻,直是善锻炼人,相与切磋,直是心心相契,更无许多逢迎迁就,门面折数,诚吾辈所不及"。② 除了上述"良知虚体、顺其明觉之自然"命题外,在"知行合一"的问题上,欧阳德在《答傅石山》书信中,将王畿所提过的"心之良知"称为"道心","杂以私意"谓之"人心",在此基础上讲"知行合一",其"知"就是"致其良知于人心、道心之间而不自欺";"行"就是"致知之功真实肯到,恒久而不已"。③

受到王畿思想的影响,欧阳德也认同"心之良知之谓知,心之良能之谓行,良知、良能一也"的说法,但他又提出"行也者,知之真切运用;而知也者,行之明觉精察,本合一者也",以及"辨别精明之谓知,作用真切之谓行"的观点,解决相应的"亿度"与"冥罔"的毛病。④ 相较于阳明先生"知之真切笃实处即是行"的说法,欧阳德强调知之真切"运用",而他丰富的政治实践正可谓是一种真切"运用"。此外,王畿提"一念之微"之处颇多,而欧阳德也有从"一念"的角度来讲"知行合一"的。他说"人惟一心,心惟一念",这"一念"之中,"明觉精察之谓知,真切肯到之谓行",为学必须"念念明觉精察,念念真切肯到",慎其独知"念念毋自欺而恒自慊",这样就会"知行无不合一"。⑤ 关于知行合一,欧阳德既讲一个"知"的"真切运用",又深入地讲"念"的"真切肯到",这在一定程度上推进了其师阳明"一念发动处便即是行"的说法。

一、良知与知觉、知识的区分

欧阳德多次强调"知"良知而后知所以"致"良知,基于对良知的本体认

---

① 许多:《欧阳德的独知说》,《中国哲学史》2012年第2期,第103页。
② 陈永革编校整理:《欧阳德集》,第62—63页。
③ 陈永革编校整理:《欧阳德集》,第8页。
④ 陈永革编校整理:《欧阳德集》,第52—53页。
⑤ 陈永革编校整理:《欧阳德集》,第154页。

知,再论及相应的功夫。知觉、知识是与良知相关的概念,但它们之间的区别,又不可不去辨析清楚。在《答罗整庵先生寄〈困知记〉》中,针对其"以知觉为性"的观点,欧阳德认为"知觉"与良知,名同而实异。比如,知视、知听、知言、知动都属于"知觉",但未必皆善;良知则是"本然之善",比如,知恻隐、知羞恶、知恭敬、知是非。他强调"本然之善"以"知"为体,"天性之真,明觉自然,随感而通,自有条理",既是良知,也是天理,两者的关系可以概括为"天理者,良知之条理;良知者,天理之灵明",这不是"知觉"一词足以言之的。基于对"良知"的道德性界定,欧阳德认为"致知"就是"循其恻隐、羞恶、恭敬、是非之知,而扩充之以极其至",而非"增广其见闻觉识"。①

在辨析"知觉"与"良知"两者差别的过程中,正是有见于良知是"天理之灵明",是"本然之善",欧阳德相应地主张要"循良知",赋予其功夫的性、理内容,从"天道"的角度来讲,就是"循天理";从"人性"的角度,即是"循本然之善"。但他并不是讲"良知"与"知识"有二,两者正如源头与支流的关系:"就视、听、言、动而言,统谓之知觉;就其恻隐羞恶而言,乃见其所谓'良'者",因此"知觉"未可谓之"性""理",欧阳德实际上将良知之"良"理解为"本然之善",他认为这样符合孟子"性善"之旨,"性非知,则无以为体;知非良,则无以见性"。② 在回到孟子的"性善论"之后,欧阳德又进一步地将"循良知"与"不失其赤子之心"联系起来论述。

相对于知觉来说,良知具备其道德直觉的内容。知识与良知的区别,要另从本体、发用的角度来分析。在《答胡仰斋》书信中,欧阳德强调知识是良知之用,但不可以知识为良知,因为知识"必待学而能、必待虑而知",良知则"不学而能、不虑而知",因其乃"本心之真诚恻怛"。③ 就此"不学而能、不虑而知"而言,良知本体自然,人力一毫不与。在《答聂双江》的书信中,欧阳德指出"良知二字,就人命根上指出本体,功夫直是切实着明",因此"循其自然之本体而无所加损,然后为能致其良知"。④ 人在孩提时,便有"不学而能、

---

① 陈永革编校整理:《欧阳德集》,第 12—13 页。
② 陈永革编校整理:《欧阳德集》,第 16 页。
③ 陈永革编校整理:《欧阳德集》,第 28 页。
④ 陈永革编校整理:《欧阳德集》,第 29 页。

不虑而知"的"赤子之心""洁净心地",这是欧阳德"循良知"说的出发点。

关于"良知"与"知识"的关系,欧阳德还用水来打比方:两者其源为一,而其流则有清浊之分,良知就指其"源之本清",因此他讲"良知,至善者也";而"知识则有善有恶",既不能以知识为良知,混淆善恶,也不能外知识去求良知,无从见良知。① 更具体地讲,正如欧阳德在《寄季彭山》的论学书信中所说:"吾辈今日之学,直当如世上未有语言文字,自己未有许多知识闻见",应当从"洁净心地"上专精毕力,达到"语言文字,莫非实理;知识闻见,莫非实得"的状态。②

相较于"知觉"而言,"良知"与"知识"尽管都各有一定内容,但是两者还有一个层次之别:良知是"至善",知识有"善恶"。在此意义上讲"循良知",则包含"止于至善"之义。然而,善、恶的问题既与"知识"有关,也涉及人的"意念",因此在《寄王鲤塘》的书信中,欧阳德再次提到良知虽不离于意念、知识,但也不能"以意念、知识为良知",他强调"意念、知识"即所谓"几善恶",从此入手,因"善恶错杂,则无以用其致之之功",因此就需要从良知的"无善无恶而能知善知恶"出发,着实去做功夫。③

在实际的社会生活中,善恶相混的情况是非常多的,如何辨别善、恶,既需要相应的知识,又涉及个人意念上的修行。对此,欧阳德的功夫论思路是回到"赤子之心",即本体而功夫,循其"不学而能、不虑而知"的良知,也就是循天理、本然之善,来"知善知恶",并"为善去恶"。概而言之,通过将"良知"与"知觉""知识"进行概念上的细致区分,欧阳德"循良知"说,既具备了"天理灵明""本然之善"的本体论内容,又在功夫论方面强调从良知的"至善"出发,避免"善恶错杂"情况下的无所用其功。

二、赤子初心与良知常寂常感

总体上看,欧阳德与王畿都强调良知本体"虚""无"的特征,而且欧阳德

---

① 陈永革编校整理:《欧阳德集》,第30页。
② 陈永革编校整理:《欧阳德集》,第61页。
③ 陈永革编校整理:《欧阳德集》,第35页。

着重描述了"赤子之心"与"良知"的关系。他在《答张维时、曾思极》的论学书信中,讲到"赤子之初,而真见夫良知之体",正如"太虚之冲漠者无朕",事物"如万象往来于太虚之中",世俗的贪好慕恋、情欲染污,不能阻碍,过而不留。① 欧阳德还从动态的角度,指出"赤子之心本自光明莹彻,本自充拓变化,如日中天,如水行地",并不需要借助知识凑泊、意气帮助。② 当然,孟子所讲的孩提之良知,未必是绝对地认为孩提时所发者都是良知,他的重点意思是说"良知自孩提而已有",因此"人皆可用其致知之功",正因为从孩提时,所发已有不良,就更需要用致良知的功夫。③ 此外,在《寄聂双江》的论学书信中,欧阳德也多次就其"赤子之初"说与之商榷。他引述程子之意,提到"赤子之心,发而未远乎中,则心如赤子,乃能渐近,方有更进步处",若"未能如赤子之初,则虽有契悟,终涉意见安排,去实际益远,反作良知障碍"。④ 由此可知,欧阳德所强调的"赤子之心"说,既内含了良知本体论,又将其作为循良知功夫论的起点。

"良知"至易、至简,"循良知"则其用至博。欧阳德强调良知是心之本体,并指出"善者人心天命之本然,所谓良知者也",而"良知至易、至简,而其用至博",但"简者未尝不繁,而繁即所以为简,非有二",良知之用皆不学而能,只不过是因为"蔽于私"而有不能,因此要通过"学"来能其事,"学而能之则善得",因此重点需要关注的是:"离本然之善,则别无可学、可问之事;舍学问之繁,则别无至易、至简之功"。⑤ 知得良知,包括知得良知"不息",而后才能真正去致良知。正如欧阳德在《答王鲤塘》书信中讲到的,"良知虽不待检点而有,而检点即良知之用。一不检点,即不用其良知矣。然而,良知未尝息也",再用此"不息"良知而时时检点,"毋自欺而求自慊,则举足启口,莫非良知"。⑥

欧阳德"循良知"说的一个核心内容在于"不失其赤子是非之心"。他在

---

① 陈永革编校整理:《欧阳德集》,第110页。
② 陈永革编校整理:《欧阳德集》,第108页。
③ 陈永革编校整理:《欧阳德集》,第57页。
④ 陈永革编校整理:《欧阳德集》,第131页。
⑤ 陈永革编校整理:《欧阳德集》,第13—14页。
⑥ 陈永革编校整理:《欧阳德集》,第41页。

《答周良卿》论学书信中指出:"自一念之是非,以至于庶务之是非,古今万变之是非",良知无不能知,但不是在"周知庶务,通达万变,而后谓之良知",是非之心"自赤子时已有",即孟子所谓"大人者不失其赤子之心"。欧阳德认为,"大人不能有加于其赤子之时之心,能勿失",而这"勿失"之功,一定要以"赤子之心"为主,是非之心无所蔽、无所欺,"此心一蔽则颠倒错乱,莫知其极",若"此心不欺,则千变万化无不在道"。①

上述之外,欧阳德从良知学的立场出发,也与同门探讨了有关"寂""感"关系的重要命题。在《答聂双江》的论学书信中,欧阳德不同意其"感与物而后有知"的说法,认为这样讲就会给人造成"寂"为无"知"的印象,而不合乎"良知本寂"的基本观点。他认为"心之良知,无间可息,惟动于欲而后不良",此时才是"不寂不通、不虚不灵、不中不和"的,因此需要"精一其知,不动于欲,斯复其良",实际上,有"心"必有"知",则心之"中""寂"不得为无"知",且"知非感物而后有"。② 另在《寄聂双江》的论学书信中,欧阳德还强调良知具有"常寂、常感、常应、常廓然"的特点,而且"未能寂然,则其感必不通",而"廓然"与"应"的关系包括"未能廓然大公,则其应必不顺",因此,当然就不能"离感以求寂""无所应以为廓然"。③ 这些论述,合乎阳明体用一源的理论原则。

在《答刘成卿》的论学书信中,欧阳德指出"意念之知觉"为"感",而"知觉之感应"为"事"。比如说,"知觉"到接待客人,那么"意念"就在接待客人,这就是接待客人之"事";"知觉"到自己在静坐,那么"意念"就在静坐,这便是静坐之"事"。因此,所谓"事",并非其他"意念",而是"知觉之感应"。从这个意义上看,静坐并非无事、空闲,接待客人也并非才有事、纷扰,"意"有善恶,良知则"知善必为,知不善必改",各得其理,"知一而已矣,无内外也"。④ 欧阳德之意,还是"一念良知"而已,彻头彻尾,无内外之分。

在此意义上,针对作为"知觉之感应"的"事",欧阳德提出"事无不善"的

---

① 陈永革编校整理:《欧阳德集》,第25—26页。
② 陈永革编校整理:《欧阳德集》,第191—192页。
③ 陈永革编校整理:《欧阳德集》,第131页。
④ 陈永革编校整理:《欧阳德集》,第117—118页。

重要观点。他认为"事之不善,皆生于心"。所谓"事无不善"之论断,欧阳德强调的是"心善,则自无不善之事",但这并不是说"心即善",而要了解到人的良心昭然独存,一心可以有所为、有所不为。这又涉及"立志"的问题,他讲过"志即良知精明坚确之体"的命题。总而言之,欧阳德认为,求道问学者应立下"良知精明坚确"之志,无论动静、寂感、有事无事,都是无内外之分的,终以良心为准则而有所为、有所不为。

三、循其良知与动、静之关系

陈立胜先生较早注意到欧阳德对"循良知"之说有较多发挥,而他所谓"循"以遵守天理、天道来指点功夫要旨,并认为"依循良知之'依循'是将自身生命交付给良知,让良知成为生命的主宰",在"意念萌动之际,此'知体'当下即对意念之是非、善恶有所知,依循此'知'而'为善去恶'即是致良知功夫"。①

循良知的前提是"知"良知,然后才能有所"循"之。欧阳德在《答陈明水》的论学书信中,针对当时"认习气为本性"的弊端,主张要先"知良知之本体",然后"致知"功夫才有可靠实据,也就是必须"直指良知本体之自然流行,而无所用力者,使人知所以循之,然后为能实用其力,实致其知"。②

"循良知"功夫的展开,涉及动、静的问题。在《答陈盘溪》书信中,欧阳德指出:"静而循其良知也,谓之致中,中非静也;动而循其良知也,谓之致和,和非动也。"这是因为良知既是妙用"有常",又是本体"不息",不息故常"动",有常故常"静","常动常静,故动而无动,静而无静"。③ 其中的"静",即所谓"有为为应迹,明觉为自然",是"无感自虚,有感自直",而非"有意于静,其流将有是内非外,喜静厌扰"而"累于外物"。④ 动、静皆循良知,即"致

---
① 陈立胜:《王阳明"致良知"功夫论中的"依循"向度》,《杭州师范大学学报》(社会科学版) 2018 年第 6 期,第 18 页。
② 陈永革编校整理:《欧阳德集》,第 42 页。
③ 陈永革编校整理:《欧阳德集》,第 4 页。
④ 陈永革编校整理:《欧阳德集》,第 5 页。

中和"之义,又非动、非静,根源在于良知的本体不息、妙用有常。在这个意义上,可以更为明确地讲,良知是无动无静的,而循致良知过程中,静而无静,动而无动。

欧阳德用"循良知"之说,来统一实践功夫中的动、静问题,更多地是要讲清"动而非动"之义。一方面,因为良知本体不息、常动,循良知则只是随良知动而已,自己却是"动而非动";另一方面,良知妙用上有常、自然,因此循良知则"明觉"而已,此亦为"动而非动"。总而言之,循良知的"动而非动",既包含了对良知本体的信心,又关涉良知的明觉功夫。"动而非动"与"静而非静"是循良知的"一体两面"。

欧阳德始终强调要在"良知"上做功夫。在动、静问题上,因为良知具有无动无静、时动时静等特点,所以他并不主张直接从动、静入手,正如在"善恶错杂"情况下的无所用其功,他的功夫论目标指向是"消除动静之分"。欧阳德在《答周陆田》的书信中,讲"良知无动无静,故时动时静,而不倚于动静",因此,循其良知,动静两忘,然后为得。① 当然,也要非常注意区分"求良知于动静之间"与"循良知之动静",前者在"动静"上用功,后者是在"良知"上用功。因为良知"是心之神明,贯乎动静",所以"良知上用功,则动静自一";如果在"动静"上用功,则见"良知"为二,不能合一。② 讲"求良知",或于动静之间,或于善恶之交,终有向外;说"循良知",则依内心,可不限于动静、善恶之变化与错杂,均合一于良知本体。

自阳明先生做出"良知即是独知时"的论断后,其弟子、后学多就"独知"的问题展开深度讨论。欧阳德提出"循良知之动静",则"独知"之中也应涵盖动、静。因此,他指出"独知"并非只是讲"闲居独处",而是"静亦此知,动亦此知",即便在广众人群中,此知之"明是是非非,毫发不能自欺",这才是所谓"独",即此才是良知本体。③

所谓"独知"不分动、静,强调的是良知明觉的个体性,而非外在环境的排他性。无论是身处于或动、或静的环境和事物之中,个体内心的"独知"都

---

① 陈永革编校整理:《欧阳德集》,第9页。
② 陈永革编校整理:《欧阳德集》,第27页。
③ 陈永革编校整理:《欧阳德集》,第154页。

发挥着一贯的作用。在《答陈华山》的论学书信中,欧阳德指出人心的独知"万物皆备,是是非非,感应而通,各有自然之则",只是因为"计功谋利,向外驰求,即自作欺蔽而不能自慊""而陷于不诚",归结起来,只为"良心难纯一,而似伪易以掺和"。① 孟子讲"万物皆备于我",欧阳德有见于此,实际上讲到了"万物皆备于独知"之义,这就涵盖了包括动、静在内的更大范围。

阳明学派所讨论的"动静"问题,不仅涉及外在事物,也关乎人的意、念。实际上,欧阳德认为"心"也是无动无静的,动静只不过是其"应迹"而已。聂豹主张"归寂"功夫,以此无间于动、静。但在《答聂双江》的论学书信中,欧阳德指出"人心常知,而知之一动一静,莫非感应",可分为"感于静境而静应"与"感于动境而动应"这两种情况,然而"动静皆物""动静皆知",精明不欺于五官不用与并用之时,而有"格静之物"与"格动之物"之别,总之"动静皆有事,皆即此知之感应变化,而用其精明不欺之功,格物以致知"。②

心之所发为"意",则其中也不能不再就"意"之动、静的问题展开分析。欧阳德在《答王塓斋》的书信中,提到"人'心'生'意'流行,而变化无方",意有动、有静,"忽焉而纷纭者,意之动;忽焉而专一者,意之静",而且"静非无意,而动非始有"。③ "意"有动、静的不同状态,具有"忽焉""变化无方"的特点,难以捉摸。因此,就做"意"的功夫而言,就必须在"动、静"上入手。

基于欧阳德良知学功夫论的立场,即便是做"意"的功夫,也要以"良知"为起点,即"循良知之动静"。这就首先要阐明"良知"与"意"的关系。在《答徐少湖》的第四封书信中,欧阳德对良知与"意"的关系做出分辨。他指出,良知是心之"明觉",良知"不睹不闻,莫见莫显,纯粹无疵",但"意"为心之"意念",包括妄意、私意、意见等。从"意念"出发,难免混淆善恶、浸淫失真,因此要真见良知,"知所谓良知而致之,毋自欺而求自慊,由真妄、公私、昭昭不昧",而不至于误认"意"见,任"意"所适。④ 由此可知,欧阳德主张务必严格地将"良知"与"意"区别开来,切忌以"意"为"良知",导致善恶混淆、真妄

---

① 陈永革编校整理:《欧阳德集》,第195页。
② 陈永革编校整理:《欧阳德集》,第194页。
③ 陈永革编校整理:《欧阳德集》,第125页。
④ 陈永革编校整理:《欧阳德集》,第23页。

不别、公私不分。据此也可推知,欧阳德大概会认同"有善有恶意之动"的讲法,尽管他也同意说"心"之本体是无善无恶的,但"意"则因其"忽焉""变化无方",当有善、恶相混的情况需要注意。

"意"与"念"的概念相似,两者均与"心"的关系紧密,但其不同之处也不可不辨。在欧阳德看来,"意"为"心"之所生,即是说"意"的发生对"心"依赖性很强;他又讲"心必有念""念不能无",尽管不能讲"无心之念",但相较于"意"而言,"念"的存在更有可靠性,也更为接近于心之本体良知的层面。欧阳德强调"不失其本心",他从"念"的角度,论述其与人心、道心的关系。在《答周以介》的论学书信中,欧阳德不同意对方"水涌为波,波平为心,以此状心"的观点,他指出"水本无波,而心则有念",不能以"无念"为"本心",念与心的关系,包括念之"危则为人心""不危而微则为道心",念常有,且易危;念本微,但未尝无。心必有念,静专动直,但不能"着"静与动,否则就有"妄"之病,总之"念不能无,而着不可有"。①

从"动静"的角度来看,欧阳德认为,"念"是"静专动直",而"意"是"忽焉而专一""忽焉而纷纭"。显然,在做功夫的实践中,"念"要比"意"更好把握,而且欧阳德所提出"念"的"静"之"专""动"之"直"的说法,已经非常具有功夫论的意味。当然,无论"念"之"专"或"直",终究也都要回到"良知动静"的问题上,细化、具体到"一念良知之动静",功夫则可谓"念念循良知之动静"。在《答沈思畏侍御》的书信中,他就提出了"念念致其良知",而此心"是是非非,文理密察,则纷扰亦即是精明,灵爽亦即是虚明平妥"。② 循良知之动静的功夫,首先要考虑到良知本身"无方无体""变动不居"的特点,以此来做致知的功夫,这"一念良知,彻头彻尾,本无今昨、人己、内外之分",而"圣人只是良知通明,不杂于欲"。③

在良知学"一念"功夫的问题上,欧阳德与王畿两人的关注点具有一致性。彭国翔先生指出,王畿的"一念功夫"论,分为作为"本念与正念",以及作为"欲念与邪念"这两种情况,前者"一念之微的功夫便基本上相当于心体

---

① 陈永革编校整理:《欧阳德集》,第177页。
② 陈永革编校整理:《欧阳德集》,第172页。
③ 陈永革编校整理:《欧阳德集》,第171页。

立根的先天正心之学",而后者"一念之微的功夫便相当于后天的诚意功夫"。① 这与欧阳德围绕"知行合一"的问题,从"道心""人心"角度来讲"念"的思路是极为相似的。欧阳德区分了"念"之"危"与"微"这两种情况:"危则为人心",以及"不危而微则为道心"。他还明确提出"念本微,但未尝无"的论断,而且不能"着静与动"。尽管他也主张功夫要从"一念"入手,但还是始终突出其与良知的关系,所以干脆讲"一念良知"便是彻头彻尾的功夫。

总之,欧阳德"循良知"说的本体功夫论,包括良知的"循而弗失"与"失而复循"两种情况,但他也认为其"非有二也"。因为良知是"孩提之初心,真实无妄,明觉自然,本自大公,本自大顺",而不假私智的良知妙用包括闻见、思索、学问、酬酢等。良知的"循而弗失"叫作"性之",即"本体";良知的"失而复循"叫作"反之",即"功夫"。② 由此可见,"不失其赤子之心"与"循其良知"的学说密切关联,也都确在欧阳德良知学思想体系中占有重要地位。

第三节 附论:刘晴川求其本心之学

儒学中的"良知"概念,也有一个近似的表述叫作"本心"。欧阳德的论学主旨可以概括为"循其良知",刘晴川则着重发挥了"求其本心",两者颇可对照来看。受钱德洪的邀请,刘晴川为其所编《困学录》撰写了后序。在这个序言的开篇,晴川先生提出了他所主张的"求心之学",认为古人之学的精"要在求其本心而已"。他所谓的"本心",就是"道心",也是孟子所谓的仁义"良心"。从《刘晴川集》的内容来看,他对阳明心学思想的承传,主要就在于阐发了一个"求其本心"之说,包括"得其本心"的"觉是、觉非"与"明诚、明德"等内容。

《刘晴川集》里有两处诗歌作品直接用到"良知"二字,包括《别讷溪用斛山韵二首》中的"良知光景夜犹旦,克己功夫阴复晴"两句,以及《咏良知答章

---

① 彭国翔:《明儒王龙溪的一念功夫论》,《孔子研究》2002年第4期,第54页。
② 陈永革编校整理:《欧阳德集》,第10页。

叔心次韵二首》中提到的"人人具有此良知,致此方为是近思"等。考察刘晴川"咏良知"的两首诗作,第一首诗中强调了良知之"致"在于"独能戒惧",大意就是"致良知"在于"慎独",将"致良知"的功夫转向于内,强调个体的"独知"与"自师",故而他将"明诚"列为心学思想体系的重点。在第二首诗作中,刘晴川将"致良知"视为"近思",因为此良知是人人所具有的,而致良知又是人人之所切近能为的,正如人人皆有恻隐之心,人人皆知此心安否。如若心有未安,就要以致良知来求得心安,具体做法则包括改过、去私,等等。

刘晴川的"求心"之学,或称"求本心""求放心""得其本心",发源于孟子的"求其放心"之说,最终着落到阳明良知学背景下的"本心"概念。在《寄观庵兄长》一文中,刘晴川提出了"事事如吾本心而常快足于己"的最大个人愿望。他的关注重点在于"心",而其特点又很容易"放"或"走作"。究竟怎样才是孟子所谓的"放"心呢?刘晴川提出"心有所着即是放"的论点。他举例说,孔子在齐闻《韶》,三月不知肉味,这就是孔子"着"在音乐上的一种表现。言下之意,孔子闻《韶》而三月不知肉味,这其实就是一种心之"放",因此孔子还需要进一步去"求其放心",所以他后来对此有所悔悟,自述"不图为乐之至于斯也"。

刘晴川认为,圣人之学,不应心有所着。因此,孔子后来就不再"着"于《韶》的乐曲、舞容之类的"尽美",而强调其是否"尽善"的一面。以孔子在齐闻《韶》的故事,刘晴川重点论述了他"心有所着即是放"的命题,由此说明即便是圣人孔夫子,也曾经历一个从"求其放心"到"得其本心"的过程,而且只有"得其本心"才算得上是"德"。孔子评价子路是"不知德"的,因为子路终身都"着"在了事上。

心有所着于事上,便是"不知事",便是"逐物"。阳明先生讲过"心外无事""必有事焉"等相关命题,由此推论,"求得本心"即"无不是事"。在阳明心学概念范畴中,所谓"事"也是一"物",所以心的"着事"与"逐物"的表述不同,但其实是相近的意思,本质上两者都源自"放心",而非"本心"。刘晴川在其《语录》中讲:"今俱着在事上,闲不住,只是逐物。"在他看来,"逐物"有很多种表现,甚至包括思索道理、讲说学问,也都可能是由其"放心"而做的"着事""逐物"之举。总而言之,待人、处事、应物等种种行为,都须以"求放心为主"。

类似于"逐物"之论,刘晴川又有"添物"一说。所谓"添物",即是"本心"之外又另为增加一物,在本体意义上,不符合阳明先生"心外无物"的理论原则。比如说,读书览史,本是为了警醒、启发人心,是谓"好古敏求"。然而,若不能以"求本心"为主,执着于读书览史,以之为心外之"物",这就会给本心又去"添物",而非"得其本心"。可见,晴川先生的求心之学,其实还是在阳明"心外无事""心外无物"的论断基础上,融合孟子的"求其放心"说,更进一步提出"心有所着即是放""得其本心之谓德"等命题。

功夫论方面,晴川先生还论及"执一""静坐"等方面的内容。关于"执一",孟子讲过"执中无权犹执一"的话,强调"执中"与"执一"两者之间的一个"权"的问题。刘晴川则主要围绕各人禀赋、主意、功夫来讲"执一"的问题。他在《语录》开篇就说"资禀不同,主意苟是,各人自取方便",因此"似难执一";然而"主意在是,功夫便在是,各取方便",由此"恐又执一"。可见,在"主意"是对的情况下,刘晴川是主张"各人自取方便"的,只是因为各人的禀性不同而难以"执一";然而就主意、功夫的一致性来说,尽管各取方便,还是难免要"执一"。

从"执一"的讨论中,可见刘晴川"求其本心"之学与阳明"致其良知"之论是相通的。关于主意与功夫,阳明先生以知行、惟精惟一的关系做过阐发,他讲"知是行的主意,行是知的功夫""惟一是惟精的主意,惟精是惟一的功夫"等。刘晴川的"执一"说,则秉承其师阳明论学"合一"的特点,既有实际情况的考量,又指向相通的目标:难执一,是"随才成就";又执一,是"知行合一"。每个人的禀赋、才力有所差别,不能强求一样,因此也就"各随分限所及";但良知又是人人都具有的,故而人人都有成为圣贤的可能,因此,"求其本心"或"致其良知",这又都是人人所应"执一"之处。

求其本心之学的重要功夫内容包括"静坐"。因为人心易"走作",茫茫荡荡,身也坐不住,故而刘晴川主张,在闲暇时,不妨通过静坐功夫,来求其放心、得其本心。静坐功夫的目标是收心、静心,也就是所谓"主静",这不论是忙还是闲。"主静"功夫的根本在于"无欲",正如他在《读〈象山集〉》后,作有诗句"主静惟无欲"。此外,刘晴川先生还在《答斛山论学》诗中,提出一句

"主静是吾师"的重要论断,这让人联想到阳明先生"良知是吾师"的名言,可见其学传承之迹。

上述之外,刘晴川先生还在《语录》中明确提出"人欲即是天理"的观点。在他看来,人欲、天理的关系是痛痒相关的,而"人欲"的问题在于有"过",过度的"人欲"便是"恶",但这种"恶"也只是程度上的"过"而已,并不能由此去否定"人欲"存在的合理性,因为"人欲之有"与"人欲之过",正可见天理的一种表现和准则。概而言之,刘晴川对人欲之"过"与天理之"恶"做了一个区分,他的基本立场不是去将天理与人欲对立起来。他认为人性之复,可达天德,故而耳目之欲不可尽废。由此也透露出刘晴川对宋儒所谓"存天理、灭人欲"命题的质疑。此外,他也提到说,对理、气分合问题的讨论并不是最重要的事情,晴川认为孔门之学所讲"仁义"内容,对人们来说才是"知痛知痒"的、有意义的事情。宋儒讲理、气之分合,以"仁"属"理",反而导致此学出现所谓"无关痛痒"之弊端。因此,由刘晴川的"人欲即是天理"说,可见他的求其本心之学,不仅是对宋儒的理气论有所质疑,而且在一定程度上统合了孔孟与阳明的思想精要。

上述欧阳南野、刘晴川之外,罗洪先、谢廷杰等江右王门重要弟子、后学也与孙蒙泉有着重要的交游关系。罗洪先与孙蒙泉是同年,两人出生之年相同,且同年登进士第。嘉靖八年(1529),孙蒙泉二十六岁,登进士第,己丑科会试第四十五名,廷试三甲第四名进士,初授行人。①《浙江通志》记载"嘉靖八年己丑科罗洪先榜"中有孙蒙泉(余姚人,都御史)。《燕诒录》卷七《书丁行生母慈节卷》中孙蒙泉自述有言"吾同年念庵子"。罗洪先,字达夫,号念庵,江西吉水人。罗念庵与孙蒙泉两人作为阳明弟子,都趋重于功夫,对其师阳明良知学思想均有较大推进。而陈五山是孙蒙泉官任河南时的同僚,《燕诒录》中有《贺少司马陈五山寿途间口占》一诗,《河南存稿》中又有《赠五山陈宪副擢苑卿序》。陈五山与罗洪先有交游关系,②可见他们形成

---

① 《嘉靖八年进士登科录》:"孙应奎,贯浙江绍兴府余姚县,民籍,县学附学生,治《诗经》,字文卿,行三十三,年二十六,十一月十一日生。曾祖伦,祖鼎,父钥,母童氏。重庆下,娶岑氏。浙江乡试第八十七名。会试第四十五名。"参看王孙荣著:《慈溪进士录》,浙江古籍出版社2015年版,第29页。
② 徐儒宗编校整理:《罗洪先集》,卷三,凤凰出版社2007年版,第59页。

了一个交游圈。

谢廷杰,字宗圣,号舜卿,又号虬峰,江西新建人,嘉靖三十八年(1559)进士,任监察御史,巡抚浙江,隆庆六年(1572)刻印《王文成公全书》。他邀请孙蒙泉先生作《天真精舍志》,现存其《前序》与《后序》,均收录在《燕诒录》中。这样一段交往事迹,足见谢廷杰对孙蒙泉在王阳明弟子中崇高地位的认可。他们精诚合作,在天真精舍历史上留下浓墨重彩之笔。

黄宗羲提出"姚江之学惟江右为得其正传"的著名论断,既是对江右王门弟子、后学为传播和发展阳明良知学的表彰,又可以引出一个"为什么不是浙中王门得到阳明正传"的问题。从孙蒙泉的视角来比较地看,江右王门弟子一方面在仕途上发展顺利,借由政治影响力而扩大了学术影响力;另一方面,浙中王门弟子通过交游与论学,其实是与江右王门弟子、后学精诚合作,共同推动着阳明心学的传承与传播事业,包括像孙蒙泉这样的王学中坚等人,确实不应被历史遗忘。

第四章

王龙溪：论学高明的思想大师

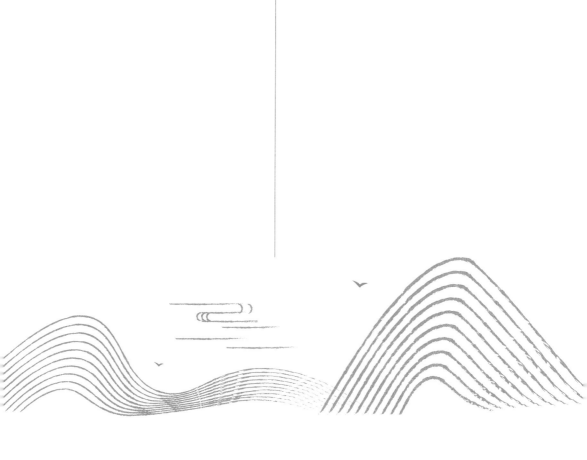

从受学的时间来讲，王畿是王阳明较晚的及门弟子，但他悟性极高，颇有后来者居上的气象。在王门的交游与论学过程中，王畿逐渐成为一个中心人物，而他所广泛传播的自己对良知学的理解，也受到了一些指摘和批评。这其中就包括孙蒙泉与王畿之间对良知学思想的深度论争。钱明先生指出，孙蒙泉对阳明学说有着别样解读，"经他口说出来的阳明'致知格物'的'学问宗旨'，也与阳明本人及钱德洪、王畿等人的说法有很大区别。……阳明没后，无论其门下还是他的反对者，都通过再诠释来褒贬阳明思想……孙蒙泉无非是遵循了阳明的教导，以阳明亲口所述及文本为据，去努力寻找解读阳明思想的正确途径。"[①]总体上看，孙蒙泉护卫良知的本体地位，强调体用一源的精神特质，在一定程度上"纠正"了他所认为的王畿在诠释阳明学说中所出现的偏差，并在功夫论方面起到补偏救弊的作用。

王畿，字汝中，号龙溪，学者称龙溪先生，浙江山阴人。王龙溪是阳明先生最为著名的弟子之一，他不仅在良知学思想方面深刻、高明，而且在王门中交游范围很广，尤其是他以书信、聚会等方式论学不倦，因此也留下了大量的相关文献，传世有《王龙溪先生全集》二十卷。而孙蒙泉的《燕诒录》卷四中收录了题为《与友人论学》的很多书信内容，其"友人"所指，通过对引文的来源考证，不难发现就是前后与之相交四十余年的龙溪先生王畿。孙蒙泉在翻阅王畿送来的《答友人论学》刊本后，首先还是肯定其中多有发前人所未发之处，但他也着重提出了一些批评意见，从中可细致考察他们两人良知学思想上的差异所在，颇具阳明后学思想史研究的学术价值。

---

① 钱明：《被遗忘的王学中坚——明代思想家孙应奎》，《杭州师范大学学报》（社会科学版）2010年7月第4期，第19页。

第一节　良知为心性之大本

从孟子到陆象山的"心学"传统,这是王阳明良知学思想的重要渊源。在本体层面上,厘清"心"与"良知"的关系非常重要。孙蒙泉在《燕诒录·与友人论学》中引述王畿之言"心之良知谓之知,心之良能谓之行"与"知能处即是知,能知处即是行",以说明"知行本体本自合一"的命题,由此可知王畿也是在继承其师阳明的"知行合一"说,但他却将"知"解为"心之良知",将"行"解为"心之良能"。因此,当他讲"知能处即是知"其实就是指"心之良知";他说"能知处即是行"便是指"心之良能"。简言之,王畿视良知为"知能",良能为"能知"。这是孙蒙泉所不敢苟同的,他认为这样的讲法还是有"二分"之嫌,所以提出孟子之所以言"知"(知爱知敬)不言"能"(能爱能敬),是因为"知"中涵盖了"能",并无遗漏。即是说,孟子讲人之孩提时的"知爱知敬",已经包括了"能爱能敬"。由此推论,"心之良知"也应已经包括了"心之良能"。因此,孙蒙泉认为王畿不应把"心之良知"与"心之良能"分开来讲。他强调,良知就是知、行本体,有此良知便兼有了"良能"之行,无此"良能",也不可谓纯得"良知"本体。

孙蒙泉较为彻底地将"良知"概念作为本体的意义来阐述,他非常注重讲"合"讲"一",包括上述"良能合于良知",两者的本体合一,等等。王畿提出"本心之知"与"本心之行",这种说法也被孙蒙泉认为相较于其师阳明的"知行合一"说"反觉两路"。王畿又说"致是知行之功夫",因其已提出本心之"知"与本心之"行",还是会让人感觉"致"良知被分做了两项功夫。因此,孙蒙泉批评王畿于师门宗旨"似逐言诠"。王畿强调"本心"的知、行,讲"心"之良知与良能,这在一定意义上可以理解为站在"心本体"的立场。而孙蒙泉则坚持良知就是知、行本体,良知兼有良能之义,可见此处他的"良知本体"立场是非常明确而坚定的,这也是其承传阳明良知学思想的核心内容。

在《与阳和张子问答》中,王畿指出"知行有本体、有功夫",而且"良知良能是知行本体",至于颜回"有不善未尝不知,知之未尝复行",都是就"功夫"

而言。如果以其中的"有不善未尝不知"为本体,以"知之未尝复行"为功夫,这依旧是知行分了先后,并非阳明"知行合一"的本旨。① 王畿所理解的"知行合一",包括有本体、有功夫,以及"不失其本心"。就本体而言,他讲"心之良知谓之知,心之良能谓之行",知行本体合一,所以"知能处即是知,能知处即是能"。但孙蒙泉认为王畿"说个本心之知,又有个本心之行,反觉分作两路",这可能并不是从知行"本体"的角度来理解的。但实际上,王畿也一贯坚持"知行功夫,本不可离"的立场,只是因为后世学者分作两截用功,所以要讲"合一",并且针对那些虚妄的知,必要说一个其非笃实的、本心之知;针对那些昏冥的行,另须说一个其非精察的、本心之行。②

就功夫论而言,或讲本心之知,或讲本心之行,确是两路。王畿之意,知行合一的"头脑"在于"不失其本心",或求本心之知,或求本心之行,"必尽其知行合一之功,而后能得其知行合一之体",以此管归一路。孙蒙泉则认为,"非笃实则非精察,非精察则不笃实",所以"本无两项功夫"。但这其实也是王畿"知行功夫,本不可离"之义,但他主要是根据后世学者已将"功夫"分作两截的情况,来讲"致是知行之功夫",其中就包括知非笃实、行非精察等,针对某一种情况,去做相应的某一项功夫,而后可得知行合一之本体。

总之,王畿讲知行合一,以"不失其本心"为学,有本体、有功夫,从本体层面讲到心之良知、良能的合一;从功夫层面,针对已将知、行分作两截的情况,讲到本心之知与本心知行,且都归于"不失其本心"。因为强调良知"知是知非而善恶自辨",所以王畿不从本体层面上讲"有不善未尝不知"。另外,王畿曾应诸生之问,又讲到"天下只有个知,不行不足以谓之知",比如说"眼见得是知"而"已是见了即是行";又比如"耳闻得是知"而"已是闻了即是行",因此就只有这一个"知"。正如孟子讲孩提之童知爱敬,其实讲到"知"便"能"了,不消再说"能"爱敬,本体原是合一的。但与此同时王畿又指出:"知非见解之谓,行非履蹈之谓,只从一念上取证。"③其中所谓"行非履蹈之谓",应当理解为其承传与发展了阳明先生"一念发动处即是行"之义理。

---

① 吴震编校整理:《王畿集》,凤凰出版社2007年版,第124页。
② 吴震编校整理:《王畿集》,第252页。
③ 吴震编校整理:《王畿集》,第159页。

所谓王门"四句教法"中,阳明先生有言"知善知恶是良知",回答了"知善知恶"何以可能的问题,即"是什么让人具备知善知恶的能力",或者说"把知善知恶的能力可称之为什么",这种"能力"及其"名称",就是一个"良知"。故而在本体层面上,良知其实是无善无恶的,这也就是所谓"无善无恶心之体"的应有之义。以良知为"性"之体,以其发用为"有善有恶意之动",又基于"体用一源"的原则,那么所谓"善、恶"就是作为一种"发用"而存在,它固然是与良知本体相关的,而其被"觉知""感知"便是良知的一种功能,所以说"知善知恶是良知"。

王畿的良知学思想强调"直见本体"的功夫。"天泉证道"时,他就与钱德洪就"无善无恶心之体,有善有恶意之动,知善知恶是良知,为善去恶是格物"这"四句教法"请教于其师阳明先生。分析孙蒙泉与王畿所论良知是"性"还是"性善"的问题,可对王门"四句教法"有另一种解读角度。无论是阳明先生,还是其弟子、后学,其实都主张同归于"善",即《大学》所谓"止于至善",他们的分歧在于如何做到"止于至善"。无善无恶是"心之体",这一句大家也都无异议,这是就本体层面而言的。王畿主张良知本体虚寂,而且良知是"性善"的,所以他的路子是直入本体的功夫。而钱德洪、孙蒙泉则相对而言强调良知只是"性"而已,其有善、有不善,或者说是能善、能不善,因此就需要非常重视"为善去恶是格物"的实地功夫。

王畿提出"心之知"有根于良知的"德性之知"与"学识之知"之分,而孙蒙泉强调这两者都以良知为本,良知是道德知觉(知是知非)、学识之知(闻见知识)之所以可能的依据。他们两人关于这个问题的论学书信内容原文如下:

> 答书"心之知,一也,根于良则为德性之知,因于识则不免假于多学之助"①云。夫知、识两端,恐于良知只是一根,惟学问头脑差却耳。求理于良知,以致良知为主,拳拳服膺而勿失,则随所见闻感动触发,为吾

---

① 引文参看王畿《答吴悟斋掌科书》,其后接着有言:"此回、赐之学所由以分也。果信得良知及时,则知识莫非良知之用,谓吾心原有本来知识亦未为不可。不明根由之故,沿袭旧见而遂以知识为良知,其谬奚啻千里而已哉?"参看吴震编校整理:《王畿集》,第710页。

第四章　王龙溪：论学高明的思想大师

致良知之用,而日著日察,大本立而达道行矣。求理于闻见,以闻见为主,则因所闻而后闻所未闻,因所见而后见所未见,虽而识而择,亦不能外于良知,但倚于闻见,无本立道生之机,未免亿而中耳。此学术内外之辨也。(《燕诒录》卷四《答友人论学》)

关于"良知与知识"的问题,王畿在《别曾见台漫语摘略》中的原文是:"良知与知识,所争只一字,皆不能外于知也。根于良,则为德性之知;因于识,则为多学之助。"① 王畿强调"良知原是无中生有,无知而无不知",而"虚寂"原是良知之体,"明觉"原是良知之用,并且"体用一源,原无先后之分"。② 关于"良知虚寂"之义,王畿提出"虚寂者,心之本体",良知既知是知非,又原无是无非,其"无"就是"虚寂"之意,因"即明而虚存焉"故"虚而明",又"即感而寂存焉"故"寂而感",即"知是知非"而"虚寂"行乎其间,即体即用,合内外之道。③

通过与"识"的比较,王畿论述"知"的特点。据《金波晤言》记载,赵瀫阳请教"良知"与"知识"的差异,王畿回答:"知,一也,根于良则为本来之真,依于识则为死生之本。"而且展开论述到"知无起灭""识有能所"、"知无方体""识有区别"、"变识为知,识乃知之用""认识为知,识乃知之贼",他还认为良知虚体、无加减、无生死。④ 又据《致知议略》,王畿指出良知为"本心之明,不由学虑而得"的"先天之学",知识则是因为"不能自信其心,未免假于多学亿中之助"的"后天之学","良知"即是"未发之中",即是"发而中节之和",无前后内外、浑然一体。他讲"知本无知,离体即为依识",也对良知、知识的关系做了细致区分。⑤ 此外,王畿在《欧阳南野文选序》中,明确讲到"良知本无知,凡可以知,知可以识,识是知识之知,而非良知",又讲"良知本无不知,凡待闻而择之从之、待见而识之,是闻见之知,而非良知",这些都是因为"不

---

① 吴震编校整理:《王畿集》,第464页。
② 吴震编校整理:《王畿集》,第694页。
③ 吴震编校整理:《王畿集》,第726页。
④ 吴震编校整理:《王畿集》,第65页。
⑤ 吴震编校整理:《王畿集》,第130—131页。

能自信其良知",怀疑良知不足以尽天下之变而有待于外的知识之知、闻见之知。①

如果达到原本就没有内外之分的状态,知就是良知之"知",识就是良知之"识",闻见就是"良知之闻见"。在《与梅纯甫》的书信中,王畿再次强调"识"与"良知"两者其实"同出而异名",并且论述其区别特征包括"识有分别,知体浑然;识有去来,知体常寂",其机只在"一念入微"取证。② 又,在《与屠坪石》的书信中,王畿针对"以识为知"的问题,强调"识"与"知"的区别。他认为,"凡一切感应有分别者,识也",而"无分别者,知也",比如说耳、目能分别声、色、清浊、妍媸,了然不差,这就叫作"识";但"目之于色,耳之于声,湛然寂静,不于一法而生分别",这才叫作"知",而所谓"变识为知",指的是耳目一毫不为声色所引。③

综上所述,可见关于"知"与"识"的区别,王畿其实做了大量的、细致的分析和讨论。他的思想体系相当复杂,而其中有些观点的提出与成熟,大致也离不开一个论学和完善的过程。在这样的意义上,再看孙蒙泉《与友人论学》书信中对王畿观点的批评或肯定,就不能简单地判定孰是孰非,特别是对于他们这样的大家,其实是各有体系,未必能完全了解对方,但也正是在理论交锋中,碰撞开来一片更为广阔的良知学思想天空。

关于良知与道德知觉的问题,吴震先生指出:"在阳明看来,良知既是'虚灵'的,又是'明觉'的,虚灵和明觉乃是良知的总体特征:因其虚灵,故良知有别于一物;因其明觉,故良知是知是知非的道德知觉。而这种道德知觉又根源于心之本体。"④所谓"道德知觉"可总的概括为"知是知非",又正如阳明所言"知善知恶是良知",而良知又具有"虚灵"的特点,所以它又不同于一般的善或不善,而应当说是一种"至善"。或者说,人之所以能"知是知非",是因为有良知。

良知与道德知觉既是互相联系的,又处于不同层次。在道德知觉这一

---

① 吴震编校整理:《王畿集》,第348页。
② 吴震编校整理:《王畿集》,第319页。
③ 吴震编校整理:《王畿集》,第282页。
④ 吴震著:《阳明后学研究》,上海人民出版社2016年版,第295页。

层次上,还有更多种类的知觉。孙蒙泉《与友人论学》中引述了王畿答书中言"心之知,一也",但"根于良知则为德性之知",而"因于识则不免假于多学之助"的观点。王畿之意,"心之知",既有根于良知的"德性之知",又有借助后天学习"因于识"所获得的"闻见之知"。孙蒙泉则指出,因于识的闻见之知,也根源于良知。良知是心之本体,孙蒙泉更为彻底地把包括德性之知与闻见之知的"心之知",都溯源到良知本体的深度。

无论是求得"闻见之知"还是"德性之知",都离不开作为根本的良知。如果一定要从某个角度,对"闻见之知"还是"德性之知"做出区分,那就是涉及一个"学问头脑"的问题。孙蒙泉主张,求德性之知,或曰致良知,才是学问头脑,随所见闻而致良知,行著习察,这正是"大本立而达道行";如果以求闻见之知为主,尽管其知识、判断也是良知的发用,但难免会有"外求"的弊端。简而言之,"德性之知"主内,"闻见之知"主外,外不可无内。闻见之知识,也根源于良知,不外乎良知。如果说王畿重在论述"心之知",孙蒙泉则追根溯源,把德性之知、闻见之知都纳入了"良知"的范畴。

第二节 良知学体用一源论

孙蒙泉始终主张体用一源论,并且他对"意"与"物"概念的理解,使得良知学从"心本体"走向"良知本体"。《大学》中"诚意"的"意",以及"格物"的"物",与"心"的关系如何?王畿认为,意、物的存在有待于心的发动。孙蒙泉则对此问题有着不同思路,他以"知"为本体,引入一个"感"字,基于"体用一源"的基本立场,指出有"知"即是"感",而所谓"意"与"物"两者都与"感"相关:感即是"意",意即是"物"。在孙蒙泉看来,又因为良知"寂感具而体用一",感与寂都是事物的存在状态,而且良知又具有"不息"的特点,那么"意"与"物"其实又是无时不有的。但这并非王畿所论之义,他以"知"为"意之灵明",提出"意者心之发动""物即灵明感应之迹"等说法。

从《与友人论学》书信中,可见王畿似乎不如孙蒙泉那样更为彻底地、时时将良知作为其思想体系的"本体"来看待。王畿认为"意"与"物"对"心"的发动与否是有所依赖的。孙蒙泉则对此表示质疑,他说:"有发动,必有未发动",那"方其未发动、未感应,是有无意、无物时耶"?孙蒙泉言下之意,"意""物"应当是无时不在的。

双方论辩的核心,大致还是源于对"心本体"与"良知本体"的不同定位。孙蒙泉以良知为"体",以知、感、意、物为良知之"用"。良知的本体若得"直遂",那么"即静为感,即感为物",可知"物"也是无时不"有"的。对于这种"存有"的理解,关键有二:首先,要明确"寂"也是事物的存有状态;其次,寂、感两者都是良知所具有的,从本体的层面来说,它们是不可一分为二的。在"体用一源"的理论背景下,孙蒙泉强调良知是无动静的,正如"即体而言用在中,即用而言体在中",高度概括了良知学的体、用关系。

良知本体与发用的"一源"论,又使得致良知成为功夫论的总括。在孙蒙泉看来,良知不只是《中庸》里的"未发之中",也是其"发而皆中节"之"和",良知无不"中",无不"和",无分于内外、动静而"一"之。但王畿认为"良知即是未发之中",是"不见不闻、无思无为"的本体。孙蒙泉针对王畿之说,提出"中节之和何所属"的质疑。他的观点是,不论未发之中,还是中节之和,两者都属于良知范畴,即"良知无不中、无不和",这正如周敦颐"中也者,和也"之论。

良知既是"未发之中"的本体,也关乎"中节之和"的发用。孙蒙泉将良知本体提到"道"的高度,并且强调致良知应当作为学问功夫的全部概括。如果说关于"意""物"概念的理解,以及良知是"性"还是"性善"的不同意见,这些都是从"本体"出发的论述思路,那么将《中庸》的"中节之和"与"未发之中"打成一片,则是从"发用"方向论述良知学的"体用一源"。王阳明及其弟子的良知学思想体系中这种注重"合""一"的思维方式,是构成阳明心学实践品格的重要理论基础。

良知学"体用一源"的论说方式是多样的,还包括良知即是"性",而非源于"性善"。王畿提出"性无不善,故知无不良""良知即是未发之中"等论点,孙蒙泉则认为"良知即是性",因其"不虑而知",而孟子所举孩提知爱敬的例子,这是用来说明"性善"的,只不过是良知的一种表现而已。孙蒙泉所着重论述的"良知本体",是在"性"的层面,未分善与不善;"性善"之说,加了一个

"善"字,则并非完全等同于"良知"在"知"之前加一个"良"字。良知之"良",与"良能"之"良",意义一致。《左传·昭十八年》中有言"弗良及也",孔颖达《疏》曰"良"是语词,服虔又云"弗良及者,不能及也。良,能也"。由此可知,"良知"之"良"的字义也有"能"的意思。简而言之,"良知"也就是"能知",而这种"能",是超越"思虑"的,即孟子所说"不虑而知"的是良知。孙蒙泉"良知即是性"的观点,结合"良"字为"能"的训诂,就可以讲良知具有一定意义上"本能"的特点。本能到底是善,还是不善?一般来讲,"本能"在先,"善与不善"的观念在后。而王畿所讲"性无不善,故知无不良"的观点,给人一种印象是良知源于"性善":性善在先,良知在后。孙蒙泉对此是持不同意见的,他实质上还是主张要把良知放在性善之前。这样的话,良知的本体发用就能超越一般的"善与不善",是为"至善"。

综上所述,良知与良能的关系,就合乎"体用一源"的逻辑。但若良知与良能出现"脱节"的情况,以及良知本体被私欲隔断,出现"知而不行"的情况,又当如何解释?孙蒙泉以"良知直遂"说来做回应。他认为良知本身就会具备"直遂"的特点,因此当说某人有良知时,他就已经达到"直遂"了,于是便有其"能",尽管这种"能"连他自己都未必知道。比如,人孩提时有良知,知爱知敬,这就是"直遂"良知,于是便有能爱能敬;反过来讲,我们也是"因其已能,目之谓知",否则就还是未知。在知、行因为各种问题出现脱节的情况下,孙蒙泉所提出的"良知直遂"说,是对其师阳明的知行合一理论,进行了一种颇为有力的护卫和阐发。

此外,关于良知与良能的关系,王阳明弟子、后学们还有更多探讨。针对《孟子》中所言的"孩提之童,无不知爱其亲""无不知敬其兄",罗钦顺认为其"知、能"便是"人心之妙用",而"人心之天理"就应该是"爱、敬"。他说:"以其不待思虑而自如此,故谓之良。近时有以良知为天理者,然爱敬果何物乎?程子尝释知觉二字之义云:'知是知此事,觉是觉此理。'……正斥其认知觉为性之谬尔。"[①]罗整庵的观点,还引发了他与欧阳南野的论争。欧阳南野认为"良知"应是指"道德知觉",而非"见闻知觉",他说:

---

① 〔明〕罗整庵撰:《困知记续》卷上,第70页。

> 某尝闻知觉与良知，名同而实异。凡知视、知听、知言、知动，皆知觉也，而未必其皆善；良知者，知恻隐、知羞恶、知恭敬、知是非，所谓本然之善也。……盖天性之真，明觉自然，随感而通，自有条理者也，是以谓之良知，亦谓之天理。天理者，良知之条理；良知者，天理之灵明。知觉不足以言之也。①

欧阳南野坚持其师阳明关于"良知与见闻"的关系论述，强调"良知不由见闻而有，而见闻莫非良知之用"，并有"良知为真识，而知觉当为分别事识"的观点，又言："良知者，见闻之良知；见闻者，良知之见闻。……是致知不能离却闻见，以良知、闻见本不可得而二也。"②在这个问题上，欧阳南野与孙蒙泉的看法其实基本上是一致的。

第三节 自任高明者多有失

吴震先生指出，王畿常用"虚寂"一词，强调良知"本虚"、性体"虚寂"等观点，"因良知本体具有既'虚'且'无'之特质，故其存在既不同于一事一物，同时又能在万事万物之中'发用流行'，王畿所言'良知本虚本寂'的观点便是自阳明'良知之虚'的观点继承而来。"③然而，这个良知本体怎样才能见到、体认呢？孙蒙泉不同意王畿把"见本体"说得太轻易，他认为"见本体"是一件很难的事，这不仅要区分不同禀赋的人，还要区分不同情况，又要采取相应的、不同的功夫路径，大致又可分为"本体即功夫"与"功夫合本体"。从格物致知的角度，孙蒙泉提出"良知自慊"的说法，这相对于王畿的"真见本体"，要更为切实可依。

王畿以明镜来比喻虚明之体，以照物、影迹比喻意、识。他说："明镜照物，体本虚而妍媸自辨"，但"若有影迹留于其中，虚明之体反为所蔽"。在此

---

① 〔明〕欧阳德撰：《欧阳南野集》卷一《答罗整庵寄困知记》，四库全书江苏巡抚采进本，第14页。
② 〔明〕欧阳德撰：《欧阳南野集》卷四《答冯州守》，第38页。
③ 吴震著：《阳明后学研究》，上海人民出版社2003年版，第73页。

意义上,王畿认为颜回的德性之知"屡空",指的是"空"其"意识",不远之复其虚明之体;而子贡"多学而亿中"乃"以学为识,以闻为知",导致"意识"累之。王畿强调阳明先生"致良知之旨,惟在复其心体之本然",而且"良知在人,千古一日,譬之古鉴翳于尘沙,明本未尝亡",因此他认为最重要的是"一念自反,即得本心"。① 在一次答友人问颜子"屡空"之义时,王畿还提到"一点虚明空洞无物,故能备万物之用",而"圣人常空,颜子知得减担法,故庶乎屡空",要学颜子"屡空"就必须"尽舍旧见,将从前种种闹攘伎俩尽情抛舍,学他如愚默默,在心地上盘桓",却不是"在知识闻见上拈弄",但也不是废学与闻见,只是要有个"主脑",以至随处是学,多识前言往行以蓄德,以致良知。② 上述王畿关于颜子"屡空"的说法,高明聪颖之人多能领会受用。

王畿在《答友人论学》的书信中提出"真见本体之贞明,则行持保任自不容已矣"③的论断,孙蒙泉则对其中"真见本体"与"行持保任"功夫的先后问题,提出了质疑。孙蒙泉认为"见本体"的功夫其实很难,所以在大多数情况下,不可将此作为首要去做成的事情。"见本体"是一种本体功夫,"真见本体"是"见本体"这个功夫做到了非常高的境界。

孙蒙泉将做"本体功夫"的路径大致分为两种。一种是"本体即功夫",因为本体是至善的,若知善且真实有此善,知不善且真实无此恶,这是良知本体的自然状态,也就是"知行合一"的本体。这种本体功夫适于"生而知之、安而行之"的人,这是他们这类人的修行持守、保养责任功夫,也就是"本体即功夫"的路子。另一种则是"功夫合本体",乃孙蒙泉所谓"知善而务欲其有诸己"与"知不善而务欲其无诸己",良知本体可知善,但人或有自己良知被遮蔽、亏欠的情形,此时则心中未必实有此善,因此需要通过做功夫来"务欲其有诸己"。同理,知不善就一定也要通过做功夫来去除这个不善。总之,知善、知不善,以及务有善、务无不善,都是良知发用所能做到的,这种功夫适于"学知利行、困知勉行"的人。

适于"生知安行"与"学利困勉"等不同层次的学习者,本体即功夫、功夫

---

① 吴震编校整理:《王畿集》,第192页。
② 吴震编校整理:《王畿集》,第770页。
③ 引文参看王畿《答吴悟斋掌科书》,吴震编校整理:《王畿集》,第709—710页。

合本体这两种修习路径是要区别清楚的。两者相通的是,为真见本体,都必须有行持保任的实功,功夫渐进,则本体渐明,但这一过程如果反过来,就容易出现"悬空"的毛病,即悬想一个本体,恣肆纵情而不自觉已经偏离轨道,距离真正的良知本体越来越远。孙蒙泉引述其师阳明所言"不行不足以为知"来佐证,说明不做本体功夫(不行),就不能够达到"真见本体"(不足以为知)。实际上,要想真见良知本体,不可谓不难。如果有人说很容易直接见到良知本体,那大多是因为他把格物看得太轻,功夫并没有着落。

王阳明弟子、后学中曾流行"言下直见本体"的讲法,这倒未必是"见道"了,而恐怕是未曾真实体认过,否则不会那么轻易地说出这样的话。因为本体并非是"言下"都可直接见到的,必须要实地下过功夫。功夫下得越实、越深,本体才见得越明、越透。要达到"直见"良知本体的境界,就必须要求自己的心性存养纯密,完全复得本体。在这种情况下,良知本体的感应没有丝毫粘连、停滞。但是,如果反求诸己的时候,发觉良知还有被拘束、遮蔽的情况,那就是还没有彻底拔除病根。拘束、遮蔽良知的"病根"没有被彻底拔除,那么一旦行动起来,就难免会出现各种偏差、过失,而且事后反思察觉,会产生后悔。只要还有一丝一毫这样的情况,这就不能算是真正见得良知本体。孙蒙泉非常注重致良知的实地功夫,他认为在真实践行、体验、认知过后,就会知道"见本体"是极难做到的,但也正因如此,良知本体功夫有着很大空间,修习者须持续努力。

王畿在《答友人书》中所提到的"本体之贞明",是对良知本体特点的一种描述。与其相比,孙蒙泉对所谓"真见本体"的境界看得很高,他更为强调着实下功夫,不断接近这种良知本体的层次。他认为格物是致知的实下手处,不可将格物看得太轻,须以"自慊良知"为主。良知自慊,他认为这是适于最大多数人的。只有达到了良知的自慊,才能避免落入霸术或乡愿之境地。比如,春秋五霸任私用智而"假仁义",其良知非不能自知其非"真仁义",只是未能"自慊良知"而已。又如,乡愿之人矫揉、装饰出来忠信廉洁,他们也并非不自知那种忠信廉洁其实就是作伪,他们的良知也自然会知其虚伪,只是他们的良知还没有达到"自慊"。孙蒙泉强调,格物是求"自慊于心之良知",这可谓是他对其师阳明致良知说的又一种发挥。万物皆备于良知,良知感应处即物所由来,所以格物与致良知不能分为两件事,功夫所到达的境界、状态,有一定的内在标准,即良知自慊。

在这样一种相对而言注重"内求"的功夫论中,慎独也不只是诚意,还包括格物、正心。王畿在答书中提出"慎独即是诚意,居敬持志即是诚意之功"的说法。孙蒙泉由此指出,其中所言"居敬持志"即是慎独,而慎独"却是意之所由诚"。就功夫而言,《大学》中的"慎独"应包括格物、诚意、正心。物不格,无以慎独;意未诚、心未正,也不可谓之慎独。在孙蒙泉看来,慎独二字其实就相当于"致知",正如其师阳明所谓"致知焉尽矣"之说。阳明弟子、后学中有关"慎独"问题的探讨颇多,孙蒙泉以慎独涵盖格物、诚意、正心的深层用意,其实是将"慎独"与"致知"约略等同来看,这其中就会涉及一个"独知"的问题。阳明有诗句曰"无声无臭独知时,此是乾坤万有基",或许在他看来,独知近乎也是良知概念的一种表述。

内求诸己的"独知"功夫修养到一定程度,便会生成一种"自信"。孙蒙泉强调,自信本心要与自我省察、反思、觉悟相结合,真切地实致良知。孙蒙泉《与友人论学》书信中针对王畿所谓"贤者自信本心,不动情于毁誉"之说,他强调对于"特立自信"也不能过于执着,更不能自以为是。在"自信"本心的同时,更要讲究观察以自反,深思以自觉,因为"毁誉固多不实,而未必皆无由以致之",因此对此就不可以毫不顾忌。但如果"顾忌以要信于人",这却也是不可以的,而应当"顾忌以迁善改过而成信于己",以成就大善。由此可见,孙蒙泉非常注重"反求诸己"的道德修养功夫,而且在这方面比王畿要更为沉稳,无怪乎他会批评对方是"自任高明者"。

第四节 意则寂感所乘之机

心学中有关"寂""感"关系的问题,得到学者充分而深入的讨论。孙蒙泉从良知学的立场指出,以寂为体,以感为用,良知与寂、感的关系是"寂感具而体用一"。王畿则认为"意"是寂、感"所乘之机"。对此,孙蒙泉有不同见解,他认为"感"即是意,"寂"即是良知之体,也不需要"乘意而后有"。基

于良知"寂感具而体用一"的特点,关于"良知"与"致知",孙蒙泉着重讲一个"不息"的问题。他在《与友人论学》中指出:

> 答书"良知者,寂然之体;物者,所感之用;意则寂感所乘之机"云。夫良知常寂常感,意、物皆在,无先后内外也。程子曰:有指其体而言者,寂然不动者是也;有指其用而言者,感而遂通者是也。故言良知则寂感具而体用一矣。若谓"感所乘之机",有知即有感,感即是意,岂乘意而后有感耶?谓"寂所乘之机",寂是指其感之无所动者而言,况既曰良知者寂然之体,岂乘意而后有寂耶?故常感常寂者,良知不息之真也。致知云者,即不息之谓也。不息此知,则即其知之所感而意无不诚;即其感之所用,而物无不格。物格矣,意诚矣,知斯致矣,知致而心正矣。故师曰"致知焉尽矣"。若答书所云,不几于少背其师说乎?(《燕诒录》卷四《与友人论学》)

就本体而言,此"不息"就是"常感常寂";就功夫来说,"不息"就是不息此知,这样"即其知之所感而意无不诚",且"即其感之所用而物无不格",如此则物格、意诚、知致而心正。并且,孙蒙泉还对王畿"意则寂感所乘之机"的说法,还提出了"背其师说"的批评。从功夫论上看,致良知的"致",孙蒙泉论述为"良知见在",所谓"见在",也就包括了"不息"之义。良知的本体不息,不容须臾歇息,那么,知、意、物就无时不有,而并非如王畿所言有待于心之发动。

但据《致知议辨佚文》可知,王畿其实未必是以寂、感相对为二的。他认为"寂感本是一体,感处正是做却归寂功夫",即"感上归寂"之功;"不睹不闻"即是"寂",则"戒慎恐惧"即是"守寂"之功;又,"寂虽隐微,然却莫见莫显,体乎物而不遗",寂不能离乎物,即是"寂而感"。[①] 在《与阳和张子问答》中,王畿指出"善与恶,相对待之义,无善无恶是谓至善,至善者心之本体",即心之本体无善无恶,当"性有所感,善恶始分",此时"本体之知未尝不知",

---

① 吴震编校整理:《王畿集》,第803—804页。

因此"致其本体之知,去恶而为善,是谓格物",其中的"知"为"寂之体","物"为"感之用","意"则为"寂感所乘之机"。他以"寂感所乘之机"来讲诚意之"意",包括不自欺其良知,无所作伪,以及"真致良知,则其心常不足,无有自满之意"的"自慊",与"才有作伪,其心便满假而傲"的"不诚无物"。① 可知王畿所讲的"寂"非内,因为良知是自然之明觉,即寂而感行焉;"感"也非外,因为即感而寂存焉。② 他的"意则寂感所乘之机"说,在此意义上,是指"动而未形、有无之间"的"几之微",而且无前后、无内外。

王畿"意则寂感所乘之机"的另一种表述方式是:"寂者,未发之中,先天之学也,未发之功,却在发上用,先天之功却在后天上用",如果说"先天是心",那么"后天是意",《大学》中的"欲正其心,先诚其意",也就是说除了诚意,没有另外的正心功夫可用。③ 在《邹东廓先生续摘稿序》中,王畿讲良知是"本性之灵""诚之源""物之则",而"意者其几也","触几而应,应而常寂,因物而感,感而常静"。④ 然而,王畿倒也并非是以"正心"为"先天之学",以"诚意"为"后天之学","意"即"心"之流行,"心"即"意"之主宰,实不可分。他在《答冯纬川》的书信中阐述其"先后合一"宗旨,所着重考虑到的是"人之根器,原有两种",一种是"从心上立根",那么"无善无恶之心,即是无善无恶之意",这样"先天统后天"的,属于"上根之器";另一种是"从意上立根",则"不免有善恶两端之抉择,而心亦不能无杂",这样"后天复先天"的,则是适于"中根以下之器"。⑤

在《意识解》一文中,王畿谈到"心"与"意""识"的关系,他明确指出:"心本寂然,意则其应感之迹","知本浑然,识则其分别之影",而且"万欲起于意,万缘生于识",他主张圣学之要在于"绝意去识",因为"意统于心,心为之主,则意为诚意,非意象之纷纭矣","识根于知,知为之主,则识为默识,非识神之恍惚矣"。⑥ 在《原寿篇赠存斋徐公》一文中,王畿再次对意、识做出细

---

① 吴震编校整理:《王畿集》,第123—124页。
② 吴震编校整理:《王畿集》,第131页。
③ 吴震编校整理:《王畿集》,第133页。
④ 吴震编校整理:《王畿集》,第349页。
⑤ 吴震编校整理:《王畿集》,第243页。
⑥ 吴震编校整理:《王畿集》,第192页。

致区分,在"天地之灵气结而为心""心之灵明谓之知"的基础上,他讲"意"是"心"之用,"识"为"知"之倪,并且"心体粹然,意者有善有恶","良知浑然,识则有是有非",但"心之良知,本无善恶,本无是非"。① 他以"心"讲"意",用"知"谈"识",然而又指出"意与识非二也",尽管"识有分别",但"意为之主";"意有期必",又须"识为之媒",两者"交相成也"。②

感应不是"诚意"真脉路,而是"格物致知"真脉路。王畿认为所谓"克己复礼"正是为善去恶,乃"诚意"日可见之行。孙蒙泉则指出,"诚意"须本于致知,如此以知"戒自欺而求自慊",也因此《大学》释"诚意"必言"慎独"。在这个意义上,孙蒙泉强调所谓克己复礼是格物致知的实地功夫,如果不说格物致知而突然讲到诚意,恐怕有些学者会感到无所把持依循,这也并非其师阳明宗旨。此外,王畿又指出"寂然不动者"为"诚","诚"静而明,则万象森然已具,"寂"疑于无但未尝无;"感而遂通者"为"神","神"应而妙,而本体寂然不动,"感"疑于有但未尝有。以此亦可为"有无之间"之义。③

王畿也由寂、感的问题谈到"几",他与孙蒙泉都有关于这个问题的论述,值得深入探究。比如,王畿认为良知"不假学虑",是"生天生地生万物,不容自已之生机",如果不得其"机","虽日从事于行持保任、强勉操励,自信以为无过,行而不著,习而不察,到底只成义袭之学,豪杰而不至于圣贤在此"。④ 王畿还进一步区分了豪杰、圣贤的不同境界。他讲的"自不容已"之功,源于良知是"造化"的精灵,"造"者"自无而显于有";"化"者"自有而归于无",造、化的关系是"不造则化之源息,不化则造之机滞",人当学造化,"无时不造,无时不化,未尝有一息之停",所以"致知之功,自不容已"。⑤

在《周潭汪子晤言》中,王畿针对其"气弱"之患,也谈到"几"的重要性。他认为"君子之学,在得其几",并且"此几无内外,无寂感,无起无不起,乃性命之原,经纶之本,常体不易而应变无穷",在"此几之前,更无收敛,此几之

---

① 吴震编校整理:《王畿集》,第386页。
② 吴震编校整理:《王畿集》,第387页。
③ 吴震编校整理:《王畿集》,第136页。
④ 吴震编校整理:《王畿集》,第710页。
⑤ 吴震编校整理:《王畿集》,第719页。

后更无发散",这是因为几的"常体不易"即"寂而感",所以为"收敛",几的"应变无穷"即"感而寂",所以为"发散",因而功夫方面不应在此几之前再加收敛,也不应在此几之后再加发散,以保持"生几",避免"沉滞"或"流溺"。①

孟子所讲"浩然之气",由"集义"所生,王畿认为其即是"致良知",也即是"独知",而且"独知者,本来不息之生几也",因此通过"时时致其良知,时时能握其几,所行时时慊于心",来达到"浩然之气自然盛大流行、充塞无间",也就是说,在"动而未形、有无之间"体察,使得"生几"常在我,而气自充,这样就解决了汪周潭的"气弱"问题。② 王畿所谓"生几",即生生不息之几。据《水西经舍会语》记载,他还谈到"不息"与"研几"的问题,指出:"君子不息于诚,惩忿窒欲,正是不息于诚。实用处,正是研几之学。"③ 王畿又讲:"良知是性之灵,原是以万物为一体,明明德于天下,原是一体不容已之生机。"④由此可见,在"良知与几"的问题上,王畿与孙蒙泉都有着丰富的论述,对此进行比较研究,有助于深入探究王阳明及其弟子良知学发展的多种理论形态。

孙蒙泉在《燕诒录》所收书信中,为何隐去王畿名号,只称其为"友人"? 从交游的角度来看,可能会与王畿是入门较晚的后辈、两人亲密接触不多有一些关系。王畿的思想体系复杂,如果只是通过一些论学书信,孙蒙泉也有可能对这位王门高第的良知学理论产生误判。他们在论学中所存在的若干分歧,或因各有思想体系,以及对良知学的论述角度不同。这也正可代表阳明后学的不同思想倾向和流派。总体上从王畿在阳明学派的影响力来说,孙蒙泉在交游论学方面未能与之发生更多联系,以至于错过这一阳明学派社交关系网络中的"流量入口",这或也成为导致他令名不彰的原因之一。

---

① 吴震编校整理:《王畿集》,第58页。
② 吴震编校整理:《王畿集》,第58—59页。
③ 吴震编校整理:《王畿集》,第59页。
④ 吴震编校整理:《王畿集》,第89页。

第五章

湖北王门：从颜冲宇到贺阳亨

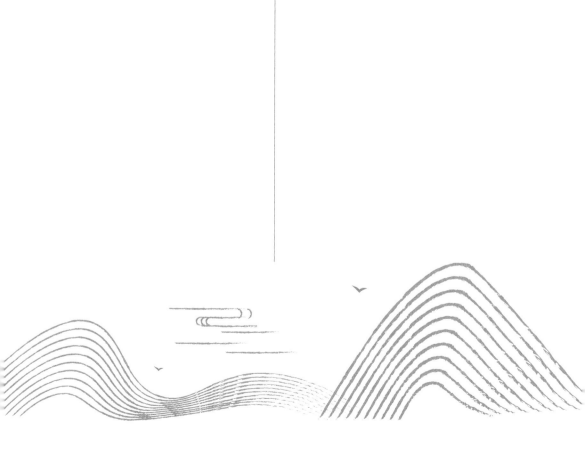

王阳明心学从浙江、江西等南方地区进一步向北传播，这与其亲传与再传弟子的作用密切相关。孙蒙泉作为王阳明的亲传弟子，曾在湖广地区任职、与士人交游往来。他的侄儿孙汝资，还为武汉问津书院的建设做出贡献。作为同乡、同门与同僚，颜冲宇与孙蒙泉多有交游和论学，两人也都曾以主导文化教育的官员身份在湖广任职，但相比较而言，颜冲宇更为成功地促进了湖北地区阳明心学的传播与发展，也产生了更大的影响。这启发我们去探讨阳明心学思想的传播、学派的发展，所应具备的因素和机缘。

贺阳亨作为颜冲宇的亲传弟子，入门阳明心学后，功夫精进不已。他培养的儿子贺逢圣仕途顺畅，刊刻其父学术著作，广邀名家作序，扩大影响。这一点贺逢圣又比孙蒙泉的子侄辈所做的要好很多。因此，从孙蒙泉、颜冲宇到贺阳亨来看王阳明弟子的思想传承，可知单靠自身以官员身份推动阳明心学的传播，这往往是很不够的，至少还要能够得到一两个忠实的亲传弟子，这不仅是为了延续学脉，更有可能去发展完善学术、扩大影响范围。另外，家族"血脉"的延续，也有助于"学脉"的持续发展，尤其是子侄辈等亲属能搜集家传文献、编校整理刊刻，就不会使得因为文献阙如而湮没先贤思想。

第一节 颜冲宇交游与论学述略

颜鲸，字应雷，别号冲宇，浙江慈溪人。邹建锋高度评价冲宇先生颜鲸为"慈溪王门的大宗"，[①]刘姝也撰文介绍了颜鲸的生平、诗文。[②]但由于颜

---

① 邹建锋、郑紫熠、马钰莹：《慈溪王门考》，《贵阳学院学报》（社会科学版）2018年第3期。
② 刘姝：《阳明后学颜鲸的生平及诗文》，《湖南科技学院学报》2017年第5期。

冲宇令名不彰,学界对他的文献整理、生平思想研究,还有较大的空间。黄宗羲《明儒学案》以"副使颜冲宇先生鲸"条收入《附案》,其文曰:

> 颜鲸字应雷,号冲宇,宁之慈溪人。嘉靖丙辰进士。授行人。选为御史,巡按河南。华亭以伊庶人事嘱之,先生不动声色,卒定其乱。海忠介下狱,特疏救之。沈青霞冤死,拔其子襄于太学。出提学政,先风化而后文艺。在楚则忤江陵,在中州则忤新郑,其守正如此。邹南皋曰:"予读先生所论孔、孟、颜、曾,及'原人''原性'诸语,其学以求仁为宗,以默坐澄心为入门,以践履操修为见性,而妙于慎独,极于默识,既殚厥心矣,而总于悟格物之旨尽之。世儒以一事一物为物,而先生以通天下国家为物,为格,其力久,故其悟深。其悟深,故其用周。真从困衡中入,而非以意识承当之者。"先师蕺山曰:"先生于学问头脑,已窥见其大意,故所至树立磊落。"先生与许敬庵皆谈格物之学,敬庵有见于一物不容之体,先生有见于万物皆备之体,盖相反而相成者,总之不落训诂窠臼者也。①

《明史》卷二百十八《列传》第九十六中有颜冲宇先生传记,叙事颇详,《大清一统志》卷二百二十五、《浙江通志》卷一百五十九中也介绍其主要生平事迹。嘉靖三十五年(1566),颜鲸考中进士,授行人,擢御史,巡视仓场,论杀奸人马汉,上漕政便宜六事。他后为河南按察使,告发伊王朱典瑛十大罪状,伊王坐废,为民除一大害,河南、河北民众鼓舞相应。改任京畿学政后,颜鲸以弹劾都督朱希孝忤旨,贬为安仁典史。隆庆年间,他累迁山东参政,改行太仆卿,因忤高拱而落职。万历中,颜鲸终以湖广提学副使致仕,村居十年而卒。

据《湖广通志》卷四十一记载,颜冲宇督学湖广时,重实学、敦先型,"试湖南,与诸生发明心体",又"集诸生于濂溪书院"讲学。实际上,颜鲸对阳明良知学的传播与发展,做出了很多贡献,也属于令名不彰的阳明后学之一。

---

① 〔清〕黄宗羲著,沈芝盈点校:《明儒学案》,中华书局2008年版,第1605页。

冲宇先生颜鲸所著《易学义林》十卷，多被学者征引。比如张次仲的《周易玩辞困学记》中，就以"颜应雷曰"标记其所引用的易学论说，出自颜冲宇先生的《易学义林》。目前学界还有待于加强对颜冲宇易学的文献整理与思想研究。此外，颜鲸还作有《原性》《订道》《谒元公祭文》诸篇，其中涉及他的交游与论学资料，有助于丰富阳明后学研究的内容。

例如交游方面，孙承泽的《春明梦余录》卷三十四中引邹元标上书，言颜冲宇为前朝冤臣。而温纯（字希文，谥恭毅）也与颜冲宇有书信往来，且《温恭毅集》卷四《荐举地方人材以备录用疏督抚》中，他认为颜冲宇"直言正色于朝，著砥节砺行"，建议朝廷重用。此外，从《栖真馆集》来看，作者屠隆也与颜冲宇颇多交游。

论学方面，例如《燕诒录》中所收录孙蒙泉的《与督学颜冲宇》及《复冲宇颜督学》两封重要书信，均涉及其重要的良知学观点，包括论"未发已发""体用一原""精一之学""知几"，等等。孙蒙泉在《与督学颜冲宇》的论学书信中有言：

> 切惟："危微精一"非心学宗旨乎？格、致、诚、正，夫子所以发明之也。先师默契，不传云："良知者，心之体，发动为意，意所向为物，总不出乎良知，致知焉尽矣。"其言固有在也。今夫应酬既往，耳目无交，良知固未尝昧而不知，然实未有所发，喜怒哀乐一无所属，不可谓之意矣。无意则无物，何以致其知耶？岂致知之功专属于动，则动、静两截，非无间之体，而意与物良知亦有所不统，不将为有外之心乎？先儒尝曰"有知即是已发"，然此良知性灵也，有此生则有此知，虽昏蔽之极，未尝灭息，是无未发时矣。《中庸》所谓"未发"者，属无知时耶？无知则断灭，非性也，非吾之所为学也。凡若此，固不能无疑。切尝体验于日用，识取于吾心，虽不睹不闻，无应迹可名，而良知炯然，则常感常应，实未有无意、无物时也，直浑然于至善而已，不俟于格且诚也。故即其炯然之常体不易，谓之未发；即其炯然之感应不息，谓之已发。随所指而异名，其实体用一原，不可得而分也，致其良知而已矣。故动静者时也，而致知之功无动静也，良知不可须臾离也。周子曰："静无而动有，至正而明

达。"谓之"无"者,无迹可见;曰"至正",则非沦于"无"也。谓之"有"者,常感常通;曰"明达",则非滞于"有"也。是所谓致其良知,物格、意诚、心正而止于至善也。故第之为心、意、知、物,体用似析矣,而不外于心之良知,统之所以有宗也。序之为格、致、诚、正功夫,似渐矣,而不外于致其良知,会之所以有元也。此所以为精一之学也。是吾之所自信,而未敢言者。吾丈幸以所自得,折衷于吾所疑信,使少有持循,实友道之必不容已者也。(《燕诒录》卷五《与督学颜冲宇》)

上引论学书信中,孙蒙泉以《尚书》"危微精一"为心学宗旨,这一思想发展到《大学》的格物、致知、诚意、正心,并且其师阳明先生归结为"致知焉尽矣"。孙蒙泉指出,"知"为良知性灵,生生不息,所以没有"未发"之时,而《中庸》所谓"未发"是就良知本体的"常体不易"而言,所谓"已发"是就"感应不息"而言,这是"体用一原"之义。因此,良知不可须臾离也,致良知之功不分动静。良知是《大学》心、意、知、物的"统宗",致其良知是格、致、诚、正的"会元",这也就是所谓"精一之学"。不止于此,在与颜冲宇的论学书信中,孙蒙泉还阐述了他对良知学的独到见解,即从良知学到"知几"之学:

窃观世情在人者不可必,抑吾所以待之,察于毫厘,几不容昧。苟声色于人已之较,牵已而从之,殆非所与于几者也。易曰几者"吉之先见",即正时识取意耳;又曰"知至至之,可与几也","知至"云者,本其体之常也。"至之"云者,言其功之适得吾体,则心也、意与物也浑然一于至善而无时不吉矣,亦即是先见之体不为物所污坏耳,故知几者先天之学也。颜子不迁、不贰,岂有外于此哉。孔子赞《复》曰"颜氏之子其庶几乎",则颜子之所为学者可知也。仆日来自信知几之外无学矣,然未能时时应手,则又见"至之"之难,未敢自望于"知几"之藩篱也。(《燕诒录》卷五《复冲宇颜督学》)

上述与孙蒙泉论学之外,颜冲宇还在与王龙溪的往来书信中,提出明代"理学正传,惟薛文清、阳明先生二人"的观点。但王畿不以为然,他说:"我朝理学开端,还是白沙,至先师而大明。"①可知冲宇先生颜鲸无疑也是王阳明弟子交游与论学圈的重要成员。

第二节　王学殿军贺阳亨概述

颜冲宇先生又是贺阳亨的心学入门之师,曾教给他"一念回头,万火自降"之法。贺阳亨自述:"聋初下手,只用颜冲宇两句:'一念回头,万火自降。'后又得王阳明两句:'若进步欠力,更来火坑中乘凉。'"②可见在"后阳明时代",不少较远地区有志于学的年轻人,先是通过王门弟子来接触到良知学,再更进一步地修习阳明心学。因此,阳明心学的广泛传播,与王门弟子的大力推动,有着非常直接的关系。

贺时泰,字叔交,一字阳亨,湖广江夏人,少为诸生,二十七岁时不幸耳聋,故自号"聋人"。他的儿子贺逢圣,官至礼部尚书兼东阁大学士。贺阳亨的讲学语录,就由贺逢圣编成了《思聪录》一卷,其中逐条罗列阳亨先生的论学语录,并加以朱试、李若愚的点评,且由门人吴嘉言、吴嘉谟作"校正",卷末附有诗作《补旧》及《续》《自述》《颜闵同德矣》《独自朝天地,单身观古今》等。

阳亨贺先生最重要的学术著作是《思聪录》,湖北省图书馆藏有明代万历四十六年刻本,而且《四库全书总目》有提要介绍。尽管《思聪录》正文只有一卷的内容,但为其作序者颇多,其中包括:郑以伟的《至诚堂序》,叶秉敬的《名岳虞公刻〈思聪录〉序》,徐可求的《重刻〈思聪录〉叙》,朱试的《贺阳亨先生〈思聪录〉序》,吴嘉谟的《贺先生〈思聪录〉序》(门人胡来朝书)。从这些序中,我们可以了解阳亨先生的思想精要、生平事迹,足见其在学界广受推崇的地位。总而言之,《思聪录》中有大量有关良知学的论说,因此贺阳亨可谓王阳明心学的再传弟子。

---

① 吴震编校整理:王畿集,第260页。
② 〔明〕贺时泰撰:《思聪录》,《四库全书存目丛书》子部第一六册,齐鲁书社1995年版,第92页。

贺阳亨的其他著作还有《人模样》《作师编》《三世事小录》《女箴二十四则》等。清代范鄗鼎汇编的《广理学备考》中有《贺阳亨先生集》，其中依次有贺阳亨先生简要介绍、范鄗鼎识语，"语录"部分包括《学经》（多为选取学者有关阳明良知学的论述并作评点，所引人物包括钱启新、何廷仁、胡应澄、罗近溪、耿楚侗、钱德洪、魏良政、薛文清、王龙溪等）《破愚》《人模样》《十字注》，"诗"歌部分除《思聪录》卷末相同的几首之外，还有《禁焚楮钱两句》《五伦小解》《拾遗》。《贺阳亨先生集》的末尾是《诸儒评论》。

《人模样》一卷，《四库全书总目》认为"是编以人身五官四体之分目标题，往往牵强"，或非学问之事，或关合字面而已，或论心而已。清代陈鼎所作《留溪外传》中说此书当时为学者奉之为法，因此贺阳亨被称为"《人模样》先生"。此外，《四库全书总目》中还收录贺阳亨的《作师编》一卷，书中选录《易》卦、《大学》一章、《礼记·学记》一篇、《白鹿洞规》五节、陈董《学则》一节，以及"兴文会条件"。但四库馆臣对此书评价不高，认为其"无一字之发明"，而且"又属天下所习见，亦何必为此钞胥也"。

《东林列传》卷二十二有《贺时泰传》，所述较详。《湖广通志》中记载，贺阳亨先生墓在江夏县八公山，府学前有贺公祠，祭祀贺阳亨先生。兹录《贺时泰传》如下：

> 贺时泰，字叔交，湖广江夏人。平时寡交游，惟与同里郭文毅、大冶尹萧槐、胡对薇砥砺文行。既诸公次第贵显，时泰淹蹇，贫益甚，诸公或相向为慰藉，时泰夷然。尝遇岁除，不能具一杯羹，以一母鸡、豆二升，易米七升五合，支度岁三日粮，赋诗自励，曰："清苦丈夫志，风霜善自持。阳和非不爱，义命贵安之。"是时长子逢圣尚幼，风度端凝，屹如庄士，时泰目顾而心许之。自是益乐饥课子。迄逢圣贵，即大书于堂云："当年鸡豆未忘念，此日儿孙勿妄思。"以故逢圣自释褐金华，扬历揆府，及于受命成仁，三十余年如一日，壹惟奉其家教，乡党比于郭有道、邵安乐。一日，见高攀龙依庸堂扁桁，取道不远人之义，乃作《人模样》一书。自人之大体、小体以及同体、异体约数十条，允堪效法。又著《思聪录》一卷。其《人模样》书云："士人所守若未能定，先从乡党中寻一个真节

第五章　湖北王门：从颜冲宇到贺阳亨

妇人做样子，便不难了。"尝与山右河汾人辛全字复元者为学问友，手书商学，交最善。别著《三世事小录》及《女箴二十四则》，皆有裨名教、有关世道之言。学者称"阳亨先生"，又称"《人模样》先生"云。外史氏曰：先生一鸡一豆，犹颜子之一箪一瓢也。乐饥课子，不以贫累。及子贵而志不少易，非得道之深者，乌能至此哉？（陈鼎《东林列传》卷二十二《贺时泰传》）

上述可知，贺阳亨不仅因为其生平持守而为人称道，而且还有不少著作传世，人信其学，以至于郑以伟对贺阳亨做出了极高的评价，认为他是阳明良知学的殿军式人物。郑氏在《至诚堂序》中指出，贺阳亨由王阳明弟子颜冲宇入其学，以"致"为良知功夫，以"格物"为良知之实，以"敬"为知行合一，以"求诸己心"为致知之的。这些概括足见其心学特征。

关于良知与格物的问题，郑以伟还在《至诚堂序》中举了一个程颢数长安仓柱的例子。第一次数柱子，程颢尚且没有怀疑所得数量；第二次再数，却有不合；第三次数，叫人一声一声地数，才跟第一次数柱子所得数量相合。郑以伟指出，第一次数柱子所得，就是良知；柱子，相当于"格物"的"物"，第一次数数所得与柱子实际数量相符，这就是"格物"；但是第二次数柱子时，数量却有不合，其原因在于"执着起而良知隐"。良知不离于"物"，正如第一次数时，如果没有柱子可数，或者离开柱子，就不会得出一个数量；第二次数的时候，如果"良知隐"，就会与第一次数的柱子数不合。于是可见，柱存而知出，知出而数符，"天下无知外之物，物固不可得而外也"。[1] 郑氏所举的这个例子非常有意思，他实际上提出了"知外无物"的观点，这是对阳明"心外无物"说的一种发展。

徐可求在《重刻〈思聪录〉序》中则认为，阳亨之学"大抵不离本体、实着功夫者，近似本体良知也"，也正是因其"实着功夫，致良知"，所以说阳亨贺时泰"先生于是得文成之微矣"。针对阳亨先生自述初学用颜冲宇"一念回头，万火自降"两句，后又得王阳明"若进步欠力，更来火坑中乘凉"两句，徐

---

[1]〔明〕贺时泰撰：《思聪录》，《四库全书存目丛书》子部第一六册，第76页。

可求指出："回头，火自降，以有个'知'在；进步欠力，还说不得个'致'在。先生于是得文成之实矣！"①他推崇阳亨先生既得阳明学之"微"，又得其"实"，总结其良知学为"本体良知"与"实着功夫"。

朱试也为《思聪录》作序，其中特别提到，阳亨先生"会无欲之旨于致良知之中，而性学无余蕴矣"②，他看到了阳亨良知学中有关"无欲"的重要论述，颇值得注意。此外，还有刘晴川门人吴嘉谟在其所作《思聪录》序中解题，将"思聪"二字与良知学更为紧密地联系起来，他说："先生之'聪'也，先生之'知'也；先生之'思聪'也，先生之'致良知'也。"③作为阳明后学，他们都在《思聪录》的序言中，对贺阳亨的良知学思想给予了高度评价，至少在湖北地区是共推其为王学殿军。

第三节　贺阳亨的良知学述要

贺阳亨从王阳明弟子颜冲宇处入门，他在《思聪录》中多有精彩的格言警句，读来令人动容、振奋、深受鼓舞。比如，贺阳亨有一处专引其师颜冲宇先生之言："人从性情上着功夫，便是通天彻地的学问、顶天立地的事业。"④由此可知其学重在修养性情、提升心性，并且高度肯定了这样的功夫实践，具有人生最大的价值追求。

一、体贴亲切之心学格言

正如颜冲宇的名言"一念回头，万火自降"，引导了贺阳亨入门阳明心学。贺阳亨后来也在其语录中，留下很多精彩的格言警句。从传播的角度来看，言简意赅、感动人心的"心学格言"能够很好地阐发良知学思想，起到

---

① 〔明〕贺时泰撰：《思聪录》，《四库全书存目丛书》子部第一六册，第85页。
② 〔明〕贺时泰撰：《思聪录》，《四库全书存目丛书》子部第一六册，第88页。
③ 〔明〕贺时泰撰：《思聪录》，《四库全书存目丛书》子部第一六册，第90页。
④ 〔明〕贺时泰撰：《思聪录》，《四库全书存目丛书》子部第一六册，第125页。

接引后学、扩大影响的作用。相比较来看,"王学中坚"孙蒙泉虽然思想更深刻,但他之所以令名不彰,或也与其未能留心于传播策略有关。

《思聪录》开篇,贺阳亨便说:"王阳明致良知三字,道破古今。"①此话颇值得玩味。何谓"道破古今"？ 联系到他在《思聪录》中另一处所说:"想自己身心,到后日置之何处;顾本来面目,在古时像个甚人。"②这或可认为是对"道破古今"的一个注释,而且还有面向未来的思考。此外他另有一说:"事都是古人做过,言都是古人说过,后人只在择其善者从之。"③这种以古鉴今、古为今用的意思,经由贺阳亨之口表达出来,总是让人颇感亲切,大概因其着实用过功夫,是自己所亲身体验出来的话。

从本体、功夫、效验这三个方面讲良知与致良知,阳亨先生认为:"良知本体,自家认透彻了,只下'致'字功夫去做,效验自在其中。"④他很明确地说:"良知是本体,致字是功夫。"而关于功夫与效验的区别,贺阳亨实际上用了"致"与"至"这两个字加以说明。他讲到"格物在致知"的"致"字,与"物格而后知至"的"至"字,两字是不同的。"致"字强调对"知"下功夫,"至"字则表明下功夫之后的效果。此外,阳亨先生在《思聪录》中还讲到,"致良知"的"致"字,正与"丧致乎哀""人未有自致者""学以致其道"中的"致"字同义。⑤

贺阳亨对于良知本体极有信心,他提出"既是良知,自无不好念头,故足以尽道"⑥这一重要论断。并且,他强调良知应当作为身、心共同之主。《传习录》中记载了阳明先生的"身之主宰便是心"的命题,而阳亨先生不仅认为"良知"是"一身之主",而且提出良知还是"一心之主"。无主,则乱。至于良知本体的特点,阳亨先生认为其无一毫漏落、又无一毫移易、无一毫疑似恍惚。良知正如太阳,没有丝毫的"疑似恍惚"⑦,那么所谓"致知格物",就如同太阳的容光必照。

---

① 〔明〕贺时泰撰:《思聪录》,《四库全书存目丛书》子部第一六册,第91页。
② 〔明〕贺时泰撰:《思聪录》,《四库全书存目丛书》子部第一六册,第104页。
③ 〔明〕贺时泰撰:《思聪录》,《四库全书存目丛书》子部第一六册,第114—115页。
④ 〔明〕贺时泰撰:《思聪录》,《四库全书存目丛书》子部第一六册,第91页。
⑤ 〔明〕贺时泰撰:《思聪录》,《四库全书存目丛书》子部第一六册,第119页。
⑥ 〔明〕贺时泰撰:《思聪录》,《四库全书存目丛书》子部第一六册,第124页。
⑦ 〔明〕贺时泰撰:《思聪录》,《四库全书存目丛书》子部第一六册,第125页。

功夫论方面,阳亨先生有自己的修行次第、功夫进路。他强调:其一,标的应是良知,此良知如同箭靶的中心,是"灼然可见"的。其二,他用"知"字来时处良知。先儒多讲"敬"字,阳亨先生则以"知"为主,以"敬"为使,他说"敬字是良知之钦翼处",钦翼,即"恭敬谨慎"之义。其三,从良知分出仁、义、礼、智,各有职品,四者同出而异名。此外,一念功夫在阳明后学中被讨论得较为广泛。阳亨先生从圣贤功夫的角度讲"一念"的问题,他说"圣与贤从一念始",这"一念",朱试点评中将其与"慎独""研几""谨始"联系起来。

贺阳亨先生"以格物为良知之实",在他看来,阳明格物是"遇一物,良知便贯到这一物"①。这是考察贺阳亨如何从阳明良知学发展出他颇具特色的"精实之学"的一条重要线索。相对于佛氏的"空此心""禅空",阳明心学因其良知"实"有发用,而"致"字也有"落实",故而成为正学。致良知要落实,"致"的功夫表现在很多方面,正如阳亨先生所讲,着实下了功夫,效验自在其中。比如,阳亨有言"读书,良知益明白光大",又说"透彻良知有欞柄",就像"事与书,一到眼前,是非即见"。

良知本体的明白光大、透彻,都需要在"格物"上下功夫,包括读书、做事,发挥良知作用,取得明了是非的效验,正如朱试所引阳明先生之言"无入而非学也"。王阳明心学的基本精神包括"在事上磨练",其实也就是不论自己身处何种境遇,都要"在事上致良知"。阳亨先生讲道:"王阳明家食时贫贱,督抚时富贵,系狱时患难,龙场时夷狄。一味致良知,诚无入而不则得者!"②可知致良知的本体认得透彻,功夫着实,效验确乎自在其中。

贺阳亨先生通过两个方面,将"无欲"的要旨融会到"致良知"中。其一,良知本体之"明"需要用"无欲"来达到心静,静则良知明;其二,无欲其所不欲,则身心不自失,有所不欲、有所不为,也正合义守礼,实为正学之事。就良知的本体特征而言,阳亨先生讲"无欲则静,静则自然明",通过"静"的环节,将"无欲"与"良知"之明贯通起来。在实着功夫方面,要想达到先觉、前知,也须"以无欲为基本"而"诚立明通"。阳亨先生强调,良知应是身心之

---

① 〔明〕贺时泰撰:《思聪录》,《四库全书存目丛书》子部第一六册,第94页。
② 〔明〕贺时泰撰:《思聪录》,《四库全书存目丛书》子部第一六册,第131页。

"主",有主则不自失,"不自失在无求,无求在无欲"。然而,此"无欲"并不等同于佛家的"空"、道家的"无",其须落实于守礼、合义之上,正如先生所说,"义之落实,无欲不欲,无为不为",人生的一大戒条如《盘庚》中所言"勿起秽以自臭",因此,无欲其所不欲就是"明德之馨"。

心性之学以"无欲"为本,欲少则实。阳亨先生感慨说:"一无欲,省了多少力!"从养生、治病的角度,他又指出百病起于"气虚与逆",针对气虚,要以少欲做"实";避免气逆,则要正心。① 孟子讲"必有事焉而勿正,心勿忘,无助长",就事而言却要"勿正",阳亨先生认为这样"心便开大",而"勿忘乃有事着力处"。可见,所谓"无欲"的功夫,不能着于"事",而应着力于"心"和"知"。这是他独得之治病、养气方法,见效很快。贺阳亨先生就做事的心得讲道:"天下事无一件不是人做,然必宽绰细腻,真实宁耐,一一从首至尾,节次调停,方克有济。"②他所讲天下事都是人做,即"必有事焉"之义,但能否把握做事的心态、节奏等,却需心性方面的能力。

提升心性能力的要诀就是"无欲",到达一定境界会出现先觉、前知、知几等奇妙的效验,因为"诚立明通",合乎道理。从《思聪录》文本中可知,阳亨先生也谈到了"几"与"知几"相关的问题,这在包括孙蒙泉在内的王阳明弟子、后学中还有很多讨论,因此极具比较研究的学术价值。上引贺阳亨"心学格言",他所强调的是以无欲为根本,用实在功夫,久则自得自见其效。因此,所谓知"几先"见,并不一定是什么奇幻不可信之事。这可视为贺阳亨对阳明先生修行道术而有前知之事的一种回应与评说。

二、颇具特色的精实之学

以"精实之学"四字,可概括贺阳亨先生从阳明良知学而发展出来的一种颇具个人特色的思想体系。阳亨先生自述他"生平功夫只用一'精'字"③。当然,"精"的提法还可追溯到《尚书·大虞谟》中"道心惟微,人心

---

① 〔明〕贺时泰撰:《思聪录》,《四库全书存目丛书》子部第一六册,第95页。
② 〔明〕贺时泰撰:《思聪录》,《四库全书存目丛书》子部第一六册,第101页。
③ 〔明〕贺时泰撰:《思聪录》,《四库全书存目丛书》子部第一六册,第127页。

惟危,惟精惟一,允执厥中"的"精一"之学,一则精,精则实。关于什么是"精一"这个问题,阳亨先生举例说:"如读书时,只读书是一,字字不放过,是精;写字时,只写字是一,点点不苟且,是精。"① "精一"两字是圣学心法,但其实也是极其明白简易的。"精"与"粗"相反,去掉了粗疏,就变得精细、精妙了;而所谓"一",是与"二"相反,不使其分为二,那就是在做"一"的功夫。②

阳亨先生说自己平生读书,盖得"精"字之力。③ 而他所谓"精"的概念,具有贯通的三个层次:精神之精、功夫之精、事业之精。阳亨先生论述三者关系有言:"精神之精,便是功夫之精。功夫之精,便是事业之精。"④这也符合阳明良知学体用一源的理论原则。

精神之精的培养,在无事时可著书作诗,读书扫地,以避免精神不用而变得愚昧。精神当聚、不当散。精神聚,志气明,事业从此可以做得远大。反之,则志气昏沉,人品、事业都往下走。阳亨先生讲"养精以立体,励精以达用",可知精神之精的养成,是要立得本体。在一定意义上讲,"精"比"敬"要更为实在些。

功夫之精,包括良知精察,要求没有私意。精这个字"要而锐、细而到",正如颜回善用"克"己功夫,克字就有"精而锐"的特点。⑤ 精,既主要是就功夫而言,又与"理"密切相关。阳亨先生讲"精微"中的"精"是以理而言,"精一"中的"精"则就功夫而言,⑥并且,他说穷"理"若不得"精"字,甚至一定会差之毫厘而失之千里。精的功夫与无欲的关系在于:无欲不求俗,则人自信;功夫足够精,可自然化人,不必与世俗偕同。

事业之精,也就是所谓"精业"。业精于勤,"惟精益勤,惟勤益精"⑦。只要有"精"的功夫,没有什么事业是不可以做成的。然而,个人毕竟精力、

---

① 〔明〕贺时泰撰:《思聪录》,《四库全书存目丛书》子部第一六册,第92页。
② 〔明〕贺时泰撰:《思聪录》,《四库全书存目丛书》子部第一六册,第132页。
③ 〔明〕贺时泰撰:《思聪录》,《四库全书存目丛书》子部第一六册,第110页。
④ 〔明〕贺时泰撰:《思聪录》,《四库全书存目丛书》子部第一六册,第106页。
⑤ 〔明〕贺时泰撰:《思聪录》,《四库全书存目丛书》子部第一六册,第116页。
⑥ 〔明〕贺时泰撰:《思聪录》,《四库全书存目丛书》子部第一六册,第123页。
⑦ 〔明〕贺时泰撰:《思聪录》,《四库全书存目丛书》子部第一六册,第130页。

聪明有限,做某一项事业,应当努力去探求其中之理。义理无穷尽,某一项事业中所蕴含的道理也是无穷无尽的。以个人的终身之力,最好以"精"于"理"的方式去精业,理得而后其业始精、其功始成。随事精察而力行之,即便遭遇患难,也可锻炼自己,越炼越精神。

读书之"精"在于会友辅仁,修德有邻;读书之"实"在于与古人、作者相交接。阳亨先生似乎随口而出的话,最能感动人心,比如:"一开卷,便有无数好人相交接,德何尝孤来?"①相关的格言、名句还有:"所在有一个好人,山川草木皆精彩。"②这就更将读书为人的境界扩大了。他强调"所学何事,即此是学",可知阳亨先生确乎主张要在事上学,但不能只以读书这件事为学。

一个"实"字,可以概括贺阳亨在本体、功夫、效验三方面所追求的境界。他之所以认可阳明良知学为"正学",也是因为其"良知既实,致字又落实"。良知的落实,有如通天彻地。至于本体之实,阳亨先生认为"天地人物""飞潜动植"等,一件件都是实。他这就把"实"提升到一个生成论的高度。他还特别提出了"一实万分,万一各正,说尽天地万物道理"③的重要论断。关于"实"的功夫,阳亨先生也有一段话讲得很充分:

> 力学只在一实,实则德以之崇,业以之广,日进无疆。不实,即心尽力竭,到底一无所得。譬之稼穑,实种一粒,在上农夫可得百粒上。次九十粒,中八十粒,中次七十粒,即下农亦不减六十、五十、四十粒,的的可验。若是空谷,纵捐一斗一石置之田中,萌芽且无,况由苗而秀乎?况由秀而实乎?又况望其实之多乎?④

阳亨先生有着"惟其实"的精神,包括要时时在各种人情物理上醒悟,"事件件要实,言句句要实"。他认为,格物是致良知之实,而格物中的

---

① 〔明〕贺时泰撰:《思聪录》,《四库全书存目丛书》子部第一六册,第94页。
② 〔明〕贺时泰撰:《思聪录》,《四库全书存目丛书》子部第一六册,第110页。
③ 〔明〕贺时泰撰:《思聪录》,《四库全书存目丛书》子部第一六册,第124页。
④ 〔明〕贺时泰撰:《思聪录》,《四库全书存目丛书》子部第一六册,第105页。

"物"字,又是《大学》的落实处。从天子到庶人,他们之所达到的悠远博厚高明的境界,都是"从此心着实功夫不间断中得来"。功夫要着实,效验自在其中;功夫越实,效验就越实。阳亨先生非常推崇"实"的状态,他认为"越实越有受用","功夫实一分,学问进一分"。透彻"实"的本体,坚持"实"的功夫,久则未有不成;反之则虚,久必败坏。就对人而言,自己实,也才能认得别人。

境界上,大概只有圣人能够做到"生知安行",对于常人而言,"困知勉行"才是比较务实的。王阳明弟子中有的主张良知"现成",容易流于空疏的弊病。阳亨先生提出,今人对于圣贤之道,能够"勉强为之,皆是正路上好人",朱试认为先生此言可谓对症下药。对于有志于道的读书人而言,圣人确实可学而至,而且不学圣人恐怕就没有一生的归宿。当然,圣人也可分为两种:全体之圣和一节之圣。阳亨先生认为,所谓全体圣人是指"从容中道""人伦之至""有始有终"之类的圣人;而一节之圣则包括人之"彦圣""齐圣""邻国圣人"之类。① 做到了全体之圣的,一节之圣自然不在话下;而从一节之圣去察识扩充,以至于全体之圣,更会"实"用于大多数的常人。因此,阳亨先生特别鼓励大家说:"人人具一段才性,要极力充拓。"② 这是他极为恳切的经验之谈。

阳亨先生的精实之学,有着"约"的修行法门。他将《大学》"八条目"由博而约,最终落到知与物:"从天下约之国,国约之家,家约之身,身约之心,心约之意,意约之知,知见之物,再无去处。"③ 阳亨先生由对象着眼,从天下"约"到知与物,这其实就是"精实之学"在功夫论上的具体路径。他在《思聪录》中还讲到"格物'物'字,乃《大学》落实处",而且"此心无一物不有,又有一物不得"。④ 这就讲到了心与物之间关系的重要命题。由此可见,由约而精,这是贺阳亨良知学的修行路径。

在"意"的方面,精实之学还表现为一种"自慊"。"慊"的字义为满足、满

---

① 〔明〕贺时泰撰:《思聪录》,《四库全书存目丛书》子部第一六册,第99页。
② 〔明〕贺时泰撰:《思聪录》,《四库全书存目丛书》子部第一六册,第112页。
③ 〔明〕贺时泰撰:《思聪录》,《四库全书存目丛书》子部第一六册,第95页。
④ 〔明〕贺时泰撰:《思聪录》,《四库全书存目丛书》子部第一六册,第114页。

意,也就是一种意之"实"。能够做到"自慊",便有其"乐"。乐就是自慊,是一种"意"的满足状态,不可再去减少或添加其他东西。"乐时无处着乐字",只有遇到忧愁时,才会想到"乐"字,因为"乐"与"忧"相反,忧则乐有所欠缺,这是"乐"之损。而"乐"之增就包括人要快乐的这个欲求,这是私意所附加在"乐"之上,是一种造作、人为。

在《思聪录》中,阳亨先生讲到"今人说乐,只是'喜欢'字,不是乐",而"太和之气,融畅身心,此乐模样,口说不得"。① 关于"乐"的问题,阳明先生提出"乐是心之本体"的著名论断,阳明后学也多谈及"乐"与"自慊"等相关概念。贺阳亨在讲"乐"的问题时与"自慊"联系起来,这合乎其"精实之学"的主旨。"意"之乐,可以通过"精"的功夫达至"本体"之乐;乐是自慊,则无过不及,只是一个"实"。阳亨先生有言"心约之意,意约之知,知见之物",按照其"精"的功夫论指向,从"意"到达"知见之物"才最彻底,因此他提出"无意而为者,始是真为"的命题。

三、说文解字式义理发挥

通过对汉字形体的解说来阐发道理,这是贺阳亨先生论学中一个值得关注的特点,正如他引宁叔虚之言"字中有学",汉字中也有良知学的道理。当然,阳亨先生他并不是一个严格意义上的文字学家,他以思想家的身份来"说文解字",有其化抽象为形象的传播效果,更容易引起读者兴趣,也有助于心学思想的大众传播。

举"心""性"二字为例,阳亨先生看"心"字之形,说这就像器之成物者一般,"心"字中实实有个心;他又说"性"字从心从生,便是"心之生生"者。如昔人所言,心是"性之廓廓",而"性则心中所具之理"。② 但如果只说"理",容易将"心"与"性"划分为二,但"心"与"性"也不能等同为一。两者的关系,阳亨先生提出"性是心之生生者"的重要论断。他举例说,如果"心"是水,那

---

① 〔明〕贺时泰撰:《思聪录》,《四库全书存目丛书》子部第一六册,第115页。
② 〔明〕贺时泰撰:《思聪录》,《四库全书存目丛书》子部第一六册,第94页。

么它的"性"就是向下流动而不可阻挡；如果"心"是火，那么它的"性"就是向上燃烧而不可阻止。阳亨先生用"说文解字"的方式，既讲了"心"是"性之廓廓"，又提出"性"是"心之生生"，有助于理解"心"与"性"的哲学概念，而且巧妙地将深奥的哲理转化为形象的方式来表达。

阳亨先生的"说文"与"解字"，为的是说"心"讲"理"，阐发他的"精实之学"。因此，他讲"克"字精而锐，"精"字要而锐、细而到。先生"精实"的功夫深厚，故而多有自得之处，说字谈理到精微地步。孟子有言"仰不愧于天，俯不怍于人"，阳亨先生在《十字注》中也对"愧""怍"两字进行了义理解说。他讲到"愧"字左旁小，也是立"心"模样；右边"鬼"字，直指不是人心。正如人立"心"涉"鬼"魅，举头向天一望，自是垂头丧气。死有余辜，何得不愧？而"怍"字左旁小，也是立"心"模样；右边"乍"字，是人旋起假心。人穷年与人相群，真假谁可瞒哄？忽然另生一心，亲面开眼一看，岂不惶恐羞涩？通身汗下，何得不怍？

上述之外，阳亨先生还找出很多字形，来讲与心学有关的道理，让人耳目一新。比如，他指出"愤"字从心从贲，文心也，孔夫子一生发愤，以此。① 而"孚"字象形，如鸡覆卵，实心贯到子中。② 阳亨先生提到立志、立心、立身、立本、立政、立事，皆以"立"字言之，观察此"立"字，孑然挺特、无倚附、无倾侧，真是有一种刚毅之象。此外，他还讲解了"志"与"嫉""妒"③等字之中所包含的心学义理。

总而言之，贺阳亨先生的学问，可用"精实"二字以蔽之。追溯他的良知学思想形成过程，首先是离不开颜冲宇先生"一念回头，万火自降"两句心法要诀。其次，功夫不断精进，到得需要更大突破时，贺阳亨又用阳明先生所言"若进步欠力，更来火坑中乘凉"。由此可见王阳明再传弟子的一种进学路径，这应当说是具有一定的代表性。贺阳亨被时人高度评价为王学殿军式人物，足见其学术成就之高，可谓湖北王门的大宗。

---

① 〔明〕贺时泰撰：《思聪录》，《四库全书存目丛书》子部第一六册，第104页。
② 〔明〕贺时泰撰：《思聪录》，《四库全书存目丛书》子部第一六册，第124页。
③ 〔明〕贺时泰撰：《思聪录》，《四库全书存目丛书》子部第一六册，第102页。

第四节　小结：学脉延续的机缘

平心而论，孙蒙泉未必比颜冲宇在良知学思想的传承与发展上差很多，但他没能碰到一个像贺阳亨这样扎实用功的学生，时时不忘老师教导的两句心诀。人能弘道，比留下传世文献更为重要的，一定还是弟子、后学的良性发展与表彰师门。

即便是与阳明学后辈贺阳亨比较，孙蒙泉的家学传承也显得后继乏人。他的侄儿孙光祖，字子绍，对武汉问津书院的建设做出贡献，延请儒师会讲问津书院，并参加书院管理和讲学。①　隆庆元年(1567)，时任黄州郡守孙光祖，与名儒耿定向、吴良吉、郭庆等对问津书院的孔子庙和学宫进行了两次修复，并派员前往山东曲阜摹塑孔子像，供奉于大成殿内。孙蒙泉在书信中多次表达出对孙光祖的赞赏、喜爱。他又曾携孙光祖，往郎官坪祭祀雪窗老祖，修饬其墓，并与之商议供享祭祀、编修宗谱之事。

孙蒙泉另一侄儿孙汝资，是嘉靖三十七年(1558)戊午科，经魁，②他能孝能事长上能苦学，有忠信体义，被寄予很高期望，但又早逝，客死于吴，孙蒙泉悲痛欲绝，为之作《祭亡侄乡魁汝资》。大体上看，孙蒙泉先生子孙、门人中出类拔萃者不多，这成为他令名不彰的又一个原因。

贺阳亨的儿子贺逢圣，仕途有为大进，位高名重，他不仅为父亲编订文集《思聪录》，而且一版再版，并邀请了诸多学者、士人、名流为之作序加持，包括郑以伟、叶秉敬、徐可求、朱试等。这无疑是非常有效地扩大了贺阳亨的学术影响力，以至于获得王学殿军这样的极高评价。

从文化传播策略的角度来看，颜冲宇及其弟子贺阳亨，都有一些"心学格言"，以此扩大其良知学思想的影响力。尽管很多王阳明弟子、后学都有自己的论学"语录"，但在表达形式上能否既言简意赅，又让人读来饶有兴

---

① 李森林编著：《问津人物》，中国文史出版社2014年版，第60页。
② 〔明〕萧良干修；〔明〕张元忭、孙矿纂；李能成点校：万历《绍兴府志》，卷之三十二，宁波出版社2012年版，第623页。

趣，这其实是一件很重要的事情。以贺阳亨的《思聪录》为例，这一卷的文本内容其实很少，但里面能够出彩的佳句迭出，而且又是他体悟出来的自得之言，所以非常具有可读性。无怪乎那么多学人愿意为之作序、评点，然后广为传播、传颂此书，推崇贺阳亨先生为王学殿军。

此外，据《燕诒录》记载，孙蒙泉与湖广人何吉阳有交游往来。何迁，字益之，号吉阳，湖广德安人。嘉靖二十年辛丑（1541）进士，历任户部主事、九江知府。何迁与王阳明亲传弟子多有交游，包括他曾为杨继芳题赠"凤翔千仞"。① 杨继芳是杨绍芳的弟弟，杨氏兄弟二人是湖广德安人，在嘉靖三年（1524）左右于绍兴受学阳明门下，后为传承与传播良知学也有实际的贡献。

因交游、论学所产生的"学缘"，未必能有效地发展出"学脉"，而"学脉"延续对家学传承的影响，无疑又是非常具体而明显的。王阳明及其弟子在"学脉"的延续上，需要满足种种机缘，否则就有可能湮没无闻。这样的历史回顾与经验总结，也将有助于当今做好传承与传播阳明文化的事业。以孙蒙泉为比较对象，考察从颜冲宇到贺阳亨的湖北王门学派发展与思想传播，也构成了探讨阳明心学北传问题的重要内容与独特视角。阳明心学向着更远的北方地区传播的情况，下一章将继续予以梳理和探讨。

---

① 邹建锋著：《阳明夫子亲传弟子考》，中国社会科学出版社2017年版，第164页。

第六章

北方王门：阳明心学代代相传

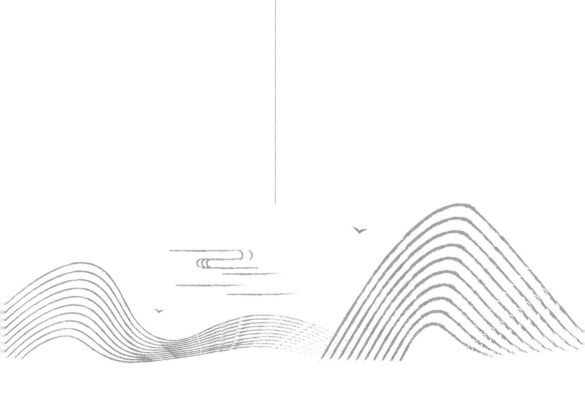

阳明学在北方地区的传播与发展情况,以往学界的研究并不十分充分。邹建锋、李旭等编校《北方王门集》的出版,有力推动了相关学术研究。事实上,北方王门不仅形成了一个较大规模的交游圈,而且其心学思想还实现了代际传承。特别值得关注的是,北方王门弟子、后学发展了阳明良知学思想,他们所提出的一些理论创见也颇具特色。

孙蒙泉曾长期官任河南,而且他与北方王门人士圈也有过交集,但却未能向张弘山那样开宗立派、传导后学,这背后有着多方面的原因。平心而论,孙蒙泉的"良知与几"思想极具理论深度,他所提出的"真几"概念已经超越良知本体层次,"知几"的功夫论也自成体系。这其实是北方王门弟子、后学所不及处。通过比较的视角,考察北方王门弟子的学脉传承与论学主旨,正可丰富对良知学发展过程中不同程度地受到地域文化影响而出现各种思想形态的认知,并且对于探讨当代如何更大范围地传播阳明心学思想也当有所启发。

第一节　张弘山:天然本良说

张后觉,字志仁,号弘山,学者尊称为弘山先生,山东茌平人。他早年从学于颜钥,得闻阳明良知学,又求学于王艮的弟子徐樾。弘山先生在家侍奉父母极尽孝道,居乡以礼教人;为官华阴,安民于地震灾难之际。及其致仕,士民相泣以送。张弘山学养深厚,德高望重,他通过会讲的方式阐发其治学思想,对阳明良知学在北方地区的传播贡献很大。

邹守益之子邹善为弘山先生创建愿学书院,而罗汝芳也为其创办见泰书院,可见阳明后学对其尊重,普遍认同他对阳明良知学的准确把握与独创发挥。张元忭对弘山先生的评价是"毅然自树,超然独得",并认其为"文成之的传";① 他还将弘山之学通过书信的方式介绍给王龙溪,并且得到其肯定与赞许。王畿有《答张阳和书》,其中高度赞赏了弘山之学,比如论"天聪明"等,他能够"直揭本体,非高远,非凑泊,殆有契于师门宗旨",总体上,他认为弘山先生"论学之言,其义颇精",又能"卓然自信"。② 由此可见,在当时王阳明弟子的交游与论学圈里,张弘山是一位重要人物,值得深入研究。

一、家世以及学脉承续

张弘山先生不重视著述以传世,而坚持"传人胜传言"的观念。他的祖父是张访,父亲是张文祥,兄弟为张后伸,儿子张一本,从子张忠庵,孙子张尚淳,家族可谓人丁兴旺。弘山的亲传弟子也颇多,主要有孟秋、赵逼、赵惟新、王见虞、陈铁锋、张仰峰等。再传弟子也不少,比如孟秋之门人又有齐鸣凤、宋馈粟、王荐、吴大定、张国祥、宋维周、齐应祥、张尚澹等。

《北方王门集》中有《张弘山集》四卷,由其门人赵维新所编,包括《教言》一卷,《语录》一卷,第三卷中含志铭一篇、诗三篇、书五篇,第四卷为附录传志之类。《四库全书总目提要》认为张后觉"尝受业于尤时熙",未知有何依据。而且四库馆臣指出张弘山"其学源出姚江,推阐弥深,而弥堕禅趣",并且批评说"《教言》《语录》皆宵冥恍惚之谈",又论其"诗文皆不入格,尤不谙体例"。由此可见,四库馆臣对张弘山及其弟子之学的评价不高,以为他们作为姚江末流,无非禅机。

从家世与学脉发展上看,其实张弘山一派的影响力不可谓不大。他的祖父是张访,在《明故先考府君墓志铭》一文中,张后觉提到其祖父姓名,有隐德。张后觉的父亲是张文祥,他作《明故先考府君墓志铭》一文,其中提到其父亲姓名、字号等,亦有隐德。丁懋儒与张后觉两人为亲家。《张弘山集》卷四中有丁懋儒所作《弘山先生墓志铭》,内容主要包括介绍其生平、家族、求学、弘道等,并且引述了多条讲学语录。张弘山有一女儿,嫁给丁懋儒的

---

① 〔明〕穆孔晖等撰;邹建锋等编校:《北方王门集》,上海古籍出版社 2017 年版,第 667 页。
② 〔明〕穆孔晖等撰;邹建锋等编校:《北方王门集》,第 672 页。

长子。张后觉的儿子叫张一本,《张弘山集》卷一《山中会语》第一部分,即为"男张一本录"。张忠庵是张弘山先生的从子。张尚淳是张后觉之孙,他在万历己亥年(1599)作《重刻语录叙言》,并且师从朱少山。《张弘山集》卷一《教言》第三部分为"弟张后伸录"。显而易见,张氏家族大力支持了弘山先生的学问传承与发展。

师承方面,张弘山先生从学过王阳明弟子颜钥和徐樾。王泓阳在《郡人物志》中讲到,张后觉"早岁得文成之学于颜博士钥"。王见虞《在牧寿先生序》中提到"弘山受学中翁,得闻粤中心学之传",据此可推知,颜钥是阳明学在粤地的传人,而且传学给了张弘山。至于受学王艮弟子徐樾的文献记载,见于门人孟秋所作的《弘山张先生传》,其中有言:"波石徐公乃得心斋之印,而接统于阳明者,适参我东藩。先生率诸友往从之,闻天聪明之说,而良知之学益进。"[①]门人孟秋作有《弘山张先生传》,论述其师学问渊源,特别是张弘山率领门下弟子、友生从学于王心斋之传人徐波石,因此接统于阳明学。

因此,如果去仔细梳理张弘山的学脉,就会发现在未能亲炙于阳明先生的情况下,他转益多师,特别是受到王门弟子颜钥和徐樾的良知学思想影响。在一定意义上,后人要想真正去了解阳明学,基本上也还是绕不过阳明后学。特别是在"后阳明时代",良知学思想的传承与进一步发展、传播,主要就靠王阳明弟子的担当和贡献。

二、同乡亲传两大弟子

张弘山有两位极为重要的同乡弟子:孟秋、赵惟新。黄宗羲在《明儒学案》中,将《尚宝孟我疆先生秋》《我疆论学语》列于《教谕张弘山先生后觉》之后,可见其以孟秋为弘山之学的"嫡传",而赵惟新也以孟秋为"宗兄"。此外,弘山先生门人还有赵暹、张仰峰等。

孟秋,字子成,号我疆,山东茌平人。黄宗羲认为孟秋之学基本上属于"现成良知"说,他"以心体本自澄澈,有意克己,便生翳障",但"现成之体,极

---

① 〔明〕穆孔晖等撰;邹建锋等编校:《北方王门集》,第666页。

是难认。……先生之论,加于识仁之后则可;若未识仁,则克己之功诚不可已,但克己即是识仁"。① 黄宗羲所引《我疆论学语》数条,大致亦证其说。孟秋是张弘山得意门生,他于万历二年(1574)冬作有《弘山先生教言序》。《张弘山集》卷一《教言》第一部分即为"门人孟秋录"。孟秋又于万历十六年(1588)六月作《弘山先生语录后序》,论及刊刻此书得到杨、乐二君的帮助,且杨君在京师指出弘山之学为"文成之真传,孔门之正脉"。

通过书信往来,弘山先生与其弟子、同道们交游与论学。与孟秋,弘山先生有《报孟我疆》书信三封,其中细论良知学,强调他数年所悟一"良"字。与邹守益之子邹善,弘山先生作《与邹颖泉》书信一封,言及愿学书院与门人孟秋迎学等事。在《弘山张先生墓表》中,张元忭还谈到,他居京师时得一友曰"孟子成",此人即孟秋。张弘山之子张一本,也正是通过其父门人孟秋,来请张元忭作此《墓表》。

弘山先生的再传弟子,即孟秋的学生为数众多。比如,齐鸣凤、张尚淳言其为"我疆先生门下士,录皆与先大父面谈",盖当时孟秋携门下学生一起去昌黎学道堂听讲,弘山先生讲授,齐鸣凤、宋馈粟、王荐等学生做记录。《张弘山集》卷二《语录》之《昌黎学道堂讲语》的第一部分,即为"齐鸣凤录"。此外还有《张弘山集》卷二《语录》之《昌黎学道堂讲语》的第二部分,为"宋馈粟录";第三部分,为"王荐录";第四部分,为"吴大定录";第五部分,为"张国祥录";第六部分,为"宋维周录";第七部分,为"齐应祥录";第八部分,为"张尚澹录"。

赵惟新,又作赵维新,字素衷,山东茌平人,他是弘山先生另一位重要的弟子。《张弘山集》卷一《教言》第二部分,即为"门人赵惟新录"。万历二年(1574)冬,他撰写了《弘山先生教言后序》,论及其与张弘山商议刊刻《教言》的对话内容。赵惟新撰有《感述录》六卷,以及《感述续录》四卷,取义"感其师之言而述之"。《感述录》六卷所记为其师张弘山讲授《四书》之义,《感述续录》前二卷为赵惟新自述讲学宗旨,第三卷为诗文,第四卷则附录赵惟新之行略,以及张元忭、孙矿等人评语。

---

① 〔清〕黄宗羲著;沈芝盈点校:《明儒学案》,第 637 页。

《北方王门集》中所收赵惟新的《感述录》，前有张凤翔题序，万历四十四年(1616)曹和声所作《感述录序》，以及赵惟新的自序。序中赵惟新指出《感述录》中有"先生曰"者为其师弘山先生之言，无之者为赵惟新所述其师之意。这是《感述录》内容构成上的一个特点。具体来讲，其书关于《四书》义理问答的次序是：卷一为《大学》，卷二为《中庸》，卷三、卷四为《论语》（分上、下），卷五、卷六为《孟子》（分上、下）。此书可作为研究阳明学派的儒学经典诠释思想之重要参考资料。

《感述续录》的内容主要是赵惟新自述论学，偶有引述"弘师曰"的文字。卷一标题依次是：同春第一，透性第二，持己第三，安节第四，能虑第五。卷二标题依次为：养气第六，存心第七，忠恕第八，性善第九，涵养第十。卷三为"文""书"类，包括《弘山先生教言后序》《蓬莱阁记》《客问》《祭中书马公文》《祭弘山先生文》《读书乐四章》《辞王子举行书》《辞陈化峰举行书》《辞刘志斋举孝书》《答朱少山先生书》《答孟我疆书》。卷四收录《素衷先生行略》以及《名公评附》。

在《祭弘山先生文》中，赵惟新指出，其师弘山先生以"良"字约阳明良知之学，以继承道脉，而且"先生使我辈识仁，始知无心非仁；使我辈识心，始知无性非心；使我辈识性，始知无天非性；使我辈识天，始知无在非天。是以知此之谓知，学此之谓学，真切简要，明透无滓"。[1] 论及"良知"之处，赵惟新则提出"完得良知，何事不可做"，以及"良知真知，真知真心"等观点。[2] 可见弘山先生的良知学内涵丰富，嘉惠后学处颇多。

四库馆臣认为张弘山与赵惟新"师弟所述，无非禅机"之说，使人颇为不解。在《答朱少山先生书》中，赵惟新明确对"释氏之空""老氏之玄"都有所批判，他是推崇儒学的，有言"知二氏之所以失，便知吾儒之至当"，而且又更具体地强调："吾儒之学，中庸为至，无释氏之空，而又无一物之染塞，无老氏之玄，而又有精微之妙用，天然自有之中具天地万物之理，即天地万物之理皆易简平常之道，真体流注，不假人为。"[3]

---

[1] 〔明〕穆孔晖等撰；邹建锋等编校：《北方王门集》，第785页。
[2] 〔明〕穆孔晖等撰；邹建锋等编校：《北方王门集》，第778页。
[3] 〔明〕穆孔晖等撰；邹建锋等编校：《北方王门集》，第790页。

赵惟新所提出的"天然自有之中"之说,应当也是承传其师弘山先生"天然自有之良"而来。在《答孟我疆书》中,他们也深入探讨了"中和"的问题,乃至于提出学问"淡泊纯正,一中和也"的论断,并且认为:"一,中也;中,一和也。此先师之的也,古今所共有之的也。"①《感述录》还记载说,赵惟新曾向其师求证"学问只一个中,中是心之本体,斯谓善。颜子能不失了此心之中,便是得善",以及"心外求中,非中也"等观点,这些论断得到了弘山先生的认可。② 而在《感述续录》中,赵惟新对其"中和"思想有着更多发挥,包括以"天命之性"为中和本体,在中和处实用功,等等。概而言之,孟秋、赵惟新等门下弟子又进一步发展了弘山之学。

三、着力发挥良字义理

张元忭作《弘山张先生墓表》,论及阳明学流播南北兴衰状况,他称许张弘山的学问超出阳明及门弟子诸贤之上,并引述弘山语录"良即是知,知即是良,良外无知,知外无良"等。确实如此,张弘山总体上对良知学之"良"字最有体悟和发挥,他以"良"为天然自有之本体,主张在此本体上做功夫。孟秋在《教言》中记载其师弘山所讲"天聪明"三字要义,他强调良知的"天然"聪明、昭明的状态,自能著察。这也正是弘山之学强调良知中"良"字的基本内涵。

弘山先生在一封给孟秋的书信中,自述他近年来只体悟一个"良"字,以良为作圣之基,如此才是真知、真能。良是本然之善、生而自有的,因此而言,知是天知,能是天能,所谓"天心不假人力",弘山注重从"天"的角度阐发"良"字的深意。

作为一种天然之知的良知,弘山所理解孔子的"无可无不可"之学,应是"不知其可而所为自可"与"不知其不可而不可自不为"的意思,其中的"不知"是就"人为"而言,"所为自可"与"不可自不为"则是因其天然自有之良。

---

① 〔明〕穆孔晖等撰;邹建锋等编校:《北方王门集》,第791页。
② 〔明〕穆孔晖等撰;邹建锋等编校:《北方王门集》,第691页。

弘山推崇的是"天体灵融，真机自著"的境界，以此达到孔子的"无可无不可"状态。人称弘山之学为"孔门正脉"，正在于他对"无可无不可"之说见解独到。他与罗汝芳讨论说："今之为学者，知其可而为之，知其不可而不为，以为是亦足矣。不若天体灵融，真机自著。不必求知其可，而所为自可；不必求知其不可，而所不可者自不为。此则所谓无可无不可也。由所知以造于圣，不可知其为知也，不益精乎？"①

在《山中会语》里，弘山先生集中阐述"良"的含义。他多次提出"天然自有"之"良"，即是"性出于天"之"良"，而且良是人心原来自然本体，其特点包括：无精粗、无隐显、无本末、无始终。若自失其本良，着落在形色上，便会以形色为粗者、显者、末终者。若能不失其本良，则形色亦精而隐、本而终。②这也是他对《中庸》"不睹不闻""无声无臭"之义的解读。在"不着形色"的理念基础上，弘山之学的功夫论就成为一种易简之学。此外，他也认同以"知其善而为之，知其不善而不为"是下手功夫，但还是要避免"着色相上去"了，不如"随吾良处做，自无不善，自不为不善"。③弘山所主张的可谓"本体功夫论"，不可染着色相，亦不可有所执持。

在"天然自有之良"这个本体上做功夫，这是一种易简之学。弘山先生在功夫论方面，不同意"摧山填壑"式的做法，认为这样只会是"愈难而愈远"。比如"惩忿""窒欲"的功夫，应当从"天然自有"之"良"上做："惩忿如釜底抽薪，窒欲如红炉点雪，如此用功，方是高手。功夫是本体上做。真知是忿，忿自惩；真知是欲，欲自窒。消息之者，在我而已。"④关键在于是要达到"一得永得"的"真知"，此"真"若出于天，则是"良"。然而，弘山也对"真"做了更为细致的区分：有人为之真，有天然之真。出于"人为"之真其实是"妄"，因其难免自以为是。就"良知"来说，当然是指出于天的知，即为"真知"。

在此意义上，弘山进一步提出了"良知二字不可分，良就是知，知就是

---

① 〔明〕穆孔晖等撰；邹建锋等编校：《北方王门集》，第633—634页。
② 〔明〕穆孔晖等撰；邹建锋等编校：《北方王门集》，第636—637页。
③ 〔明〕穆孔晖等撰；邹建锋等编校：《北方王门集》，第649页。
④ 〔明〕穆孔晖等撰；邹建锋等编校：《北方王门集》，第632页。

良。良外无知,知外无良,须要识得只是一个"①的重要观点。弘山先生的"天然本良"说,极为重视"良知"二字的内在统一性。这种良、知统一性的获得,就在于两者源出于天,因此又是天然自有的人心本体。弘山先生的诗作中有一首《良知歌》,其文曰:"良知两字甚莫分,致良便是致知人。此中消息谁能得,好向羲皇路上寻。羲皇道路山中有,山中大路谁肯走?醒即睡兮睡即醒,此间便是羲皇友。"②羲皇在太古之时,弘山在诗歌中所言"致知人""羲皇友",均是在"良"上做"致"的功夫,复其天然自有之良的人心本体。

在"天然自有"的意义上,弘山认为:"圣人之心到老是赤子之心,不曾加分毫。赤子之心,良知也,一点灵明,完全不昧。"③良知的这种"灵明不昧"的特性,区别于其他的"知",包括所谓"仁者见之谓之仁,智者见之谓之智",也都不是良知之义。良知天然自有,不可再加以"仁""智"之谓。此心不曾添加分毫,才可谓不失其赤子之心。因此,弘山所强调的"良"是"人心原来自然本体",又有"光光净净""无丝毫人为"的意思。人若有心去作为,哪怕是为善之举,也算不得"良"。由此可知,弘山先生是在本体层面上讲"良",人心同具此本体,故而不分圣贤与凡俗。

圣、凡之别,在于是否失掉"原来做人的道理",弘山先生称之为"良心"。他讲道:"圣人之心,到底只是这个良心。吾人把这良心遮迷了,其有怍于人、愧于天也,多矣。若肯思量我也是个人也,也是天生的个人,把良心时时体验,一猛里打过这利害关头,使天体日日用事,不落人为,就是不失赤子之心。"④从凡人到圣贤,功夫也是在这"良"上做,以"良"应对,体验此"良",就是圣学的下手功夫。如若不从天然自有之良处下手,而任凭自家意思去做主张,丧失其良,则心不能虚;心不能虚,则善无从入。以"良"心应事,士农工商皆可以优入圣域。

从"存天理、去人欲"命题来看,弘山先生所提出的在"良"上做功夫的方法,正如他所论孔子"无可无不可"之说,是自然而然、两者统一的结果。"久

---

① 〔明〕穆孔晖等撰;邹建锋等编校:《北方王门集》,第637页。
② 〔明〕穆孔晖等撰;邹建锋等编校:《北方王门集》,第659页。
③ 〔明〕穆孔晖等撰;邹建锋等编校:《北方王门集》,第638页。
④ 〔明〕穆孔晖等撰;邹建锋等编校:《北方王门集》,第640页。

之,天理不待存而自无不存,人欲不待去而自无不去。"①如此,存天理与去人欲只是一件事,化为在"良"上用功的易简之学。弘山先生自述:"阳明先生教人如猫伺鼠,如鸡伏卵。我则以为不然,只体一良字,何等省力,此是快捷方式功夫,圣学之要。"②可见他对自己"天然本良"说的功夫论颇为自信。

第二节 尤西川:止于良知说

北方王门地区还有一位重要的王阳明再传弟子尤西川,他的良知学主旨可以概括为"止于良知"。尤时熙,字季美,号西川居士,学者称为西川先生,河南洛阳人。尤西川生而"警敏不群",嘉靖年间举乡试时,他读到《传习录》而感叹自己从事科举是逐辞章之末,认为道在阳明良知学并且尊信之,常以不能师从阳明老师为人生之最大遗憾。尤西川认为,学无师从,终不能有所成就,于是就拜阳明门人刘晴川为师,执弟子礼甚谨。张元忭为尤西川作有墓志铭,详述其生平思想,以及与阳明学派的渊源。

西川先生以良知为至善,他认为《大学》一书只是"止于至善",也即为"复得良知"。总体上看,"止于良知"说,可谓是尤西川良知学思想的主要特点。就良知本体而言,"止"即"复"之义,他以水来打比方,说静止之水如镜,能够照见事事物物,而良知若也能"止",就可见其本体。

受到其师刘晴川"求其本心"之学的影响,尤西川指出,人情因"外驰逐物"而动多有过,因此要通过格物来节制人情的过动。人情"过"于动,则本心有"不及",因此就要能"止"。止于良知,也就是止于"天则",知止乃见良知本体,无过无不及。止于良知并非一无所动,而是"动由良知",念念不离良知,随时变易以从良知,这样去克服人情的"过动"之弊病。尤西川常以亲炙、书信等方式向刘晴川问学,印证其说。比如论及儒学与佛道之别,他指出佛道的根本还是脱不开自私自利之"欲",而儒学之吾心之良知为天"理",

---

① 〔明〕穆孔晖等撰;邹建锋等编校:《北方王门集》,第641页。
② 〔明〕穆孔晖等撰;邹建锋等编校:《北方王门集》,第648页。

良知发用是公心。

在与朱近斋密切交游过程中，尤西川吸收其"安分尽心"的为学宗旨，并且对"毋自欺"三字最有心得。西川主张要在一念之好恶上用功，"不迁怒"的意思是"止于良知"本体，不为怒所迁。此外，他也提出一种"良知终极论"。尤西川认为，"知"只有一个，不分所谓良知、习知等，或者说各种知都只是一个良知。就良知本体而言，无失无复是"生而知之"，失而后复是"学而知之"。昏昧之人也可称为"无知"者，须使其良知"惺惺"；但又有人以习惯自便之心为良知，这便成为所谓"习知"，习知是由来久远的习染之知，又须以何思何虑之良知来补救其弊。其实，尤西川所分析的"习知"，与其师刘晴川讲的"放心"之义相通，以此心去求知，便非"良"，在这个意义上他提出"无知亦是药"的命题。

知得本体，即知"止于良知"。因为良知是身之本，而身为天下国家之本，知得良知这一终极本体，就是"知至""止于至善"。尤西川指出，仁、敬、孝、慈、信等德目，在本体意义上，都只是一个良知，良知即至善。因其始终尊信良知，西川反对"良知之上还有一层"的各种说法，认为这是受到"无极而太极"理论的影响。他主张良知"无始无终、无内外"，而且良知"实吾性也，万物皆备，不假外求"。换言之，尤西川坚守阳明的良知本体地位，他不会认同像孙蒙泉那样以良知为太极、以真几为无极的理论建构。

由"通"而"止"，功夫不分先后。因良知本通，故万物与我为一体；人情之相通，得其心安。所谓"致知在格物"，即为通于万物、人情，物、情相通，而后吾之良知快足，无所壅塞阻遏。在《答化鲤》这封书信中，西川指出，行、事、物的意脉相通，吾知乃顺遂生生，此"通"必尽至全体。格物之"格"，阳明曾经训诂之为"正"，而朱近斋训之为"通"，因万物一体，自一人通于人人。尤西川显然受到了朱近斋思想的较大影响。

西川综合师说，强调"一念无私"，自一念通于念念。在"格"字训为"通"的意义上，包含了"正""则"之义。他对训"格"为"则"另有自己的发挥。西川认为，事物合其天"则"乃"止"，不合天则，心自不安，乃"不止"而外"逐"。格物之"格"字被训为"则"之义，也可作"天然之格式"来理解，西川强调良知自是天"则"。

尤西川认为"功夫本无节次",这也得到了朱近斋的认可。西川主张"从本体下功夫",正是在此视角下,任何功夫都与本体相通,也都要求达其发用,体用亦相"通"。若分而言之,体为本、用为末,可以言本、末有别,但功夫应该是"一以贯之"到底的。因此在《上刘晴川师》的书信中,尤西川提出"忠信是吾本体,即良知别名"的论断,以"忠信"为本体。西川生而"警敏",其功夫越真切,越无处不见良知本体。

尤西川的功夫论,是以良知本体为发端,以此为知"止"。所"止"皆良知,功夫本体合一。西川"止于良知"功夫论的具体内容,包括克治私欲、不待算计等。功夫要由良知本体来做,本体明,则能克服私意偏见、耳闻途说的干扰,所谓"太虚一出,而魍魉自潜消"。功夫是本体做的,做功夫的是本体。发端真切,即是本体功夫,都是本体所为,而功夫二字只是假名。可见西川之学述对作为"载道之器"的言语文字有所超越。

阳明先生以"理"来解释"礼"字之义,尤西川则曰"礼者,体也"。他在《贺怀龙陈姻家晋礼部儒士序》中提出,"良知之着见于四体与其事为",这"是人情之所不容已也",因而才是"真礼"。因此,他的"止乎礼",也就是"止于良知"。尤西川先生以刘晴川为师,又多与朱得之、孟化鲤等深入论良知学,他所提出的"止于良知"说,颇值得引起大家更多关注。

第三节　张抱初：敬爱主理说

河南是孙蒙泉任职时间较长的地区,他的《燕诒录》中就专门有两卷《河南存稿》。除了尤西川之外,河南王门还有一位值得注意的阳明后学——张抱初先生。张信民,字孚若,自号洗心居士,河南渑池人,人尊称为抱初先生。他十五岁时师从孟化鲤,以弘道为己任。孟化鲤逝世后,张信民在龙兴寺等多地组织讲学集会,四方学者纷纷响应,来归者众多。张信民参与刊刻《孟云浦先生集》《洛西三先生要言》,著述有《训蒙要纂》《四礼述解》《理学日钞》《理学汇粹剖疑》《讲学会解》《年谱》《一噱录》《印正稿》《洗心录》。

《印正稿》六卷,前有宗人汉、王箴舆所作序言,末附张信民门人冯奋庸所作《张抱初先生〈印正稿〉跋》。门人冯奋庸整理出其师平日的答问、议论而编成《印正稿》，张抱初之子张慎思、张慎劭、张慎余、张慎修也共同参与此书的校勘工作。清代王箴舆任河南渑池知县时，又校订、刊刻此书。王箴舆当时仅见抱初先生门人所记《印正稿》《年谱》，他指出这两种书有"辞气不藏、理言未纯"之处，就在原稿基础上做了校正。四库本的《印正稿》中还可以看到他以"箴舆曰"所出的数条按语。这部分资料，有助于我们了解清代阳明后学的情况。

《四库全书总目提要》所收《印正稿》六卷为江西巡抚采进本，四库馆臣在《提要》中言张信民"传姚江良知之学，从游者颇众"。孙奇逢所撰《中州人物考》卷一中有《张信民传》，其述及张抱初先生讲学盛况曰：

> 秦、晋之间以及汝、颖、睢阳之士，相继而来问业者，室不能容。创正学会所五楹，开示蕴奥，环门墙观听者数千人。御史李日宣请信民至韶阳会，礼数备至。后过渑，造庐以请，恨相见之晚，为建正学书院，日与王以悟、吕维祺等讲《太极》《周易》，又建景运山堂，以课多士。①

在良知学思想方面，张抱初先生特别强调，"敬"是"圣学之所以成始而成终"，道上下、彻贵贱，从"克欲存养"到"学问事业"，功夫离不得一个"敬"字。功夫不间断、常惺惺，即是"敬"。② 而这个"敬"的内涵，就是"主一无适"，主于理。敬，一方面是严肃的；另一方面，敬又是活泼的，因为主于理之敬也是乐。具体论及良知，则曰其中的"良"在于"无丝毫情欲夹杂"，而"知"乃"知爱知敬"，须以讲学功夫避免埋没良知。讲学所贵的是躬行实践，正如圣贤在乎的是学力而非天资。正如人孩提时知敬知爱，且不掺杂丝毫情欲，即是"良知"。

关于理、欲关系的问题上，张抱初先生指出，"无所为而为者"是理，"有所为而为者"是欲。③ 存理的功夫，包括立诚、主敬。诚中不容有妄，敬中不

---
① 〔明〕穆孔晖等撰；邹建锋等编校：《北方王门集》，第1173页。
② 〔明〕穆孔晖等撰；邹建锋等编校：《北方王门集》，第568页。
③ 〔明〕穆孔晖等撰；邹建锋等编校：《北方王门集》，第581页。

容有私，则欲心自去。张抱初认为，存理与遏欲也只是一件事。天理存则人欲退，存理无间，则人欲不发。存理对人欲是"不遏之遏"，因此不须在"遏"上用功。而王箴舆对此说又加按语，提出"克欲、存养互为其功，不可偏废"的观点，而且他所讲的存养，是"存吾心体，勿令偏倚出入"。① 实际上，王箴舆认为，人欲窃发，是由于平时习染，并非人的本性中所固有的，因此须时时警惕，随起随灭，这是最为吃紧的功夫。

主于理之"敬"与致良知，与"穷理"是一贯功夫。张抱初讲："穷理而归之反己，求之于心，可谓真能穷理者也；求之于心，则良知精明，一彻俱彻，岂不是穷？性，心之生理，穷之所以尽之也；命，心之禀赋，穷之所以至之也。又岂不皆是此知！故穷理尽性至命，是一时事。"②

良知本体是生生不息的活泼状态。张抱初指出："良知人所同具，本自生生不息，即是活泼景象，但不致则不能自得，焉得左右逢源？惟致其良知，则尽心知性以知天，才能复其活泼之本体。而源头流派，一以贯之矣。"③ 而关于"仁"，抱初先生从"性"开始展开说："性也，天也，中也，皆仁也。近在日用，吾尽之、达之、明之、诚之，乃为仁也。"④ 在此条下，王箴舆特别附加了长段按语，讨论"仁之原""仁之体"的问题。他认为：

> 人之原出于天，而与天之大德同量同体也。乾元始生，万物无不在所生之中。于时为春，于人为仁，为众善之长，故君子体仁，无物不在所爱之中，而足以长人也。……而心之德一仁尽之矣。而礼、义、智、信皆仁中之所有也，人之行，一孝字尽之矣。备五伦之道而至于圣人，亦只完得一孝字耳，而全孝之道其实又本乎仁也。仁之体用，岂不至极至大，非德业深造者所可闻，是以夫子罕言之也。学者识得仁体，只要义、礼栽培，以诚、敬存之而已。其切实下手处，只在克去物欲，则仁体自全。⑤

---

① 〔明〕穆孔晖等撰；邹建锋等编校：《北方王门集》，第570页。
② 〔明〕穆孔晖等撰；邹建锋等编校：《北方王门集》，第611页。
③ 〔明〕穆孔晖等撰；邹建锋等编校：《北方王门集》，第586页。
④ 〔明〕穆孔晖等撰；邹建锋等编校：《北方王门集》，第566页。
⑤ 〔明〕穆孔晖等撰；邹建锋等编校：《北方王门集》，第566—567页。

张抱初认为,天命之性,本为人生之"理",言"理"而"气"在其中。分而言之,所谓"气"质之性,即在义"理"之性当中。而王箴舆则以"不杂气质者"为义理之性;性堕于气质之中,随之各一,这是"气质之性"。他也主张"性一也",但更为强调"气"的杂糅作用,故性堕于杂气之中而变为了所谓"气质之性"。在这个理念基础上,王箴舆就更加注重变化气质的功夫。[1] 由此可见,正是在编校文献、传道论学过程中,北方王门弟子、后学,以其独到的理解对良知学进行阐发,也推动着阳明心学的代代相传。

---

[1] 〔明〕穆孔晖等撰;邹建锋等编校:《北方王门集》,第574页。

第七章
社交网络构建与王门分派新探

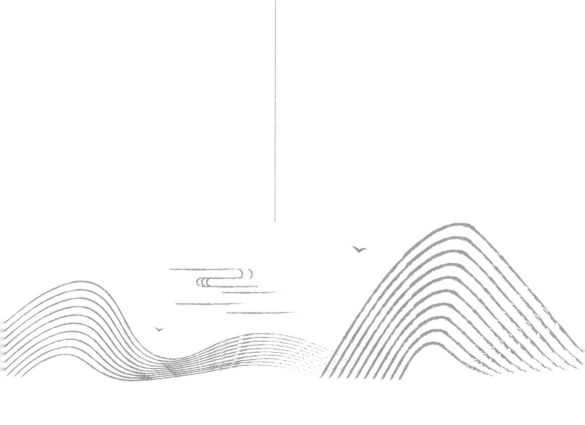

黄宗羲在其《明儒学案》中，主要按地域，将重要的王阳明弟子分别列入各派王门。现在在邹建锋《阳明夫子亲传弟子考》与《阳明夫子再传弟子考》两部力作的研究基础上，结合当今社交网络分析理论、大数据处理技术，构建出一个王门社交关系网络数据库成为可能。通过大量文献整理与计算机软件处理，我们不仅能够刻画出王门社交网络的全景图，而且通过社群发现，可将人数众多的浙中王门、江右王门等再做细分，并发现阳明学影响到不同地域的重要人物及传播路径。比如，浙籍王门弟子分别以季本、钱德洪与王畿、孙蒙泉、徐爱与朱节等为中心的社群，可以说明阳明学传播到广东、泰州与江西、南中、北方地区的重要路径。此外，从社群角度，还可以看到王门各派之间的交互影响关系。

关于王门分派这个问题的研究，钱明基于阳明学派争辩的主要内容和分化的历史脉络，通过附表的形式，提出一种新分法：将阳明后学分为现成派、功夫派两大系统，其中现成派系统分为虚无派、日用派；功夫派系统分为主意派、主静派、主敬派、主事派。① 张立文先生梳理了学界关于王门分派的三大方法：以学者所在地域分的"黄宗羲法"、以学者身份分的"嵇文甫法"、以学者思想倾向分的"冈田武彦法"。② 也有学者指出，阳明学派的划分，背后反映出的是相应的"阳明学观"，黄宗羲的《明儒学案》代表清初康熙间阳明学观，以尊重有善有恶说的修证派为阳明学的正统，以尊重无善无恶说的左派为异端；而从周汝登《圣学宗传》所代表的明末万历末年的阳明学观，则可以看出，明末的状况是，在阳明学派中左派是主流，修证派是相似朱子学的保守派。③

---

① 钱明：《阳明学派分化的思想基础》，《浙江学刊》1986年第4期，第108页。
② 张立文：《王门分派与黔中王门学派之要义梳理》，《北京行政学院学报》2019年第2期，第101页。
③ 佐藤炼太郎：《明末清初相反对立的阳明学派史——周汝登〈圣学宗传〉与黄宗羲〈明儒学案〉的比较》，《湖南大学学报》（社会科学版）2017年第1期，第12页。

我们还应从社交网络的角度,以一个相对客观、开放的"阳明学观",来重新审视王门分派的问题。所谓王门分派,不是分裂之义,更多地是要强调王阳明及其弟子、后学等所构成的社交关系网络中,实际上形成了若干中心与社群,他们在个人与团体的层面上,为阳明学派的形成、发展与演变所做出的贡献,值得做更多发掘和探讨。

第一节　王门社交网络的量化分析

尽管黄宗羲在《明儒学案》中主要是按地域将王门分派,但他实际上也考虑到了王门各派跨地域的情况,比如列入"泰州学案"中的徐樾,原本是江西人。来自不同地域的王门弟子之间,发生过深刻联系与紧密互动。为描述阳明学派的社交网络,我们构建出一个王门社交关系网络数据库,共有近千条记录,其中每一条记录的信息包括:人物甲、人物乙、关系类型、社交强度。两个人物之间的关系类型分为:师生、交游、亲属、学侣[①]、同僚,其中学侣包括论学和书信往来、作传、写墓志铭等。社交强度从 1 到 10 酌情赋值,以 4 为基准值。

使用 Python 软件计算、整理,可得出王门社交关系网络的平均聚类系数为 0.190 067 9。使用社群发现的 louvain 算法,经过再次整理,总共得到 20 个不同社群。社群的内部人数有多有少,形成时间也分先后,但在社交网络中同属于一个社群的人们之间的联系一定是更为紧密的。王门弟子"社群"的发现,将有助于在《明儒学案》基础上,更细化地探究阳明学派的内部结构与交互影响。但必须要说明的是,由于数据库不可能穷尽所有文献,计算机又基于一定的社交网络理论算法得出结果,若其中某一项发生变化,所输出的内容也会有所不同。因此,王门社交网络中心人物与社群发现,将是一个不断逼近历史真相的探究过程。但目前我们所提供的这样一个包括中心人物与社群的社交网络结构,已经能够全景式地展示阳明学派的全貌,

---

[①] "学侣"之称,由朱义禄先生在披阅本文时提示,特致谢忱。

增进对王门分派过程的认识。

我们首先对王门社交网络中的个人(即网络中的节点)进行三种节点中心化度量,即中介值(Betweenness centrality)、密切值(Closeness centrality)、特征值(Eigenvector centrality)。中介值表示社交网络中所有的节点(个人)对之间通过该节点的最短路径条数,描述这个网络中节点能够承载的流量;密切值表示某个节点到达其他节点的难易程度,也就是到其他所有结点距离的平均值的倒数;特征值,即特征矢量中心性,描述该节点人物在网络中的个性特征程度。

结果发现,无论通过哪一种节点中心化度量方式,在我们所构建出的王门社交网络中,王守仁、钱德洪、邹守益、王艮始终处于前四位,这意味着他们处于最核心的位置,对于王门分派所起到的作用也是最大的。值得注意的是,王畿作为王门非常重要的弟子之一,他的中介值排到第15位,而密切值与特征值都在前5位。这个数据结果提醒我们再次审视王畿在"王门分派"中所起到的作用。王畿确实与众多阳明弟子、后学都有着密切往来,也形成独具个性特征的思想体系,但在中介值方面(即实际上通过他来联系到其他所有王门弟子)并没有最突出的表现,而且与钱德洪有一定差距,在一定程度上意味着就王门具体的"组织事务"工作而言,他很可能没有钱德洪做得多。

表1 王门社交网络节点人物中介值前20位

次序	人 物	中介值	次序	人 物	中介值
1	王守仁(浙)	0.898 11	7	蒋 信(南)	0.026 49
2	钱德洪(浙)	0.073 79	8	朱光霁(云)	0.022 67
3	邹守益(赣)	0.053 17	9	湛若水(粤)	0.017 79
4	王 艮(泰)	0.029 11	10	冀元亨(南)	0.017 17
5	黄省曾(南)	0.028 57	11	黄宗明(浙)	0.016 11
6	黄 直(赣)	0.028 55	12	徐 樾(泰)	0.015 58

续　表

次序	人　物	中介值	次序	人　物	中介值
13	陈九川(赣)	0.015 56	17	徐用检(浙)	0.013 39
14	丘养浩(闽)	0.015 25	18	孙　堪(浙)	0.013 25
15	王　畿(浙)	0.014 47	19	刘　魁(赣)	0.013 18
16	孙景时(浙)	0.013 47	20	刘文敏(赣)	0.012 78

上表"王门社交网络节点人物中介值前20位"中的四分之三,《明儒学案》都主要以传主形式列入,而没有列入的只有5位,他们是:黄直、朱光霁、丘养浩、孙景时、孙堪。这5位在王门社交网络中地位也非常重要,值得学界重视。

黄直,字以方,号卓峰,江西金溪人,他在整理阳明先生语录方面贡献很大,作《阳明先生遗言录》,因此在王门中地位重要。黄直的弟子有吴悌、戴缓、周德崇、黄株、吴守真等,其中吴悌与陆九渊、吴澄、吴与弼、陈九川并祀抚州五贤祠,他多与阳明弟子主办讲会,研习讨论争鸣,传播良知学。

朱光霁,字子苍,号方茅,即阳明先生书信中所出现的朱克明,云南蒙化人。他与兄弟朱光弼同时受业于阳明先生。阳明先生有《与夏德润朱克明手札》。束景南先生考证出阳明书信《赠朱克明南归言》中的朱克明即朱光霁,阳明学通过他传播到云南。[①] 有学者将朱光霁列入黔中王门。

丘养浩,字以义,号集斋,福建晋江人,易学家丘瑗(号省庵)之子。任余姚县令期间,他拜师阳明,又与同门韩柱、徐珊共同校刻阳明先生的《居夷集》。他与孙升、王慎中、魏庄渠等知名阳明弟子都有往来。

孙景时,字成叔,杭州府右卫人。他与汪应轸、邵锐、江晖、吴鼎为友,慕章枫山、胡端敏之为人,师事阳明、甘泉二先生,晚年撰《杭州府志》,未成而卒。阳明弟子陈善续孙景时所撰《杭州府志》,历十余年而成。

---

① 参看束景南著:《阳明轶文辑考编年》,《与贵阳书院诸生书》(三书)(正德四年,1509年),上海古籍出版社2012版,第292—294页;《赠朱克明南归言》(正德九年,1514年),第379—383页。

孙堪,字志健,号伯泉,浙江余姚人。他是孙燧长子,与弟弟孙升(字志高,号季泉)、孙墀(字志朝,号仲泉)均为阳明先生在余姚的弟子。

表2　王门社交网络节点人物密切值前20位

次序	人物	密切值	次序	人物	密切值
1	王守仁(浙)	0.661 19	11	张元冲(浙)	0.417 07
2	邹守益(赣)	0.447 01	12	黄省曾(南)	0.416 73
3	钱德洪(浙)	0.437 66	13	王正宪(浙)	0.413 77
4	王艮(泰)	0.431 87	14	孙蒙泉(浙)	0.413 44
5	王畿(浙)	0.426 59	15	张寰(南)	0.413 44
6	黄弘纲(赣)	0.421 77	16	马明衡(闽)	0.412 79
7	欧阳德(赣)	0.421 43	17	王襞(泰)	0.412 14
8	王臣(赣)	0.418 40	18	蒋信(南)	0.411 16
9	季本(浙)	0.417 73	19	程文德(赣)	0.410 52
10	黄绾(浙)	0.417 07	20	薛侃(粤)	0.410 52

上表"王门社交网络节点人物密切值前20位"中,《明儒学案》缺载的有:王臣、王正宪、张寰、马明衡。王臣,字公弼,号瑶湖,江西南昌人,嘉靖二年(1523)癸未科进士,曾与魏良弼、欧阳德共处一室,讨论良知之学。嘉靖五年,他聘请王艮主讲安定书院,历浙江参事,不避人嫌,照顾抚恤阳明先生的后裔。晚年闲居家时,王臣与邹守益、钱德洪互相往来,参加青原、冲玄的讲会活动。

王正宪,字仲肃,号紫汉,阳明过继之子。先生对其期望甚高,聘请黄文焕、冀元亨、薛侃、钱德洪、王畿等相继教之。

张寰,字允清,苏州府昆山人。正德九年(1514),他在南京从学阳明先生门下。晚年,张寰参与湖州长兴顾应祥等主持的岘山学社会讲活动,亦曾参与同门钱德洪、邹守益主持的江西上饶怀玉书院的会讲活动。

马明衡,字子莘,福建莆田人。正德九年,他与应典、萧鸣凤、黄宗明、陈九川、侯一元等人同中进士,是年五月起,从学阳明先生门下。嘉靖二年,马明衡又与邹守益、王艮、薛侃、黄宗明等同门侍学于阳明先生。他也与地方名士郑善夫等交游,著有《尚书疑义》六卷。邹建锋在《阳明夫子亲传弟子考》一书中认为,马明衡是良知后学经学化的重要代表人物。在阳明学派的研究中,马明衡应受到更多重视。

表3 王门社交网络节点人物特征值前20位

次序	人物	特征值	次序	人物	特征值
1	王守仁(浙)	0.656 60	11	聂豹(赣)	0.066 70
2	邹守益(赣)	0.151 67	12	张元冲(浙)	0.063 42
3	钱德洪(浙)	0.115 99	13	林应麒(浙)	0.062 96
4	王畿(浙)	0.107 26	14	薛侃(粤)	0.062 57
5	王艮(泰)	0.101 10	15	万虞恺(赣)	0.062 54
6	欧阳德(赣)	0.087 20	16	程文德(赣)	0.062 49
7	黄弘纲(赣)	0.080 71	17	刘文敏(赣)	0.062 27
8	湛若水(粤)	0.080 57	18	徐爱(浙)	0.062 05
9	王臣(赣)	0.070 03	19	季本(浙)	0.061 42
10	黄省曾(南)	0.069 25	20	黄绾(浙)	0.061 02

上表中《明儒学案》缺载的有:王臣、林应麒、万虞恺。王臣的王门社交网络节点人物的密切值与特征值都能够排进前10位,可见其地位其实非常重要,很值得做进一步的研究。

林应麒,或作应麟,字必仁,号介山,浙江仙居人。嘉靖年间获侍于阳明,得游阳明之门,终身服膺良知之训,有《介山稿略》十六卷。林应麒与其同门邹东廓、王龙溪、罗念庵等交游论学。

万虞恺,字懋卿,号枫潭,江西南昌人。嘉靖五年(1526),枫潭受学于阳明弟子吴子金(字惟良,号石冈,南昌人)于游湖寺,亦尝就学于欧阳南野先生。在正学书院,他与张元冲、罗念庵、邹东廓、黄洛村等会讲,亦一时盛况。万虞恺儿子万廷言(字以忠,号思默),亦为阳明重要弟子。万氏父子亦自为师,后世称为豫章之学。①

第二节　浙籍王门弟子的社群发现

浙江是王阳明出生、成长与讲学之地,王门中的"浙籍"弟子很多,包括徐爱、钱德洪、王畿、季本等。从王门社交网络来看,王阳明的浙籍弟子还可再细分为若干社群。有浙籍弟子列入的王门社群,可分三种情况:完全由浙籍弟子所构成的社群、以浙籍弟子为主体的社群,以及浙籍弟子不占主体地位的社群。

完全由浙籍弟子所构成的社群,包括社群十四(应典、吕璠、汪玉)②、社群十八(诸偁、诸阳、诸升、诸阶)③。这样的浙籍弟子小社群,往往是由于地缘、血缘亲近而自然结成,而且与王门社交网络中其他人的联系并不紧密。

以浙籍弟子为主体的社群共有五个,这也是王门各派中数量最多的弟子社群。其中,社群三包括:蔡宗兖(浙)、季本(浙)、范瓘(浙)、张元忭(浙)、钱楩(浙)、吴继乔(粤)。该社群以季本为中心人物,涉及来自广东揭阳的吴继乔,他曾往广西苍梧从阳明先生游,而且季本也重其为人。

社群五包括:钱德洪(浙)、程梓(浙)、王畿(浙)、丁任(浙)、丁行(浙)、何鳌(浙)、何伦(浙)、王修易(浙)、徐霈(浙)、黄绾(浙)、黄文焕(浙)、王正宪(浙)、李琪(浙)、卢可久(浙)、钱大经(浙)、钱德周(浙)、钱应乐(浙)、钱应扬(浙)、钱仲实(浙)、魏廷豹(浙)、俞大本(浙)、周积(浙)、王襞(泰)、张寰(南)、胡汝焕(赣)、王良臣(赣)、王守胜(赣)、魏良辅(赣)、魏良贵(赣)、魏良

---

① 余重耀著:《阳明弟子传纂》,卷二《江右王门》,中华书局1928年版,第25页。
② 该社群原有5人,整理时排除了姚文照、张钺、章懋这三位,他们不是阳明亲传弟子,又并入汪玉。其他社群也做了排除工作。在构建王门社交网络时,涉及的人物更多,但其中并不都是阳明弟子。
③ 类似的社群如闽粤王门中有完全由粤籍弟子组成的社群十七:伦以训、伦文叙、伦以亮。

器(赣),魏良弼(赣),魏良政(赣),薛侃(粤),薛俊(粤),薛侨(粤),薛宗铠(粤),方献夫(粤),林讷(闽)。

该社群影响大、人数多,以钱德洪、王畿、黄绾为中心。王襞之所以也被列入此群,是因为他曾拜师王畿、钱德洪,而且留越的时间将近二十年,与王门浙籍弟子关系非常紧密。不少江西籍弟子也被列入该社群,其中,胡汝焕曾得到王畿的赞许;王良臣是钱德洪的弟子,且与王守胜都参与怀玉书院(邹守益、钱德洪主持)讲学活动;魏良辅、魏良贵、魏良器、魏良弼、魏良政兄弟于绍兴、南昌等地先后都师从阳明,尤其是魏良器笃信良知学,曾竭力劝导王畿从学王门,并对钱德洪也有教导。

大量"粤闽王门"弟子也从该社群中受益匪浅,包括广东揭阳薛氏家族的薛侃、薛俊、薛侨、薛宗铠。其中,薛侃在王门社交网络中地位重要,可谓王阳明在广东地区最著名的弟子。他与欧阳德等同门在阳明先生逝世后护卫其家,又与王畿、周文规等编刻阳明先生语录,大力推动阳明学的广泛传播。林讷转益多师,因家乡福建莆田惨遭寇乱,移居到扬州府泰州,卒业于王襞,并为其师编辑《东厓遗集》。林讷是泰州学派代表人物之一,弟子有刘源、王嘉第、王元鼎等。

社群六包括：柴凤(浙),刘侯(浙),陈善(浙),程尚宁(浙),范引年(浙),黄修易(浙),王世仪(浙),管州(浙),孙蒙泉(浙),陆澄(浙),蔡汝楠(浙),郑寅(浙),王正思(浙),闻人诠(浙),沈桐(浙),黄省曾(南),刘君亮(赣)。

上述范引年、管州、孙蒙泉、陆澄、蔡汝楠、闻人诠,是该社群中心人物,也是重要的阳明弟子。陆澄,字原静,一字清伯,浙江归安人,王门早期著名弟子,与孟源、马明衡、王嘉秀、冀元亨、唐诩、徐爱、薛侃、刘君亮等同门共学,《传习录》中他所记内容排在徐爱之后。同为浙江湖州人的蔡汝楠可谓阳明先生的私淑弟子,并且他问学于孙蒙泉,与之交往颇厚,一起在湖南编刻《传习录》。

该社群中特别值得注意的是黄省曾(字勉之,号五岳),他是苏州府吴县人,师从与交游经历颇广,在王门社交网络中地位突出。黄宗羲在《明儒学案》中将黄省曾列在南中王门首列,亦可见其重要性。范引年、管州、孙蒙泉、陆澄、闻人诠等人，或共同入门受学，或共事于阳明学传播，相比于钱德洪、王畿所在的浙籍弟子社群，虽然总体影响力稍逊一筹，但是该社群中黄省曾的列入，有助于深入探究从浙中王门到南中王门的阳明学传播路径。

社群十一包括：董沄(浙)、董榖(浙)、胡瀚(浙)、胡铎(浙)、黄嘉爱(浙)、徐爱(浙)、林应麒(浙)、王激(浙)、朱节(浙)、王应鹏(浙)、叶慎(浙)、许相卿(浙)、许闻造(浙)、许闻至(浙)、朱篪(浙)、朱簧(浙)、李良臣(赣)、张纯(赣)、唐鹏(南)、傅凤(徽)、南大吉(北)。

该社群以徐爱、林应麒、朱节为中心人物。《明儒学案》缺载王激，他于正德九年(1514)从学于阳明，并与徐爱、朱节等阳明弟子交游切磋，颇受推重。以徐爱为中心，多有诗歌唱和，往来密切的王门弟子包括江西籍的李良臣、江苏籍的唐鹏等，而徽州府祁门的傅凤，曾先就学于时任县令的徐爱。

朱节[字守中(忠)，号白浦]，为浙江山阴人，其墓志铭由南大吉撰写，可见两人交往颇深。南大吉，字符善，号瑞泉，陕西渭南人，是将阳明学传播至北方地区的重要王门弟子。他曾在绍兴担任知府，大刀阔斧进行改革，嘉靖三十七年(1558)受祀于绍兴名宦祠。南大吉与其弟南逢吉、长子南轩三人，在绍兴同时受学于阳明门下。他又与同门合作刻印《续传习录》，刊布阳明语录《越中传述》等。南大吉在家乡渭南建有湭西书院，在北方地区传播阳明良知学思想，收有弟子裴贞等。

社群十三包括：韩柱(浙)、徐珊(浙)、孙升(浙)、孙堪(浙)、孙燧(浙)、孙墀(浙)、孙矿(浙)、孙鑨(浙)、夏淳(浙)、徐天泽(浙)、梁廉(赣)、丘养浩(闽)、王慎中(闽)。

该社群多为浙江余姚人，以徐珊、孙堪、丘养浩为中心人物。夏淳与徐珊同师阳明。徐天泽是徐珊的兄弟，闻阳明良知学后进步很快，得到钱德洪的赞许。梁廉与徐珊既曾侍学于阳明先生，又在湖广辰州任通判期间，大力弘扬阳明良知学。丘养浩，字以义，号集斋，福建晋江人，易学家丘瑗之子，曾任余姚县令，其间拜师阳明。丘养浩与韩柱、徐珊刊刻阳明先生《居夷集》。丘养浩去世后，同门孙升撰其行事，王慎中为其立传，可见他们之间的同门情谊。同为福建籍的王慎中，与阳明后学唐顺之、曾忭多讲习论学。

第三节　赣籍王门弟子的社群发现

王门社交关系网络中,完全由赣籍弟子构成的社群有社群十六(龙光、刘铠、龙履祥、杨基)、社群十九(周汝员、周文矩)。龙光跟随阳明先生征战四方,多有助力。先生去世,他又与刘铠、杨基、武桀等弟子以营护送至绍兴安葬。社群十九中排除了汤绍恩,而周汝员与兄弟周文矩二人都受学于阳明,嘉靖十六年(1537)他以御史按浙,与知府汤绍恩共建新建伯祠,祭祀阳明先生。

社群四包括:曾才汉(赣),黄直(赣),戴绶(赣),黄株(赣),吴守真(赣),吴悌(赣),周德崇(赣),邹元标(赣),孟秋(北),陈杰(闽)。

该社群人数不多,以黄直、邹元标为中心,吴悌、戴绶、周德崇、黄株、吴守真都是其弟子。黄直纂辑《阳明先生遗言录》,后由曾才汉校辑。邹元标与各地王门弟子、后学多有交往,他的门人众多。邹元标与北方王门弟子孟秋的关系较为紧密,为之作《孟我疆先生集序》《奉训大夫尚宝司少卿我疆孟先生墓志铭》。黄宗羲《明儒学案》中所列北方王门弟子包括:穆孔晖、张后觉、孟秋、尤时熙、孟化鲤、杨东明、南大吉,他们与其他地区王门弟子的交游情况值得更多关注。

社群七包括:聂豹(赣),管登(赣),何廷仁(赣),黄弘纲(赣),何春(赣),赖元(赣),赖贞(赣),李经纶(赣),刘澜(赣),汤克宽(赣),周禄(赣),胡膏(浙),王正亿(浙),黄齐贤(浙)。

该社群以聂豹、黄弘纲为中心。赖元是赖贞之兄,多与同门黄弘纲、何廷仁、李经纶、聂豹等交游论学。刘澜亦与黄弘纲、何廷仁从阳明先生学。汤克宽、周禄,均与聂豹有论学往来。黄弘纲在阳明先生去世后,保护先生嫡子王正亿及处理其他家事有功。王正亿曾从学于胡膏。聂豹与黄齐贤交游,作《赠黄明山赴召序》。

社群八包括:陈九川(赣),罗洪先(赣),欧阳德(赣),王时柯(赣),夏良胜(赣),邹守益(赣),邓圚(赣),邓州(赣),董欧(赣),郭持平(赣),黄旦

(赣)、张鳌山(赣)、刘鲁(赣)、刘晓(赣)、王钊(赣)、刘肇衮(赣)、王一视(赣)、王贞善(赣)、刘宾朝(赣)、欧阳瑜(赣)、欧阳阅(赣)、裘衍(赣)、饶瑄(赣)、万虞恺(赣)、万廷言(赣)、王臣(赣)、艾铎(赣)、王思(赣)、王铸(赣)、谢魁(赣)、王仰(赣)、易宽(赣)、程默(徽)、吴枋(徽)、胡松(徽)、戚南玄(徽)、谈恺(南)、冯恩(南)、徐阶(南)、程文德(浙)、林元伦(浙)、林元叙(浙)、张元冲(浙)、成子学(粤)。

该社群为江右王门中最大的一个,重要的阳明弟子也较多,包括陈九川、罗洪先、欧阳德、邹守益、万虞恺、王臣。邓圉、邓州兄弟都卒业于邹守益。郭持平曾跟随阳明平定宁王朱宸濠之乱。他与邹守益交游时间很长,多有论学书信往来。除赣籍弟子外,列入该社群的还有安徽籍、江苏籍、浙江籍的王门弟子。程默从学于邹守益,吴枋曾与罗洪先、王畿、戚贤等同门论学,又与胡松合作编成《念庵文集》。戚贤于嘉靖二十年(1541)补刑科都给事中,上《进贤退不肖疏》,推荐同门马明衡、程文德、徐樾、魏良弼、王龙溪等,又曾在安定书院举办讲会,宣讲、切磋阳明良知学。江苏籍的谈恺是阳明先生的私淑弟子,于嘉靖三十六年(1557)为《阳明先生正录五卷外录九卷别录十四卷》作序。冯恩,松江府华亭人,嘉靖十一年(1532)上疏,反对权臣汪鋐奸罪,帝怒,下狱。他与徐阶、戚贤、罗洪先、邹守益、程文德、谈恺等多有交游。

浙籍弟子程文德,是金华永康人。在任江西安福知县期间,他与邹守益、徐阶、季本等筹建复古书院,作为传承阳明良知学的重要场所。程文德也多与同门王畿、欧阳德、邹守益、徐樾、石简、卢可久、薛侃、应典、伦以训等论学往来。林元伦是林元叙弟弟,他与徐阶相与讲学,协助胡松编修《滁州志》。张元冲,字叔谦,号浮峰,山阴人。黄宗羲认为他以戒惧为入门,而一意求诸践履。张元冲与邹守益、罗洪先、黄弘纲等同门举办讲会,又建怀玉书院,迎王畿、钱德洪主讲,并为编辑《阳明先生年谱》做了大量工作。石简,得父之命从学阳明,为官清廉出名。嘉靖三十年(1551),因受徐樾牵连而罢归。成子学与罗洪先多有交游论学、书信往来。

社群十包括:罗汝芳(赣)、刘邦采(赣)、刘文敏(赣)、陈嘉谟(赣)、贺泾(赣)、刘文协(赣)、王时槐(赣)、刘子和(赣)、胡直(赣)、吴子金(赣)、孟津

(徽)、孟源(徽)、陆光祖(浙)、徐用检(浙)、耿定向(鄂)、耿定理(鄂)、郭庆(鄂)、吴良吉(鄂)、赵贞吉(川)、李贽(闽)。

该社群以罗汝芳、刘文敏、孟津、徐用检为中心。除赣籍弟子外,涉及徽籍、浙籍、鄂籍、川籍、闽籍的王门弟子,可见阳明学派发展过程中江右王门弟子影响范围之广。孟津与胡直、陆光祖有书信论学、诗歌唱和。他在嘉靖三十六年担任黄冈知县时,编印《良知同然录》,序言中有言"愿阐师门同然之蕴,以波于江汉",此书后叙由邹守益门人麻瀛所作。孟源是孟津之兄,先后在滁州、绍兴从学于阳明先生。陆光祖还是王龙溪弟子,两人之间多有论学。徐用检,字克贤,号鲁源,浙江兰溪人,他是钱德洪弟子,金华地区阳明学的代表性人物,创办兰溪会讲,受到黄宗羲的特别关注与表彰,其弟子有刘一璟、姚铎、舒秉彝、包容大等。

耿定向,原是湖广黄冈人,在南中督学,开崇正书院,成为泰州学派中坚。他又与弟弟耿定理、耿定力一起居天台山创设书院,传播阳明良知学。耿定理从学于方湛一、邓豁渠、何心隐、王襞,又与刘初泉、李士龙、李贽交游密切。出自黄冈的王门弟子还有郭庆、吴良吉师徒。孟津任黄冈知县时,聘请吴良吉担任书院主讲。耿定向也与吴良吉交厚,吴良吉去世后耿定向为之操办丧事、撰作传记。赵贞吉,字孟静,号大洲,四川内江人。他是徐樾弟子,其学对徐用检多有启发。李贽,原是福建泉州人,寄寓黄安、湖广麻城芝佛院,与耿定向为友。该社群以王门赣籍弟子为主体,但其中与鄂籍弟子关系紧密,这离不开孟津的重大作用。该社群又与泰州学派渊源很深,值得进一步探究。

第四节 其他王门弟子的社群发现

与泰州王门相关的主要是社群十二,包括:王艮(泰)、王栋(泰)、华云(泰)、林春(泰)、徐樾(赣-泰)、聂静(赣-泰)、李九韶(赣-泰)、方基(赣-泰)、叶思忠(赣-泰)、董燧(赣-泰)、黄文刚(赣)、俞文德(赣)、袁庆麟(赣)、顾应祥(浙)、黄宗明(浙)、万表(浙)、石简(浙)、林达(闽)、马明衡(闽)、路迎

(北)、戚贤(徽)。

该社群以王艮、徐樾、黄宗明为中心人物,最大特点是不少王门赣籍弟子成为泰州学派的主干力量。比如,徐樾,字子直,号波石,江西贵溪人。他数次从学于阳明,后又从王艮学,其弟子有李九韶、叶思忠、方基等。聂静是聂豹侄子,又是王艮弟子,且从学于邹守益,可谓转益多师。他积极协助刊印王艮文集、年谱,与同门董燧、王襞等编校整理、刊印并序《重刻心斋先生王语录》。李九韶是徐樾弟子,与颜钧论学,他的弟子中著名的有杨时乔。董燧,原是江西抚州人,师从过聂豹、欧阳德、邹守益、陈九川等,又师从王艮,大悟。他与罗洪先、颜钥等王门弟子、后学都有交游。万表与林春论学,被列入《明儒学案》,是阳明后学中思想比较有代表性的重要人物。路迎,字宾阳,号北村,山东济宁人。他与穆孔晖、王道等同拜学阳明先生,考察阳明学如何传播到北方地区,可以重点关注这个群体。

南中王门弟子多、地位重要的涉及社群十五,其中包括:冀元亨(南)、梁日孚、梁焯(粤)、刘阳(赣)、尹一仁(赣)、邹祺(赣)。该社群以冀元亨为中心人物,梁焯与之交厚。邹祺与冀元亨于赣州同拜师阳明,且与邹守益、罗洪先、聂豹多有来往,参与讲会论学。刘阳与尹一仁为友。

社群二包括:蒋信(南)、胡维(南)、唐相(南)、徐仲文(南)、谭廷谧(南)、史际(南)、龙翔霄(南)、周冲(南)、李呈祥(徽)、丁旦(徽)、井一成(徽)、柯乔(徽)、吕一麒(徽)、汪尚和(徽)、施宗道(徽)、胡宗宪(徽)、陈洸(粤)、杨骥(粤)、杨鸾(粤)、杨思元(粤)、郑一初(粤)、王贵(赣)、刘秉监(赣)、曾忭(赣)、高冕(浙)、孙景时(浙)、钟世符(浙)、杨珂(浙)、蔡月泾(鄂)、马廷锡(黔)、赵大洲(川)。

社群二在王门社交网络中比较重要,该社群以蒋信、胡宗宪、杨骥、马廷锡、孙景时为中心,实际上还涉及王阳明的至交好友湛若水。蒋信,字卿实,号道林,湖广常德人,他与冀元亨等同门曾从学阳明侍讲于龙兴寺,还曾得到阳明"可作颜子"之誉。又问学于湛甘泉,相交游有赵大洲、胡宗宪、罗念庵等,弟子有唐相、胡维、徐仲文等。史际、龙翔霄均亦师从王阳明、湛若水而融汇之。

南中王门,特别是湖南籍的弟子,多有兼通湛王之学。李呈祥也曾对湛甘泉执弟子礼,深得其"体认天理"之说,弟子有柯乔、丁旦、吕一麒、井一成等。丁旦少师李呈祥,后亦求学于邹守益、钱德洪、王畿等。胡宗宪,字汝贞,号梅林,祖籍徽州府绩溪,可谓阳明先生私淑弟子。陈洸与郑一初同学于阳明,并在其师与湛甘泉之间起到沟通桥梁的作用,比如转赠湛甘泉新著《学庸测》给阳明先生。刘秉监,字遵教,号印山,江西安福人,初学于甘泉,而后尤笃志于阳明。马廷锡,字朝宠,号心庵、内江,贵州人,他是蒋信的重要弟子,与孙应鳌多来往论学,笃信好学,多次受邀主讲贵阳文明书院、正学书院等。近年来学界研究"黔中王学",应多关注马廷锡对阳明学在贵州地区传播的重要贡献。赵贞吉,字孟静,号大洲,四川内江人。他是徐樾弟子,因与明朝权臣严嵩、高拱多有不和,或被贬官,或被罢官,致仕回川,促进阳明学在四川地区的传播。

上述之外,还有社群九,包括王阳明弟子:朱光霁(黔)、陈文学(黔)、汤冔(黔)、叶梧(黔)、王杏(浙)、黄骥(浙)、刘魁(赣)、尤时熙(北)、郭学书(北)、周讷溪(徽-南)、朱得之(南)。该社群以刘魁、朱光霁为中心。陈文学在贵州龙冈书院拜阳明为师,与汤冔、叶梧相交游,参与编辑整理《阳明先生文录》有功。叶梧,字子苍,与徐爱友善。嘉靖十四年(1535),叶梧与王杏等同门校正《阳明先生文录续编》三卷,刊于贵阳。黄骥,字德良,号屏山,浙江余姚人,尤时熙曾从之研习阳明良知学。河南钧州进士郭学书,从刘魁受阳明学。周怡,字顺之,号都峰、讷溪,宁国府太平人,师从邹守益、欧阳德、王畿,曾与钱德洪、刘魁、杨爵等同门系狱五年。黄宗羲的《明儒学案》将周怡、朱得之列入"南中王门"。朱得之与北方王门弟子多有交游,尤时熙即是其弟子。

学界对王阳明弟子从所处地域、思想倾向等多个角度进行学派划分,其中的主要人物往往成为某派别的代表。学派的划分可以视为一种对人物的聚拢,只不过这种聚拢的标准,有的根据地域,有的强调思想主张,还有其他的角度,以及一定程度上的综合考量。以地域标准来划分学派,相对来说比较容易操作,而且符合当时交通条件下的实际情况,不足之处可能在于无法描述该学派人物的跨地域交游及其思想的广泛传播。不同地域的学者,有可能因其思想倾向,而可以视为同一学派,比如多地儒士都尊奉孔孟,他们都是儒学一派。

学派的形成以"学"为核心，而这个"学"的内涵离不开社交关系，包括师生、亲属、学友、交游等。从社交关系的角度，既可以描述跨地域的人物交往，又能够更为细致地梳理出思想传播、碰撞和发展的轨迹。基于社交关系数据库，电脑软件工具根据一定的理论和算法，可以直观地呈现出阳明学派中的人物关系网络，这对于学界来说具有重要意义。一方面是真正做到跨学科，融合了人文资料与理工技术；另一方面，全景视角的出现，突破了对学派、人物之间关系的简单化印象。在这种社交关系网络的全景呈现中，每个人都可以是一个中心，而且社交关系紧密的"中心"人物也有聚拢效应。在社交关系网络的背景下，对人物历史地位的探讨，更为全面、客观。

第八章
王阳明弟子良知学论点比较

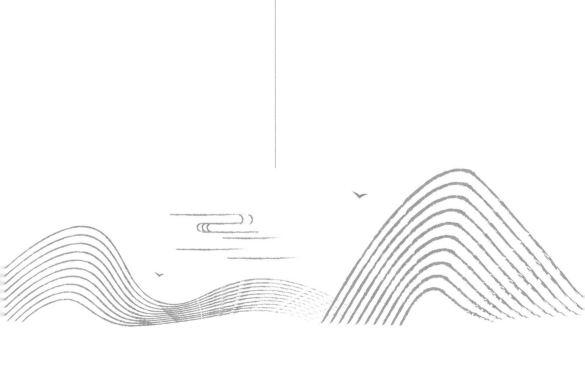

王阳明弟子中不乏思想深邃者,他们在承传其师良知学思想的基础上,又有颇具心得的义理发挥,特别是继续讨论了宋明儒学中的一些经典概念和命题,比如"格物致知""本体功夫"以及"悟"等。从这些相对具体的学术探讨中,可见阳明后学不同的思想倾向。

第一节 从"依良知"到"循良知"

"依良知"的提法,可追溯到阳明所言"依着见成良知",也相当于孙蒙泉所谓"依本体"。阳明讲"知得不善,却不依这个良知便不去做",就会导致"这个良知便遮蔽了",可见他是从反面来讲"依良知"的问题。所谓"不依这个良知"中的"良知",具体来说就是指"知善知恶是良知"的"良知"。可知阳明所讲的"依良知"原本是有着较为具体的内涵,而且是在良知本体发用(知善、知不善)的情况下,不得不"依本体"。因此,在一定意义上,阳明的"依良知"说,其实主要还是在走"功夫即本体"的路子,由做"知善、知不善"的功夫,而达到依从良知本体、不被遮蔽的状态。

王阳明的著名弟子欧阳南野更为明确地提出了"依着见成良知"说法。他认为:"良知即是非之心,性之端也。性无不善,故良知无不中正。故学者能依着见成良知,即无过中失正。苟过中失正,即是不曾依着见成良知。若谓依着见成良知而未免过中失正,是人性本不中正矣。"①跟其师阳明的"依良知"说相比较,欧阳南野更为强调一个"见成良知"。"见成良知"与"良知"是有所区别的。所谓"见成良知",一定是没有过中、失正的,合乎性善本体;而"良知"有时会被遮蔽。因此,欧阳南野的"依着见成良知"说法,实质上与

---

① 〔明〕欧阳德:《南野集》卷九《答董兆时问(癸巳)》,第7页。

阳明的"依良知"说是相通的。然而,阳明本是从良知发用的角度,称之为"依知善、知不善的这个良知";欧阳南野则从性善、中正的角度,称之为"依着见成良知"。

与阳明先生共倡圣人之学的湛甘泉,对王门弟子中有关"依良知"的说法提出过质疑。他说:"今游先生门者,乃云只依良知,无非至道,而致之之功,全不言及。至有纵情恣肆,尚自信为良知者。立教本旨,果如是乎?"① 如前所述,阳明"依良知"说是"功夫即本体",并非没有"致"的功夫。王门弟子、后学中若是在"功夫"方面不加留意,甚而只论良知"本体",就本体而"依"本体,非由功夫来"依"本体,这就会出现种种弊端,包括湛甘泉所提到的"纵情恣肆""盲目自信"等。

即便是王阳明弟子、后学,也有对"依良知"说提出过质疑的。比如罗念庵认为"以知觉发用处为良知",甚至于改"致"字为"依"字,就会导致"只有发用,无生聚"的情况。罗念庵所谓"只有发用,无生聚",也就是没有走"功夫即本体"的路子。按阳明原本之意,在良知"发用"(知善、知不善)时须做"依"的功夫,如此"生聚"乃"即本体"。阳明后学中也还有学者对"依着良知"说明确提出批判,比如王一庵指出此说的问题在于忽略"致良知"的"致"字。《王一庵语录》中有言:

> 明翁初讲致良知,曰:"致者至也,如云丧致乎哀之致。"……观此则所谓致良知者,谓致极吾心之知,俾不欠其本初纯粹之体,非于良知上复加致也。后因学者中往往不识致字之义,谓是依着良知,推致于事,误分良知为知,致知为行,而失知行合一之旨。故后只说良知,更不复言致字。②

良知本体如何唤醒、呈现、挺立,这是需要去做功夫的,这个功夫是致良知,是一种"功夫即本体"的路子。按王一庵的讲法,这也可谓之"功夫至本

---

① 〔清〕黄宗羲著,沈芝盈点校:《明儒学案》,第230页。
② 〔清〕黄宗羲著,沈芝盈点校:《明儒学案》,第735—736页。

体"。只不过,做功夫是"复本体",不使其有所欠缺、遮蔽。换言之,做这个功夫是在低于良知本体的层面,所以王一庵说"非于良知上复加'致'也"。致良知中的"致",突出一种功夫的路径和方向,预设是尚未达成本体状态,而且认为要达到良知本体状态并非易事。如果有人认为达到良知本体状态是容易的,就会推论出"依本体"之说,实为另一种"本体即功夫"的路子。

  王阳明及其弟子的"依良知"说之所以会受到众多质疑甚至批评,或可从文字训诂中得到一种角度的理解。关于"依"字的训诂,《说文解字》曰"依,倚也",《广雅》曰"依,恃也"。不难看出,《说文》《广雅》中关于"依"字训释偏于一定的"消极义":倚、恃。对良知的所谓倚靠、凭恃,都是在本体完全呈现的基础之上而言,否则有可能出现"虚"倚、"妄"恃的弊端。而与"依"字意思相近的"循"字,倒在字义方面比较妥当,《说文》曰"循,行顺也",强调所"行"为"顺",那么"循良知"之义,可谓"行良知而顺",这在表述上较"依良知"为优,因为"依良知"若有弊端,则会不"顺"。循良知,有着某种对致良知功夫有效性的保障意味。

  "循良知"的说法,依然可以追溯到王阳明。他谈到《中庸》"率性之谓道",认为不论贤知者、愚不肖者"都要循着这个道,则道便是个教"。此外,阳明在《传习录》中还提出过"循着良知发用流行将去,即无不是道""学循良知"的说法。简言之,所谓"循良知"其实是一种"本体即功夫"的路子。良知本体发用流行,是有所向的,循此即是功夫。吴震先生认为,"依良知"或"循良知","实为阳明晚年所提倡。……'依'字的确没有'致'字所具有的那种积极意义。"在对致良知"功夫"的强调上,"依良知"说较弱些,而"循良知"之说就显得更主动又慎重。

  "循良知"命题,王门弟子、后学中还是欧阳南野阐发得最多。孙蒙泉所言"依本体",不言明本体即良知,似为功夫埋下"伏笔",倒也与"循良知""依良知"的说法颇为近似。欧阳南野有言:"惟循其良知,无所倚着,即是真好真恶,即是王道,即是天则。此须立心之始,有着无着,一一分晓,则凡情自别,天则自见。"[①]将良知视为"王道"与"天则",如此可"循"之而无弊端。这与欧阳南野从性善、中正的角度讲"依着见成良知"的意思,是相一致的。以

---

① 〔明〕欧阳德:《南野集》卷三《答戚补之》第三书,第27—28页。

"天则"说良知,也就是强调性无不善、良知无不中正。

关于循良知与致良知、养良知两者的关系,欧阳南野认为"循良知而无所亏歉之谓致,致非有所推广增益也。循良知而无所损害之谓养,养非无所充满流动也。岂有二哉?"①在欧阳南野看来,循良知与致良知在"良知无所亏歉"的意义上是相通的,两者都没有对良知本体有所"推广增益"。如果说致良知是"功夫即本体"的方向,循良知可谓"本体即功夫"的路径。而"养良知"是就循良知过程中,对良知本体"无所损害"而言。概而言之,循良知而无所增益即为致良知,循良知而无所损害即为养良知。

因此,欧阳南野的"循良知"说,其实就是"直指良知本体之自然流行,而无所用力者,使人知所以循之"②的意思。良知本体就有"自然流行"的特征,所以"循"之而已,不增不减,既是致良知,又是养良知。循良知自然之本体,而无所加损,一毫人力不与焉,这就是能"致其良知"。吴震先生指出,欧阳南野所讲的"循良知"不过是阳明"致良知"的另一种表达方式,并非略而不谈"致"字功夫,并且他还论述道:

在为学次第的问题上,欧阳南野的看法是:首先要做到"循其良知",不在良知本体上做任何加损,由此就能达到致其良知的目的。所谓致良知,重要的就是对良知本体的全盘信赖,不能以为本体有所欠缺,因而在本体上去做或加或减的功夫。③ 实际上,良知(本体)与致良知(功夫)之间的关系颇为复杂。正如阳明所言"知行合一"之意,若是本体与功夫"合一"了,无论从本体说功夫(本体即功夫),还是从功夫说本体(功夫即本体),都无妨。否则,就有的是偏于本体,功夫不到位而纵情恣肆;有的是陷于功夫,本体不明而冥行妄做。

第二节 阐发"格致"的不同倾向

聂双江提出"格物无功夫"说,吴震先生指出其原因有二,一是因他主张

---

① 〔明〕欧阳德:《南野集》卷二《答陈盘溪》,第4页。
② 〔明〕欧阳德:《南野集》卷二《答陈明水》,第2页。
③ 吴震著:《阳明后学研究》,第305—306页。

"良知本寂",而"物"是良知之感应,故"感上无功夫",功夫必须静养寂体,"便自能感而遂通",也就达到了"格物"的效果;二是如果"在感应之物上去做致良知功夫的话,就有可能犯朱子学的那种'舍心逐物'的错误"。如果基于"良知现成",把良知视作已发,再去求未发之本体,又会导致"任情""逸心"或"猖狂自恣"。① 如前所述,孙蒙泉主张不要把"格物"看得太容易,他还是承传其师阳明"致知焉尽矣"的论断,把格物功夫统合进致良知。

卢可久也有一些关于"格物""致知"命题的阐发。他以"知"为"吾心之良知",以"物"为"天下之事物",并且"吾心之良知,原自通贯乎天下之事,而天下之事皆不出吾致知之功"。卢可久,字德卿,号一松,浙江永康人。在《承志录》的序言中,卢一松先生回忆,父亲命他从学于王阳明,不仅期望他"独抱稽山归",而且"至言尧舜人可为",以成为圣贤为盼。见到阳明先生之后,得以听闻良知之学的宗旨,他又能笃信力学,充然有得,并且得到同门高第钱绪山、王龙溪等人的认可、赞许。阳明先生逝世后,一松先生就在五峰书院讲授良知学。

卢一松先生自述,他起初未能领会阳明所传"致良知",但他坚持做功夫,两三个月之后,"渐觉有悟",可知他属于"渐悟派"。同时,他又讲"致知之功无内外、无动静,一了百当,原无阶级渐次",可知他又主张"顿修"。卢一松将格物的"格"字,解为"正",也就是"格其不正以归于正"的意思。因为心感于物而后有动,动而后有不正。良知能知其"物"的正与不正,这体现出它是心的本体。致知在格物,此是君子"致用以求合其本体之学"。良知不分动静,格物致知要避免虚、妄的毛病。就致知来说,良知是灵明自觉,本体是寂(静),但未尝不感,感也就是动了;格物是动,但"格"者"于其是而是焉、非其非焉",顺其自然而应,即便"动"也是一种"静"。以致知为本,以格物为功夫。不格物,则"知"为虚;不致知,则为妄。

卢一松先生继承其师阳明先生的"致知焉尽矣"论断,提出"良知无余蕴"的论点。他说:"讲学讲到良知,已自无余蕴。"千古道统发到致良知,也是"无余蕴"了。他以良知涵盖《尚书》"执中"、孔孟"仁义"、《大学》"至善"

---

① 吴震著:《阳明后学研究》,第202—203页。

等。《尚书》"允执厥中"的"中"字,很难讲清楚,卢一松先生主张求"中"于"吾心良知",良知所知处,丝毫不差,这是天下之"大中",而且"天机自运为良知",而非人力私意所能为。不致良知而谈"执中",那是"以中执中";谈克己,则不过是"以己克己"。可见,一松先生将良知赋予功夫的内容,正如阳明先生讲"勿忘勿助"是烧火煮锅,清水下米则需要"必有事焉"。

良知妙用,在于由良知而行仁义,也有的"行仁义"不是由于良知,甚至于昧良知而行"假仁假义"。尽管如此,即便是行假仁假义,良知也会自知其意之诚否、心之正否。卢一松先生以良知为天之则、道之极、善之至、天下大中,尧舜所传"允执厥中"之"中"无定在,如何去"执"?卢一松先生主张"执吾之良知",以此为准则,辨别太过、不及之处。良知自能"中节",能"通变化",而不堕于偏见,不生出弊端。仁、义、智、信等,因以致良知为基本准则而可通达天下后世,在这个意义上也可以去理解阳明所讲的"致知焉尽矣"。

致良知,是从太虚混沌中发出的天之言。卢一松先生对阳明所言"致知焉尽矣"有一种理解是"除却致良知则无事可做",很明显,他将《大学》的"致知"等同于阳明的"致良知"。事事围绕着"致良知"来做。卢一松先生将良知比作"心之光明",此光明,是心之体。以主光而言,心才有所谓出入、动静。

第三节 良知本体功夫及其关系论

关于良知,聂双江的定义是:"良知者,虚灵之寂体。"他又以体、用来分说"虚灵知觉":"心之虚灵知觉,均之为良知也。然虚灵言其体,知觉言其用。体用一原,体立而用自生。致知之功,亦惟立体以达其用。而乃以知觉为良知而致之,牵己以从,逐物而转,虽极高手,只成得一个野狐外道,可病也。"[①]聂双江坚持"体用一源"说,这与孙蒙泉先生意见一致。欧阳南野则认为"知觉"与"虚灵"不可分为二:"夫知觉,一而已。常虚常灵,不动于欲,

---

① 〔明〕聂豹:《双江集》卷八《答松江吴节推》,第59—60页。

欲动而知觉始失其虚灵者。虚灵有时失,而知觉未尝无,似不可混而一。然未有无知觉之虚灵,而不虚不灵,亦足以言觉,故不可歧而二。"①

关于"独知"与"良知"的问题,王龙溪与刘半洲有过探讨。刘半洲曾言:"良知即是独知时,此师门宗旨。"王龙溪回应道:"独知无有不良。良知者,善知也。"针对"良知知是知非"的问题,王龙溪提出"良知无是无非"的观点。他说:"是非者,善恶之几,分别之端。知是知非,所谓规矩也。忘规矩而得其巧,虽有分别,而不起分别之想,所谓悟也。其机原于一念之微,此性命之根,无为之灵体,师门密旨也。"②可见其实在"几"的问题上,蒙泉与龙溪均着意不少。龙溪认为"是非"就是"善恶"之"几",此"几"有分别善恶、是非的功用,这是性命之根、无为灵体,但他没有像蒙泉那样再进一步进行理论建构,包括提出"真几"说,展开对"知几"之学的更多论述。

卢一松从本体的角度,强调良知不待寻求、扩充,先生讲"良知原不丧失,何待寻求?原自至,何待扩充"?孔子曰:"我欲仁,斯仁至矣。"可知卢一松先生之"良知",相当于孔子之"仁"。良心也包括"恶善",源于不可欺的良知。卢一松先生指出,人们的"好善"固然是良心的表现,其"恶善"是"耻其善之在于人",由这个"耻"而生"忌",由"忌"而生"恶",根源在于良知不可欺所产生的"耻"。人皆有不可欺的良知,反求诸己,就可扩充孟子所讲的"羞恶之心";欺心,则良知有所不安。扩充羞恶之心,则"义"不可胜用,一松先生讲"天下义而已矣",可知良知妙用包括了孟子讲的"义"。

孔子自述没有"不知而作",常人也是这样,比如日用饮食、取舍趋避,都是"知其当然"而为之,这也就是"吾心之良知",也是"知之至"。知之次,则是所谓闻见之知。良知作为根本之知,具有功夫头脑的首要性。良知是自家本体,见得时,依本分当然之理,无过与不及。信良知,做事能随时变易。古圣先贤行事各有不同,因其良知信得及,随时变易。

在功夫论方面,卢一松属于顿修派,他主张见良知"头脑"去下功夫,而不可先说去"见本体"。因为良知本体不容言语,须去用工见头脑,下学而上

---
① 〔明〕欧阳德:《南野集》卷四《寄聂双江》第三书,第14—15页。
② 王畿:《龙溪集》卷二十《半洲刘公墓表》,第1654—1655页。

达。卢一松先生注重讲学问的"头脑",即良知。学问要见头脑,即是要见良知,且要加以真切功夫,才能有所受用,有得力处。良知头脑,并非多么难以见到。见得良知头脑的,只在眼前;不得见的,如隔千里。为学用工,见良知头脑,存乎其人。

为学"头脑",乃"要旨"之义。卢一松先生认为,为学要以"良知"为要旨,再去真切下功夫。相对而言,见良知本体,是在功夫已经下到一定程度,而达到一种如颜回的"如有所立卓尔"的状态,才是真见良知本体。达到自得之妙的状态,当然也是见良知本体了。简而言之,对于良知的"见头脑"与"见本体",卢一松先生做了区分。他侧重从功夫的角度讲"见良知头脑",也就是注重于"修"。但他又指出,这个头脑"见得者只在目前",可知这是一种"顿修"的主张。

学问大头脑,在于"止于至善",而"至善"就是"良知"(心之本体)。以良知为学,则得其所止,是圣人立脚处。圣人之路,至善所由,良知而已。功夫头脑,以"吾心之良知"为根本,这应是一以贯之的。良知作为功夫头脑,能够避免陷入杂事的支离琐碎,导致难以尽道。而且有了良知这个头脑,功夫也会变得简易起来,凡事归于良知,事即道,道即事,则事将有益于身。

本体与功夫的关系,是良知学思想中的重要问题。孙蒙泉主张:本体即功夫,功夫合本体。以"良知"为本体,真见本体后"致"之功夫自不容已,故阳明有言"不行不足以为知"。孙蒙泉所理解的良知本体"知行合一",包括知善而实有其善,知不善而真无其恶,这是"本体即功夫",也是"生知安行"之人的"行持保任"功夫。至于"功夫合本体",则包括知善而务必其有诸己,知不善而务必其无诸己,良知自能如此。这就是"学利困勉"之人的"行持保任"功夫了。功夫渐进,则本体渐明;本体真见,则功夫自不容已。

周敦颐"无极而太极"的思想模型,对阳明后学影响颇大。吴震先生指出,除王龙溪的"无善而至善"论之外,刘念台及其友人陈龙正,阳明再传弟子王塘南,均以周濂溪"无极而太极"说来解释"无善而至善""无善无恶"。此外,耿天台更为明确、集中地阐述说:"(无善)在《大学》命之曰'至善',在

《中庸》命之曰'未发之中',周子《图》命之曰'无极'。"①孙蒙泉也借用"无极而太极"的思路,以"真几"为无极,以良知为太极,将其师阳明的良知本体推进到以真几为本体的层次。钱德洪认为:"至善之体虚灵也。……心无一善,故能尽天下之善。……心患不能虚,不患有感不能应。虚则灵,灵则因应无方,万感万应,万应俱寂,是无应非善,而实未尝有乎善也。……心能尽天下之善,而不可先存乎一善之迹。"②

以良知为本体,要解决一个本体虚灵与发用应感的问题,蒙泉的良知几学思想在一定程度上实现了对这个问题的突破,他以真几为虚灵本体,维护良知的实有性质,且以"几"为一贯之处,也就不必再像钱德洪那样纠缠于心之"无一善"但又须"尽天下之善"的问题。关于"心即理"命题,吴震先生指出,阳明所强调的是"脱离了'心'之主体,则'理'的存在失去了其存在的意义",这一阳明学思想原则的延伸,必然会拒斥、否定朱子学的"定理观",而钱德洪所主张的"此心不可先有一善",其理论依据正是"心即理"。③ 蒙泉有言"天则惟几定",可视为是从"理"如何"定"的角度,将"几"引入。

第四节　良知学视野中的"悟"

王阳明在《大学》古本序末尾指出:"乃若致知,则存乎心悟,致知焉尽矣。"其中"致知焉尽矣"的命题,常被其弟子、后学提出,并且多有阐发。根据阳明之意,"致知"又"存乎心悟",可知"悟"的问题更为重要。传承、发展阳明学的著名弟子王龙溪在《答程方峰》书信中说:"此学全在悟,悟门不开,无以征学。"阳明众多弟子之中,王龙溪很有可能是针对"悟"的问题谈得最多的。从阳明弟子的往来书信资料中看,良知学的本体、功夫涉及"悟"的话题,王龙溪与颜冲宇、孙蒙泉等人都有过讨论,甚至批评和争论。对标王龙溪,其他阳明弟子关于本体、功夫之"悟"的不同见解,正是考察其良知学的

---

① 吴震著:《阳明后学研究》,第86—88页。《天台集》卷八《遇聂赘言》,第890页。
② 〔明〕钱德洪:《复杨斛山书》,《阳明学大系》卷五《阳明门下》上,第411—412页。
③ 吴震著:《阳明后学研究》,第141页。

一个新的视角。

一、阳明弟子之"悟"与直觉

用直觉去把握实在,须抛弃理性的概念、符号,这可以与阳明及其弟子"悟"道之后出现焚书的现象比较起来看。阳明的再传弟子贺阳亨,虽然是个聋人,但他对良知学的领会很到位,被称为阳明学的殿军。他说自己曾经梦到祖先告诉他"处处体验圣贤"这句话,于是写下来挂在窗台之上,读书时不断提醒自己要"处处体验圣贤"。没多久,贺阳亨写成一部书,叫作《学庸解》。然后他又梦到去世的母亲跟他讲"聪明不可写尽",醒来心有所悟,因此就把《学庸解》这本书稿烧掉了。与这个故事很相似的是,王阳明在龙场悟道之后写成《五经臆说》,而这部书后来也是被他自己所烧掉,目前只能见到此书很少的一部分内容。

阳明及其弟子在"悟"道之后烧书的现象,颇值得注意。经籍文献是"载道之具",在学者求道、悟道的过程中起着很大作用。但在达成"得道"的目标之后,王阳明、贺阳亨为什么一定要把自己的著作烧掉呢?他们这些焚书的行为,给人一种不理性的感觉。或许是因为他们在悟道之后,猛然发现自己的著作实际上不足以呈现出"道"的全貌,也不足为法,因此就否定掉这种求道的方式,得鱼而忘筌,他们也要做到所谓"不落言筌"。这与直觉主义的非理性倾向极为相似。

另外,直觉的思维方式,要求一种超功利的态度,阳明教导弟子"重功夫不重效验",在"悟"的功夫上批评"只管求光景"的毛病。阳明先生指出,若只管求光景,说效验,只是助长"外驰"的病痛。王龙溪认为,悟入良知本体之后,就能得到乐趣,然而此时也不能停歇。要有"超功利"的态度,不能以光景为妙悟,否则会渐渐磨灭。因为良知原本是"无声无臭"的,悟入之后,也要使得"精彩无可逞处、气魄无可用处、知识无可凑泊处"。信得及良知,"当下具足,无剩无欠,更无磨灭"。王龙溪强调,对良知本体是否"信得及",这在其悟入与悟后,都很关键。以直觉去悟入良知之后,会获得一种快乐,如孟子所说"义理悦我心",本体之乐也存在一个如何可持续的问题。我们所讲的灵感、妙悟，非常短暂，由此也给人一种神秘感。当然，如果是用彻底的"超功利"的态度来看，本就不应该执着于悟的快乐、短暂与神秘。

柏格森强调，直觉是认识世界本体的唯一根据。他认为，世界的本体是"生命冲动"，或者叫作"意识的绵延"。与之可作比较的是，王龙溪在《复颜冲宇》书信中提出，圣学真脉在于超悟。正如阳明先生在贵州龙场所悟，是"万死一生中磨练出来，蠢蠢地一根真生意，千枝万叶皆从此中发用，乃是千圣学脉"。可知，王龙溪认为阳明龙场所悟为"一根真生意"，这才是圣学脉路。所谓超悟"一根真生意"，不同于"解悟"，而是一种对生命的体悟。这样的超悟，王龙溪之意，是"默默从生机而入"，这个"生机"，如阳明自述：良知二字是从他自己的万死一生中体悟出来的。从良知悟入，也如明道先生所言"悟得时，活泼泼地"。活泼泼的状态，正是生生不息。

二、悟入本体：良知与真几

阳明天泉证道的立教本旨，在于随人根器上下、有悟有修。悟与修的区别，至少包括四个方面：第一，针对的学习对象不同，所谓"根器"有上、有下。第二，功夫内容侧重点不同，悟侧重于智慧，修侧重于行为。第三，从外在表现来看，悟是灵活的，或被冠以"妙悟"之名；修则要讲规矩，约束性强。第四，悟的目标是本体，是良知；修则是功夫，是致知。

王龙溪认为，"良知是彻上彻下真种子"，而"智虽顿悟，行则渐修"。他强调对良知本体的顿悟，或者说叫作下得根本知；所悟之实际，则是渐。王龙溪视良知如太虚，取证于一念之微。心悟良知，相对解悟知识来讲，他指出："识有分别，知体浑然；识有去来，知体常寂。"他说良知本无知，"良知原是无中生有，无知而无不知"的，良知原是"不学不虑、平常、无声无臭、不为所欲"的，这是良知本体的特征。

在王龙溪看来，"致良知"的功夫原来就是针对那些还没有悟道本体的人所设立的，而"良知本来易简"，只要跟人说个良知，他就"一念自反，当下便有归着"，这是唤醒人心的直接、简易之法。他指出，良知是"彻上彻下"

的,因其既"知是知非",又"无是无非"。知是知非是所谓规矩,无是无非、忘是忘非而得其巧,就是妙悟了。良知之教,有规矩,也有妙悟。对于阳明所讲的"知之真切笃实处便是行",龙溪认为"真切"是本体,"笃实"是功夫,知的本体达到真切,功夫又是笃实,行便在其中;而"行之明觉精察处便是知"。龙溪指出,"明觉"是本体,"精察"是功夫,行的本体达到明觉,功夫又是精察,于是"行之外更无知"。相对来讲,王龙溪的功夫论是更注重于"本体"的。

孙蒙泉可被归入实悟派,并且他结合自己的实修与妙悟,发展出了独具特色的"良知几学"思想。在《述怀》这首诗中,他说"真几实悟口难名",也就是说,孙蒙泉从阳明良知学中"实悟"出了"真几",但是这个"真几"很难用言语说清楚。因此,孙蒙泉在《夏日纳凉偶书》中又有两句诗:"悟后良知似欲从,最怜影响忽憧憧。"总之,孙蒙泉最终"悟入"了"微几",此"微"是"道心惟微"的"微","几"是《周易·系辞》"知几其神"的"几"。真几与良知的关系,正如无极与太极的关系,而几就是"良知之微"。要做到"知几",带有直觉特征的悟,就显得特别重要了。值得注意的是,孙蒙泉讲的"几"作为良知之微,是主、客观融为一体的,它包含但不等同于强调外在条件的"时机""机缘"的含义。

三、悟分顿渐:功夫的分野

阳明弟子对悟入本体的方式有各种不同的见解,他们各自悟入的方式也多种多样,包括:人情、物理、言语、文字、解说、面证、默识、寡欲、去蔽、念头等等,其中,王龙溪特别强调"一念"的转移,迷之成凡,悟之证圣。迷、悟都是心,与时节因缘相关。王龙溪提出,本体与功夫,各自都可分顿法与渐法,也就是说,本体有顿悟、渐悟,功夫也有顿修、渐修。因此,他发展了其师阳明的"四无"与"四有"的教法,提出人的根器有利钝,"或悟中有修,或修中有悟,或顿中有渐,或渐中有顿"。他所讲的"顿法"是"万握丝头,一齐斩断";"渐法"则是"芽苗增长,驯至秀实"。所谓"悟"是指"日着日察良知本体",而"修"则是"勿忘勿助作致知功夫"。悟要实悟,修要真修。悟而不修,是"玩弄精魄";修而不悟,则会"增益虚妄"。

顿悟之学,是悟得无善无恶心体,从"无"处立根基,意与知、物,都从"无"而生,因此这是"即本体便是功夫"的圣人之学,针对"上根之人";而"中根以下之人",还没有悟得本体,不免要在"有"上立根基,须用"为善去恶"的功夫,从"有"归于"无",复还本体,这是所谓的"渐悟"之学。包括《论语》在内的圣贤立教,王龙溪认为都是为了使那些"未悟"的人有所学。悟入本体,或者叫"闻道",反身而求,无不具足,时时自慊于心,这是孔孟家法、圣贤境界,与敦行功夫有别。无论顿悟,还是渐悟,都以悟得本体为最终目标,而且王龙溪认为都是要归于"无",也就是良知。

颜冲宇可以说是贺阳亨的导师,因为他的两句名言"一念回头,万火自降"引领了贺阳亨步入阳明良知学的天地。黄宗羲《明儒学案》认为,颜冲宇的良知学"总于悟格物之旨尽之",他扩大了格物的范围,以"通天下国家"为物、为格。其良知学路径,是从功夫到本体,再到发用,因此《明儒学案》评价颜冲宇"其力久,故其悟深;其悟深,故其用周",可知颜冲宇良知学大致上属于渐悟的一派。他们在讨论学脉的问题上,除了共同推崇王阳明为宗师之外,一个提出明朝的理学开端是薛文清,一个却认为是陈白沙。

贺阳亨主张敦实修行,他讲良知而发展出一种精实之学。悟入的方式有很多种,贺阳亨指出,要时时在人情物理上醒悟。他也认同柳宗元在劳苦变动之后的感悟,并且他自己还从文字上悟入。比如《论语》中孔子及其弟子用"吾"字、"我"字的地方,贺阳亨认为最可揣摩、体悟。因此,除了孙蒙泉之外,也可将颜冲宇、贺阳亨师徒两人归入阳明弟子的渐悟派。

作为一种直觉,悟在把握本体、实在方面具有简捷、超脱的特点,不依赖于言语解释、文字考释等理性思维工具、方法,须克服私欲、功利的心态和诉求,最终达到主客体融合为一的境界,突显出生命的绵延不息。作为一种本体功夫,根据学者的根器上下、资质高低,有悟有修。悟快修慢,悟少修多,在大多数情况下,相对来讲,悟难修易。即便对于资质较高的人去"悟",也可分顿悟与渐悟。阳明弟子中,王龙溪是良知学顿悟派的代表,孙蒙泉、颜冲宇、贺时泰则属于渐悟派。悟的目标是本体,然而对本体的认知,从阳明到其弟子、后学,也在深化、扩展。从阳明提出的良知本体出发,王龙溪强调良知的"虚寂"与"无",孙蒙泉则以良知为太极,实际上突出的是良知的"有"。孙蒙泉以"真几"为无极,以良知为太极,这是一种很值得注意的良知学理论形态。

附　录
王阳明弟子受学时间述略

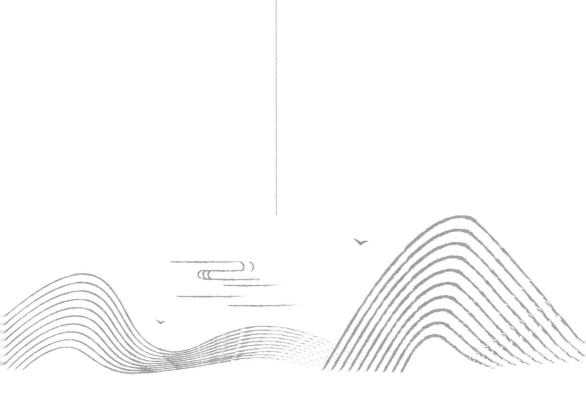

路迎，弘治十七年（1504）及门。路迎（1483—1562），字宾旸，号北村，山东汶上人。北方王门重要学者。弘治十七年，山东巡按监察御史陆偁辈，以礼与币来请阳明先生为考试官，路迎是年举于乡，获为门生。

徐爱，弘治十八年（1505）受学。徐爱，字曰仁，号横山，浙江余姚人。钱德洪在《阳明先生年谱》"弘治十八年"条中说"是年先生门人始进"。《王阳明先生图谱》也认为这一年徐爱受学。

蔡宗兖，正德元年（1506）受学。蔡宗兖（1474—1547），字希渊，一字希颜，号我斋，浙江山阴人。蔡宗兖与朱节仅次于徐爱，为较早拜入阳明门下的弟子。正德九年，他又携友人往学阳明先生于滁州。

朱节，正德元年（1506）受学。朱节（1475—1523），字守中，号白浦，浙江山阴人。他曾协助阳明先生剿南赣兵，有功。南大吉为其撰有墓志铭。

黄绾，正德五年（1510）及门。黄绾（1480—1554），字宗贤，一作叔贤，号久庵、石龙。浙江台州黄岩人，经友人引见，结识阳明先生，称门人。

陆澄，正德五年（1510）受学。陆澄（1485—1563），字原静，一字清伯，浙江归安人，阳明先生早年著名弟子。《传习录》自徐爱发端，其次即为陆澄所记。今拟定其受学之年为正德五年。

冀元亨，正德五年（1510）拜师。冀元亨（1482—1521），字惟乾，号闇斋，湖广武陵人。冀元亨早年即与蒋道林为友。正德五年，阳明先生起谪，取道经过常德，冀元亨与蒋道林一同拜师。师徒寓所在潮音阁，讲学于桃冈。冀元亨又从阳明先生往江西庐陵县任职，逾年而归。此前，冀元亨、蒋信、刘观时、唐愈贤、唐诩、萧璆、杨子器及王世隆、吴伯诗、张明卿、董道夫、汤伯循、董粹夫、李秀夫、刘易仲、田叔中等，约于正德三年初次受学。正德三年，阳明先生经过湖广常德地区，随地讲授，来受学的弟子据称有千余人，包括冀元亨、蒋信、刘观时等知名弟子。

邹祺，正德五年（1510）受学。邹祺（1493—1556），字兆贤，号龙井。本姓邹，后改为曾氏，江西永丰人。邹祺与冀元亨一同拜学阳明先生门下，且与邹东廓、罗念庵、聂双江等同门为好友，往来于青原、玄潭之讲会。

蒋信，正德五年(1510)受学。蒋信(1483—1559)，字卿实，号道林，湖广武陵人。阳明先生两次经过湖南境内时，蒋信与冀元亨等人都陪侍身边讲学。

方献夫，正德六年(1511)受学。方献夫(1485—1544)，字叔贤，号西樵，广东南海人，著名官员、学者。初名方献科。正德六年，阳明先生到北京，方献夫、穆孔晖来受学。

黄株，正德六年(1511)受学。黄株，字应沙，江西金溪人。少从乡贤黄卓峰学，后拜谒阳明先生于赣州，自述："良知是顶门一针，躬行实践才有归宿处。"得到阳明先生的赞赏。今拟定其受学之年为正德六年。

陈洗，正德七年(1512)受学。陈洗(1478—1533)，字世杰，号东石，广东潮阳人。正德六年，他与郑一初等共同受学于阳明先生门下。据徐爱所作《同志考》记载，正德七年来受业的有：穆孔晖、冀元亨、顾应祥、郑一初、方献科、王道、梁谷、万潮、陈鼎、唐鹏、路迎、孙瑚、魏廷霖、萧鸣凤、林达、陈洗，以及黄绾、应良、朱节、蔡宗兖。

顾应祥，正德七年(1512)受学。顾应祥(1483—1565)，字惟贤，号箬溪，浙江长兴人。阳明先生传道早期非常重要的弟子。

郑一初，正德七年(1512)受学。郑一初(1476—1513)，字朝朔，号紫坡，广东揭阳人。在京师，拜学于阳明先生门下。

汪玉，正德八年(1513)受学。汪玉(1481—1529)，字汝成，号雷峰，一号默休，浙江鄞县人。正德八年从学于阳明先生。

傅凤，正德八年(1513)受学。傅凤，徽州府祁门人。曾就学于徐爱，后于正德七八年间往北京就学于阳明先生。

徐天泽，正德八年(1513)受学。徐天泽(1487—1521)，字伯雨，号蕙皋，浙江余姚人。正德八年见阳明先生于会稽，亲闻讲学；正德十年，再往南京受学门下。

孟源，正德八年(1513)受学。孟源，字伯生，滁州人。正德八九年间，在滁州从学于阳明先生门下。嘉靖三年(1524)正月，又在越从学阳明先生于稽山书院。

应典,正德九年(1514)受学。应典,字天彝,浙江永康人。正德九年进士,授兵部职方司主事,后引疾归,应典与应良、黄绾互相讲学切磋,建书院于寿山。徐爱《同志考》记载:"正德六年,黄绾、应良、朱节等同受业于阳明先生。"当时,黄绾、湛若水与阳明在京师结盟共学。应良、黄绾家居期间,应典来台州访问谈学。正德十二年,福建郑善夫问学台州,应典与应良、黄绾作为阳明门人共同聚讲临海巾子山。嘉靖十三年(1534),应典与衢州王门弟子栾惠、王玑、王修易、徐霈、林文琼,以及钱德洪、王畿参与衢州阳明书院的建设和管理事宜。

诸偁,正德九年(1514)受学。诸偁,字杨伯,一作阳伯,浙江余姚人,正德九年,阳明先生南京讲学时期的弟子。据束景南先生研究,正德九年,阳明先生任职南京鸿胪寺卿,当时来受学的弟子,包括五类人:一类为是年科举中进士而来南都任职者,如黄宗明、林达等;一类为是年科举落第而来南都受学者,如薛侃、陆澄、李本等;一类为昔日弟子而再来南都问学者,如唐愈贤、杨礿、刘晓等;一类为由原弟子或友人介绍新来受学者,如马明衡、郭庆、何鳌等;一类为原即在南都任职者,如穆孔晖、王道等。钱德洪所述不全,具体来学者时间亦不明。

诸阳,字伯复,浙江余姚人,与诸阶为兄弟,正德九年,从学阳明先生于南京。

周积,正德九年(1514)受学。周积(1483—1565),字以善,号二峰,浙江江山人。阳明先生曾为周积作《赠周以善归省序》,他更是阳明先生逝世时陪伴在身边之人,亲听其最后遗言。周积喜爱讲学,有名言:"为学如治病,学不身体力行,是徒讲药方类也。"

张寰,正德九年(1514)受学。张寰(1486—1561),字允清,苏州府昆山人。正德九年,从学阳明先生于南京。

薛侃,正德九年(1514)受学。薛侃(1486—1546),字尚谦,人称中离先生。广东揭阳人。正德九年,从学阳明先生于南京。

王激,正德九年(1514)受学。王激(1479—1537),字子扬,号鹤山,浙江永嘉人。正德九年在南京从学阳明先生,与徐曰仁、朱守忠、蔡希颜等交游论学,颇受推重。

王应鹏,正德九年(1514)受学。王应鹏,字天宇,号定斋,浙江鄞县人。王应鹏与徐爱为友,正德九年左右在阳明门下进学。

许相卿,正德九年(1514)受学。许相卿(1479—1557),字伯台,号杞山、云邨老人,浙江海宁人。正德九年,从阳明先生游学。许相卿与徐爱、王激等为友善,也影响到王阳明弟子林应麒。

朱箎,正德九年(1514)受学。朱箎(1493—1546),字守谐,号思斋,浙江山阴人。与朱节为白洋亲族,与其兄朱箽(1491—1576)同登嘉靖五年(1526)丙戌科进士。正德九年,朱箎与朱节、徐爱等从学阳明先生于南京。

刘晓,正德九年(1514)受学。刘晓,字伯光,号梅源,江西安福人。正德八年举于乡,见阳明先生于南京,遂受学焉,与徐曰仁、薛侃等相互切磋。

饶瑄,正德九年(1514)受学。饶瑄(1482—1529),字文璧,以字行,又改字德温,号行斋,江西临川人。饶瑄与陈明水本为师生,后又同拜入阳明门下。

戚贤,正德九年(1514)受学。戚贤(1492—1553),字秀夫,号南山,晚年更号南玄,滁州全椒人。阳明在滁州时,戚南玄得见其面。在南京,再次求教于阳明。后中进士,于嘉靖六年任归安县令时,遣使慰问阳明先生。

郭庆,正德九年(1514)受学。郭庆,字善甫,湖广黄冈人,正德九年从学阳明于南京一年。

黄宗明,正德九年(1514)受学。黄宗明,字诚甫,浙江鄞县人。正德九年进士。时阳明先生倡明道学,黄宗明从之游,论说良知之旨。

马明衡,正德九年(1514)受学。马明衡,字子莘,福建莆田人。马明衡精通《尚书》学。正德九年,他与应典、萧鸣凤、黄宗明、陈九川、侯一元等同中进士,是年五月起,从学阳明先生门下。

陈九川,正德十年(1515)受学。陈九川(1494—1562),字惟浚,号竹亭、明水,江西临川人。正德十年,陈九川拜学阳明先生于龙江。

杨思元,正德十年(1515)受学。杨思元,名应本,号燕山,广东揭阳人。正德十年,杨思元从学阳明于南京,先生为其父子作《谨斋说》《书杨思元卷》。

附录 王阳明弟子受学时间述略

管州，正德十一年(1516)受学。管州，字子行，号南屏，一作石屏，浙江余姚人。孙应奎在《燕诒录》中《兵部左司务管子行墓铭》一文里提道："正德岁丙子，充邑庠弟子员，闻阳明王先生倡明圣学，揭致良知为心诀……遂请师焉。"

季本，正德十一年(1516)受学。季本(1485—1563)，字明德，号彭山，浙江会稽人。季本弱冠举于乡，寻丁父母忧，家居十二年，已而师事阳明。正德十二年中进士，初不欲就职，阳明劝其出山。据此，推测其受教于1516年。季本曾受阳明先生邀聘，主教南宁敷文书院。于辰阳、吉安等地书院讲学。

薛俊，正德十一年(1516)受学。薛俊(1472—1524)，字尚哲，号靖轩，广东揭阳人。正德十一年，阳明先生过玉山，薛俊请为弟子，并偕其弟薛侨、其子薛宗铠一同拜师阳明先生。

魏良贵，正德十三年(1518)受学。魏良贵，字师孟，江西新建人。阳明正德十二年到江西，后魏良贵与魏良辅、魏良器、魏良弼、魏良政诸兄弟问学阳明门下。

闻人铨，正德十三年(1518)受学。闻人铨，字邦正，号北江，浙江余姚人。他与阳明有亲戚关系，又与钱绪山定《文录》，刻之行世。正德十三年、十五年，阳明先生有三封书信给闻人铨兄弟。

黄省曾，正德十三年(1518)受学。黄省曾(1490—1540)，字勉之，号五岳山人，苏州府吴县人。黄省曾因客居绍兴，得以拜学阳明门下。他协助钱绪山、闻人铨编校《阳明先生文录》。

管登，正德十三年(1518)受学。管登，字弘升，号义泉，江西雩都人。正德十三年，薛侃在赣州刻《传习录》，九月修濂溪书院，四方学者来集。拟管登、黄弘纲、何廷仁受学之年为正德十三年。

何廷仁，正德十三年(1518)受学。何廷仁(1486—1551)，初名何秦，字性之，别号善山，江西雩都人。

黄弘纲，正德十三年(1518)受学。黄弘纲(1492—1561)，字正之，号洛村，江西雩都人。

何春，正德十三年(1518)受学。何春，字元之，号长松，江西雩都人，何廷仁之兄。阳明讲学虔南,何春谓弟何廷仁曰:"此孔孟嫡派也,吾辈当北面也。"携弟师事之。

刘澜,正德十三年(1518)受学。刘澜,字汝观,号一斋,江西会昌人。刘一斋与黄洛村、何善山同从阳明先生学。

欧阳德,正德十三年(1518)受学。欧阳德(1496—1554),字崇一,号南野,江西泰和人,从学阳明先生于虔台,阳明呼为"小秀才"。

王时柯,正德十三年(1518)受学。王时柯,字敷英,江西万安人。正德十二年进士,授行人,他曾在赣州侍学阳明先生门下。

刘鲁,正德十三年(1518)受学。刘鲁(1495—1544),字希曾,号梅泉、玄洲,江西大庾人。正德十三年,刘鲁曾与众门友一起游学阳明先生门下。

袁庆麟,正德十三年(1518)受学。袁庆麟(约1455—1519),字德彰,一作德章,晚号云峰,江西雩都人。正德年间,袁庆麟携《刍荛余论》谒阳明,先生见而称服曰:"是从静悟中得来者也。"及闻阳明讲学,袁庆麟受教三月,"方若将有闻",乃敢归于阳明门下。袁庆麟年六十五而卒,阳明亲为之作诔文,赞其"朝闻道夕死可者"。同门邹东廓亦有《袁云峰征士挽卷》怀念他。

赖元,正德十四年(1519)受学。赖元,字善长,号蒙岩,江西宁都人。当时阳明讲学郡中,赖元裹粮及门,闻良知之训。及归,与同门黄洛村、何善山书往返辨证所学。赖元又常与同乡李经纶(号蒙泉)一起讲学于青原山,被人合称为"二蒙",他也与聂双江友善。

赖贞,正德十四年(1519)受学。赖贞,字洛川,江西会昌人,其兄乃赖元,同及阳明门下受学。

李经纶,正德十四年(1519)受学。李经纶,字成甫,号蒙泉,江西宁都人。李经纶之父为李佩(1474—1528,字必达、德孚,号云石山人),受其命,与赖元等共学于阳明门下。

邹守益,正德十四年(1519)受学。邹守益(1491—1562),字谦之,号东廓,江西安福人。正德十四年,邹守益见阳明于虔台,日夕谈学,忽有省曰:"往吾疑程、朱补《大学》,先格物穷理,而《中庸》首慎独,两不相蒙,今释然,格致之即慎独也。"论辩反复,幡然悟曰:"道在是也。"遂执弟子礼。

董欧,正德十四年(1519)受学。董欧,字希永,自号九宾主人,江西宁都人。尊父董天锡之意,董欧与邹守益同往赣州受学阳明门下。

郭持平,正德十四年(1519)受学。郭持平(1483—1556),字守衡,号浅斋,迁居江西吉安万安县桥门。正德十二年进士及第,归省。时阳明倡道赣州,郭持平近问退辩,闻格致之学,且与同门邹守益交游四十余年。

王艮,正德十五年(1520)受学。王艮(1483—1541),字汝止,号心斋,初名王银,扬州府泰州安丰场人。正德十五年,阳明巡抚江西,讲良知之学。吉安黄文刚寓泰州,荐其往学,得阳明出迎于门外。

王襞,正德十五年(1520)受学。王襞(1511—1587),字宗顺,号东崖,扬州府泰州人。王艮之子。正德十五年,王襞随父至会稽受学于阳明先生。

张纯,正德十五年(1520)受学。张纯,字懋一,江西信丰人。正德十五年七月,从学于阳明,得良知之教。

黄直,正德十五年(1520)受学。黄直(1489—1559),字以方,号卓峰,江西金溪人。正德十五年卒业于北太学,既归,徒步往赣州从学阳明。

罗洪先,正德十五年(1520)受学。罗洪先(1504—1564),字达夫,号念庵,江西吉水人。幼闻阳明讲学虔台,心即向慕,读《传习录》至忘寝食,欲往拜学,今拟其受学之年为正德十五年。

王仰,正德十五年(1520)受学。王仰(1495—1533),字孔桥,江西安福人。正德十五年,王仰与王钊共学于阳明门下,亦受业于邹守益。

钱德洪,正德十六年(1521)受学。钱德洪,名宽,字德洪,后以字行,改字洪甫,浙江余姚人。是年,钱德洪率领众人拜师阳明先生,侍学受教,包括钱大经、钱德周、钱应乐、钱应扬、钱仲实、杨珂、王正心、孙蒙泉、徐珊、管州、吴仁、范引年、夏淳、俞大本、柴凤等74人。

范引年,正德十六年(1521)受学。范引年,字兆期,号半野,浙江余姚人。余姚受学之后,嘉靖二十一年(1542),范引年于青田建混元书院,传播阳明心学。

黄修易,正德十六年(1521)受学。黄修易,字勉叔,浙江衢州人。《传习录》记载黄修易与范引年一同问学于阳明门下。束景南先生考证"黄修易"当为阳明衢州江山弟子"王修易"的笔误。

孙应奎,正德十六年(1521)随钱德洪等及门受学。孙应奎,字文卿,号蒙泉，浙江余姚人。嘉靖四年（1525），孙应奎再往见阳明，先生引至天泉楼，为之亲授《大学》经文，并赠二书，其一为《传习录》。

郑寅，正德十六年（1521）受学，浙江余姚人。

徐珊，正德十六年（1521）受学。徐珊（1487—1548），字汝佩，浙江余姚人。

孙升，正德十六年（1521）受学。孙升（1501—1560），字志高，号季泉，浙江余姚人。孙升为孙燧第三子，与兄孙堪、孙墀均为阳明弟子，同钱德洪等74人拜学阳明于龙山中天阁。

夏淳，正德十六年（1521）受学。夏淳，字惟初，号复吾，浙江余姚人。

丘养浩，正德十六年（1521）受学。丘养浩，字以义，号集斋，福建晋江人。正德十六年中进士后任余姚县令，拜学阳明门下。嘉靖三年（1524），丘养浩与同门韩柱（字廷佐）、徐珊（字汝佩）共同校集刻印阳明《居夷集》。

杨珂，正德十六年（1521）受学。杨珂，字汝明，号秘图，浙江绍兴人。

王世仪，嘉靖元年（1522）受学，浙江绍兴人。

张鳌山，嘉靖元年（1522）受学。张鳌山，字汝立，号石磐（南轩），江西安福人。早在正德六年，张鳌山就与阳明相识。嘉靖元年，他往绍兴求学于阳明门下，编有论学书信《会稽师训》。

王臣，嘉靖元年（1522）受学。王臣（1493—1552），字公弼，号瑶湖，江西南昌人。嘉靖二年中进士，与同门欧阳德等共处一室讨论良知之旨，并与阳明有多篇书信往来，今拟其受学之年为嘉靖元年。

俞文德，嘉靖元年（1522）受学。俞文德，字纯夫，江西永丰人。嘉靖元年，俞文德拜见阳明先生，证良知之旨。

卢可久，嘉靖二年（1523）受学。卢可久（1503—1579），字德卿，号一松，浙江永康人。他师从阳明先生于越，参加嘉靖三年中秋的天泉桥夜宴，今拟其受学之年为嘉靖二年。

刘侯，嘉靖二年（1523）受学。刘侯，字原道、元道、伯元，号冲庵，浙江寿昌人。嘉靖三年，阳明有论学书信给他。嘉靖十三年，刘侯被聘为天真书院主教。今拟其受学之年为嘉靖二年。

程尚宁，嘉靖二年（1523）受学。

南大吉，嘉靖二年(1523)受学。南大吉(1487—1541)，字元善，号瑞泉，陕西渭南人。嘉靖二年六月至嘉靖四年冬十二月在绍兴担任知府，大力推进良知学在越地的传播。

南逢吉，嘉靖二年(1523)受学。南逢吉(1494—1574)，字元贞、元命，号姜泉，陕西渭南人，南逢吉与哥哥南大吉、南子轩三人在绍兴同时受学阳明门下。嘉靖五年，拜别阳明归渭南。建沺西书院，传播良知学脉。

王畿，嘉靖三年(1524)受学。王畿(1498—1583)，字汝中，号龙溪，浙江山阴人。嘉靖二年下第后，从学阳明先生。今拟其受学之年为嘉靖三年。

董沄，嘉靖三年(1524)受学。董沄(1457—1534)，字复宗，号萝石、从吾道人、白塔山人，浙江海盐人。嘉靖三年，董沄年六十七，闻阳明讲学山中，不远数百里游会稽，往听之。

董穀，嘉靖三年(1524)受学。董穀，字硕甫，号两湖，浙江嘉兴人，董沄之子。

刘肇衮，嘉靖四年(1525)受学。刘肇衮，字内重，号石峰，江西安福人。阳明在嘉靖四年有书信给刘肇衮，故拟其受学之年为嘉靖四年。

万虞恺，嘉靖六年(1527)受学。万虞恺(1505—1588)，字懋卿，号枫潭，江西南昌人。嘉靖五年，万虞恺受学于阳明弟子吴子金(字惟良，号石冈，江西南昌人)于游湖寺。嘉靖六年秋，阳明先生过南昌，万虞恺得以受学。

吴继乔，嘉靖七年(1528)受学。吴继乔(1499—1579)，字世达，号之溪，广东揭阳人。他闻阳明讲学于苍梧，往从之游。阳明先生嘉靖六年九月出征广西，次年年底病逝归途之中，今拟吴继乔受学之年为嘉靖七年。

陈善，嘉靖七年(1528)受学。陈善(1514—1589)，字思敬，浙江钱塘人。陈善与其父皆游于阳明先生门下，后助修杭州天真书院，且被推为主教。

冯恩，嘉靖七年(1528)受学。冯恩(约1496—1576)，字子仁，号南江，松江府华亭人。冯恩为阳明先生嘉靖七年九月在广西平叛时候所收关门弟子。阳明曾作《行书良知说四绝示冯子仁》，且每告人曰："任重道远，其在冯生哉！"

参 考 文 献

图 书

（明）李安仁.石鼓书院志（上部），明万历年间刻本[M].
（明）夏浚.月川类草，清钞本[M].
（明）项乔.项乔集（下）[M].上海：上海社会科学院出版社，2006.
（明）吕柟.泾野子内篇[M].上海：上海古籍出版社，1987.
（明）赵廷松.赵廷松集[M].北京：线装书局，2009.
（明）孙应奎.燕诒录.湖北省图书馆藏明万历刻本[M].
（明）贺时泰.思聪录[M].济南：齐鲁书社，1995.
（清）连柱，李宝福.乾隆玉山县志，清乾隆四十九年刻本[M].
（清）江峰青，顾福仁.光绪重修嘉善县志，清光绪二十年刊本[M].
（清）李颙.二曲集[M].北京：中华书局，1996.
（清）阮元.十三经注疏·周易正义[M].上海：上海古籍出版社，1997.
（清）黄宗羲，沈芝盈.明儒学案[M].北京：中华书局，1985.
朱军.扬州书院和藏书家史话[M].扬州：广陵书社，2012.
南昌市地方志编纂委员会办公室.滕王阁志[M].南昌：江西人民出版社，1993.
裘之倬，王咨臣.滕王阁诗文广存[M].北京：文化艺术出版社，1990.
中山大学中国古文献研究所.全粤诗[M].广州：岭南美术出版社，2009.
沈乃文.明别集丛刊[M].合肥：黄山书社，2013.
钱明.儒学正脉·王守仁传[M].杭州：浙江人民出版社，2006.
国学整理社.四朝学案[M].上海：世界书局，1936.
牟宗三.牟宗三先生全集[M].台北：联经出版公司，2003.
李零.郭店楚简校读记[M].北京：中国人民大学出版社，2007.
吴光，等.王阳明全集[M].上海：上海古籍出版社，2011.
黄寿祺，张善文.周易译注[M].上海：上海古籍出版社，2001.
金岳霖.论道[M].重庆：商务印书馆，1940.
王孙荣.慈溪进士录[M].杭州：浙江古籍出版社，2015.

徐儒宗.罗洪先集[M].南京：凤凰出版社,2007.
陈永革.欧阳德集[M].南京：凤凰出版社,2007.
陈椰.薛侃集[M].上海：上海古籍出版社,2014.
吴震.王畿集[M].南京：凤凰出版社,2007.
吴震.阳明后学研究[M].上海：上海人民出版社,2016.
李森林.问津人物[M].北京：中国文史出版社,2014.
余重耀.阳明弟子传纂[M].北京：中华书局,1928.
束景南.阳明轶文辑考编年[M].上海：上海古籍出版社,2012.
邹建锋.阳明夫子亲传弟子考[M].北京：中国社会科学出版社,2017.
邹建锋,等.北方王门集[M].上海：上海古籍出版社,2017.

论　　文

刘云超.觉即复——易学视野下王申子工夫论探析[J].孔子研究,2016(6).
郑朝波.丘浚哲学思想辨析[J].海南师范大学学报,2008(4).
刘元青.方以智易学思想研究[J].周易研究,2010(5).
郑宗.欧阳德的良知说与其意义——以与罗钦顺的论辩为中心[J].王学研究,2017(2).
朱承.明儒欧阳德的"政学合一"论[J].社会科学论坛,2014(3).
许多.欧阳德的独知说[J].中国哲学史,2012(2).
彭国翔.明儒王龙溪的一念工夫论[J].孔子研究,2002(4).
钱明.阳明学派分化的思想基础[J].浙江学刊,1986(4).
钱明.被遗忘的王学中坚——明代思想家孙应奎[J].杭州师范大学学报,2010(4).
陈立胜.作为修身学范畴内的"独知"概念之形成——朱子慎独工夫新论[J].复旦学报,2016(4).
陈立胜.王阳明"致良知"工夫论中的"依循"向度[J].杭州师范大学学报(社会科学版),2018(6).
邹建锋,郑紫熠,马钰莹.慈溪王门考[J].贵阳学院学报(社会科学版),2018(3).
刘姝.阳明后学颜鲸的生平及诗文[J].湖南科技学院学报,2017(5)
张立文.王门分派与黔中王门学派之要义梳理[J].北京行政学院学报,2019(2).
佐藤炼太郎.明末清初相反对立的阳明学派史——周汝登《圣学宗传》与黄宗羲《明儒学案》的比较[J].湖南大学学报(社会科学版),2017(1).
潘攀.陈明水良知说研究[D].湖南师范大学博士论文,2014.

索 引

B

本体即功夫　12,16,17,120,121,187,188,192

本心　7,12,19,42,52,87,88,95,102-106,112,113,115,121,123,159

C

蔡汝楠　3,24,32,33,174

陈献章　11,14

赤子之心　15,87,90,91,95-98,103,158

D

丁行　25,33,34,106,173

动静　7,12,14,15,19,40,46,60,69,83,84,86,90,93,99-102,118,133,134,189,190

顿悟　31,32,195-197

G

功夫合本体　16,17,19,20,22-24,120,121,192

管州　4,8,24-27,174,205,207

H

贺阳亨　4,5,129,131,135-141,143-148,194,197

J

几　5-8,11,14,15,17,19,20,23,24,28,29,36-52,54,64,67,70-73,77,82,87,88,91,93,96,124-127,134,136,140,141,151,160,191,193,195,196,198

季本　4,63,167,173,177,203,205

寂感具而体用一　117,123,124

渐悟　189,196,197

精实之学　140,141,144-146,197

L

良知本寂　84,98,188

良知学　3-8,11,12,14,16-19,24,26,31,38-40,42,46,47,49-53,57,58,60,61,63,66,71,72,84-87,89,93,98,101-104,106,107,111,112,114,116-118,123,127,132-138,140-148,151,153-156,159,161,162,164,170,174,175,177,178,180,183,185,189,192-194,196-198,209

刘魁　7,61,67,86,180

吕柟　31,32

M

孟秋　152-154,156,176

N

聂豹 67,82-85,101,176,179,190

O

欧阳德 6,7,24,25,29,30,68,77-103,120,171,172,174,176,177,179,180,185,187,188,191,206,208

P

庞弼唐 36,37,58,59

Q

钱德洪 4,23-26,32,46,64,65,103,111,114,136,167,169,171-175,177,178,180,193,201,203,207,208

S

社交关系网络 3,8,85,127,167,168,176,181

社群 167,168,173-180

沈鲤 5,35

实悟 40,196

四句教 18,20,24,48,114

孙应奎 3,11,23,41-43,45-48,106,111,205,207,208

T

唐顺之 33,34,91,92,175

提醒良知 21,23

体用一源 5,11,20,22,23,41-43,70,98,111,114,115,117-119,142,190

天泉楼 3,11,14,15,24,26,208

天泉证道 114,195

天真精舍 4,5,8,11,14,25,47,50,53,54,57,66,68,107

添物 105

W

王艮 6,66,91,151,153,169,171,172,178,179,207

王畿 6,7,23-25,60,63,64,69,91,93,94,96,102,111-127,134,152,167,169,171,173-175,177,180,191,203,209

王门分派 165,167-169

无极真几 47,50,53,54

无欲 12,13,24,41,44,52,59,72,84,105,138,140-142

X

心之良能 94,112,113

心之良知 22,70,84,90,92,94,98,112,113,122,126,134,159,189,191,192

虚寂 114,115,120,198

徐九皋 24,29

薛侃 4,5,7,14,25,30,57-73,91,171,172,174,177,203-205

循良知 16,93,95-97,99-103,185,187,188

Y

严嵩 7,25,77,80,81,87,180

颜冲宇 4,5,129,131-135,137,138,146-148,193,195,197

阳来精舍 50,51

阳明学派 3-5,8,11,21,25,26,101,127,155,159,167,168,172,178,181

杨珂 8,25,32,179,207,208

依良知 7,16,73,185-187

尤西川 4-6,35,159-161

Z

湛甘泉 8,25,36,38,80,86,179,180,186

张抱初 4-6,161-164

张弘山 4-6,151-156

赵惟新 152-156

郑一初 62,179,180,202

政学合一 75,77,93

知几 5,16,24,29,39,42,44-46,48,50,52-54,71,133,134,141,151,191,193,196

执中 13,14,37,41,105,189,190

直见本体 114,122

止于良知 6,159-161

致虚 12,40,42

致知 5,8,14-24,26-28,32,35,37,38,41-43,46,53,71,81-83,89,90,94,95,97,99,101,102,111,115,120,122-124,126,133,134,137,139,158,160,185,186,189,190,193,195,196

邹守益 8,25,32,68,82,85,151,154,169,171,172,174,176-180,206,207

≠

《思聪录》 135-148

《燕诒录》 6,11,13-15,17,22-27,29,30,32-37,41-54,77,79,106,107,111,115,124,127,133,134,148,161,205